会展实务丛书

## 编委会

▶ **总主编**

张　凡　中国会展经济研究会学术委员会委员，中国会展集训营创始人，高级经济师
王春雷　上海对外经贸大学会展与旅游学院院长，长三角会展研究院联席执行院长、教授

▶ **编　委**（排名不分先后）

储祥银　中国会展经济研究会常务副会长
潘建军　中国会展经济研究会副会长，米奥兰特国际会展股份公司董事长
陈泽炎　中国会展经济研究会学术指导委员会常务副主任
仲　刚　全球展览业协会（UFI）亚太区主席，上海万耀企龙展览公司总裁
刘海莹　全国会展业标准化技术委员会副主任委员
张　岚　励展博览集团大中华区高级副总裁
赵慰平　法兰克福展览（上海）公司总经理
梁　洁　南京市贸促会会长，南京市会展办公室主任
陈树中　长沙市展览展示服务行业协会会长
徐惠娟　无锡市贸促会会长，无锡市会展办主任
万　涛　31会议创始人、总经理
姜　淮　广东现代会展管理公司副总经理
王亦磊　晟荟管理咨询(上海)公司创始人
郑路逸　上海汇展信息科技有限公司合伙人
许　峰　北京华恺国际展览公司总经理
姚　歆　中国贸促会商业分会秘书长
顾　瞻　上海灵硕展览公司执行总裁
李　益　北京逸格天骄国际展览公司副总经理
王新生　湖北省会展业商会专家委员会主任
王明亮　上海博华国际展览公司执行董事
蒋鸿冰　厦门凤凰创意会展服务公司董事长
林　向　酒业家传媒、天津酒未来会展服务公司创始人
刘松萍　广州大学教授，广东省会展组展企业协会会长
杨钟红　北京石油化工学院人文社科学院副院长、副教授
史晋娜　四川旅游学院教授
蔡卫民　湖南师范大学副教授
冯　玮　湖北大学商学院副教授
徐　勤　桂林旅游学院旅游管理学院高级经济师

会展实务丛书

# 展览项目管理

张凡 张岚 编著

Management of
Exhibition Project

华中科技大学出版社
http://press.hust.edu.cn
中国·武汉

## 内 容 提 要

本书由国内知名会展职业经理人编著,其以全新视角和最新资讯,全面地介绍展览项目包括立项、计划、财务、团队、营销、销售、运营的基本知识,体系严谨,表述规范,故事导读,案例丰富,实用性强。

本书将"项目经理"单列一章,旨在强调提高展览项目管理水平必须依靠专业人才,以求专业知识的传播与专业人才的培训相辅相成。

本书在介绍展览项目管理知识的同时,简略地介绍了展览项目及其管理的发展史。全书在提供展览项目管理先进经验的同时,立足中国展览业实际,为改善管理给出对策建议。

本书坚持"教科书+工具书"定位,可作为高校会展专业教育和会展从业者培训的教材,同时可作为业者自修管理技能以及应对日常业务工作的手边书。

**图书在版编目(CIP)数据**

展览项目管理/张凡,张岚编著. —武汉:华中科技大学出版社,2021.8(2024.2重印)
(会展实务丛书)
ISBN 978-7-5680-7334-9

Ⅰ.①展… Ⅱ.①张… ②张… Ⅲ.①展览会-项目管理 Ⅳ.①G245

中国版本图书馆 CIP 数据核字(2021)第 165041 号

**展览项目管理**　　　　　　　　　　　　　　　　　　　张 凡　张 岚　编著
Zhanlan Xiangmu Guanli

| | |
|---|---|
| 策划编辑: | 李 欢　王 乾 |
| 责任编辑: | 王 乾 |
| 封面设计: | 刘 婷 |
| 责任校对: | 李 琴 |
| 责任监印: | 周治超 |
| 出版发行: | 华中科技大学出版社(中国·武汉)　电话:(027)81321913 |
| | 武汉市东湖新技术开发区华工科技园　邮编:430223 |
| 录　排: | 华中科技大学惠友文印中心 |
| 印　刷: | 武汉市籍缘印刷厂 |
| 开　本: | 787mm×1092mm　1/16 |
| 印　张: | 16 |
| 字　数: | 364 千字 |
| 版　次: | 2024 年 2 月第 1 版第 3 次印刷 |
| 定　价: | 59.90 元 |

本书若有印装质量问题,请向出版社营销中心调换
全国免费服务热线: 400-6679-118　竭诚为您服务
版权所有　侵权必究

# 总序

如果从1984年国内第一家专业展览公司创立算起，我国会展业已经走过了三十多年历程。时至今天，从产业规模来看，中国无疑已跻身于世界会展大国的行列。

自2015年以来，全国每年举办经贸展览会超过1万场，展览面积超过1亿平方米。每年举办非官方会议（主要是学术会议、企业会议、社团会议）的数量超过400万场，与会人数不少于2亿人次。此外，以现代节庆、民俗赛事为代表的各类活动更是丰富多彩，难以计数。

作为服务贸易的一个行业重要领域，中国会展业的从业人数在200万以上。而自2002年起步的会展专业教育，全国目前已有300余所高校开设会展专业（其中，108所设有会展经济与管理本科专业），每年有近万名大学生毕业。据商务部报告统计，2016年全国展览业直接收入超过5000亿元人民币。会议及活动产业的经济规模虽无统计数据，但应该不会小于展览业。

国务院《关于进一步促进展览业改革发展的若干意见》（国发〔2015〕15号）（以下简称《若干意见》）要求，"坚持专业化、国际化、品牌化、信息化方向，倡导低碳、环保、绿色理念，培育壮大市场主体，加快展览业转型升级，努力推动我国从展览业大国向展览业强国发展，更好地服务于国民经济和社会发展全局"。培养高素质的专业人才，是中国从展览业大国向展览业强国转变的战略需要。《若干意见》提出："鼓励职业院校、本科高校按照市场需求设置专业课程，深化教育教学改革，培养适应展览业发展需要的技能型、应用型和复合型专门人才。创新人才培养机制，鼓励中介机构、行业协会与相关院校和培训机构联合培养、培训展览专门人才。探索形成展览业从业人员分类管理机制，研究促进展览专业人才队伍建设的措施办法，鼓励展览人才发展，全面提升从业人员整体水平。"

根据国务院《若干意见》精神，结合我国会展人才需求的实际，针对当前国内会展教育普遍存在的问题，应华中科技大学出版社邀请，由张凡、王春雷策划并担任联合主编的《会展实务丛书》，经积极筹备、整合资源，在2017年应运而生。2017年6月，《会展实务丛书》编委会在武汉召开编研座谈会，提出以创新的思路和务实的态度，认真做好丛书的编写工作。会议明确，《会展实务丛书》将在以下几个方面体现特色。

——丛书根据中国会展业最新发展趋势,从培养技能型、应用型、复合型"三型"专业人才的需求出发,按会展业相关领域设计书目,在传播会展管理及业务的实操经验的同时,介绍相应的专业知识和理论知识,力求在国内诸多会展教材中独树一帜。

　　——丛书书目将注重三方面创新:一是针对目前会展教材中短缺的课程;二是反映近五年来在会展业界形成共识的新经验、新成果;三是弥补既有教材中缺乏实操实用案例的短板。力求体现应用型学科教材与时俱进的时代特征。

　　——丛书由会展业者和高校会展专业老师共同编著,以利业界实践经验与高校教学经验有机结合,力求拓展产学研合作和校企合作的新领域。

　　——丛书将面向两个市场,即高校的学历教育和会展业者的继续教育,力求兼顾两方面使用教材的需要。

　　《会展实务丛书》将包括15—20种教材,竭诚为学习者奉献一套操作性强且知识体系比较完整的丛书。敬请业界同仁和广大读者关注,并多提供宝贵意见和建议。

《会展实务丛书》主编

张　凡　王春雷

# 前言

展览项目是展览业的驱动力量。换言之，没有展览项目，就没有展览业。

要做好做大展会，展览项目管理至关重要。

展览业作为服务贸易业的组成部分，随着社会经济和新技术的发展，一直在成长进步。展览项目管理在行业发展中与时俱进，创新不辍。

成为展览项目经理，以及成为会展职业经理人，是会展业者尤其是青年业者的理想目标。

学习展览项目的管理知识，对于展览从业者"充电"赋能、提升素质，对于高校学子丰富认知、入行发展，都具有积极意义。

本书具有以下特点：

此书由会展职业经理人撰写，是编者长期从业实践经验的总结。

此书从立项、计划、财务、团队、营销、销售、运营七个方面介绍展览项目的管理知识，以体系化、专业化的理论框架引导课堂教学和个人自学。

此书重点传播展览项目管理的实操性和实用性知识，并为"项目经理"单设一章，旨在满足培养展览项目应用型管理人才的需求。

此书跟进展览业的发展趋势，紧密联系中国展览业的发展实际，注重介绍展览业的新经验，如线上营销、展览项目线上线下融合发展等最新情况，以利分享管理创新的经验。

此书在介绍展览项目管理常规性知识的过程中，注重介绍代表展览业先进水平的管理方法，并对后进者提升管理水平提出了具体建议。

此书通过9个开篇故事和33个案例以及论述中的大量举例，以增强案例教学效果和可读性。

此书坚持"教科书＋工具书"的定位，既可作为高校会展专业以及会展从业者培训的教材，也可作为会展从业人员日常工作中经常查阅的资料工具书。

编者希望，此书能够为中国会展业的项目发展和人才培养贡献绵薄之力。由于编者学识局限，书中所论难免存在不足或表达错漏之处，恳请各位专家学者和广大会展从业人员赐教指正。

张 凡 张 岚

# 目 录
## CONTENTS

## 第一章 概 论

第一节
项目管理的常识　5

第二节
展览项目管理的常识　8

第三节
学习展览项目管理的意义　15

开篇故事　国家话剧院引进英国舞台剧《战马》项目管理成效斐然/3

## 第二章 立项管理

第一节
新设项目的分类　20

第二节
立项的原则　23

第三节
立项的方法　25

开篇故事　被迫停办的新型工业化博览会/19

## 第三章 计划管理

第一节
基本概念与计划分类　34

第二节
商业计划编制要则　36

第三节
年度计划编制方法　37

开篇故事　士弥牟提供修筑城墙的设计方案/33
案例3-1　口腔医疗器械展览项目的经营目标/39
案例3-2　非实物性展品/41
案例3-3　党政机关展览项目的总体方案/42
案例3-4　展览项目配套活动的工作方案/46
案例3-5　展览项目的工作计划/52

第四节
编制工作计划表　　　　　49

第五节
实施工作计划　　　　　　53

第六节
调整工作计划　　　　　　55

## 第四章　财务管理

第一节
编制财务预算计划　　　　60

第二节
执行财务预算计划　　　　69

第三节
日常财务管理　　　　　　71

开篇故事　这个世界一直在奖励有财务思维的人/59
案例 4-1　展览公司提高财务管理的做法/61
案例 4-2　展览项目财务预算计划表/64
案例 4-3　展览项目财务分析报告/74

## 第五章　团队管理

第一节
项目团队组织结构　　　　80

第二节
项目团队人员聘用　　　　85

第三节
项目团队成员薪酬分配与业绩考核　　　　　　　　89

第四节
团队建设　　　　　　　　98

开篇故事　该不该给大客户免费展位/79
案例 5-1　展览项目团队成员的构成/83
案例 5-2　展览项目业务岗位人员的聘用/86
案例 5-3　展览项目招聘面试的提问/88
案例 5-4　展览项目业绩考核的思路/94
案例 5-5　展览项目经理的业绩考核/96
案例 5-6　展览公司的价值观/99
案例 5-7　展览项目培训方式分类/101
案例 5-8　展览项目培训计划/102

# 第六章　营销管理

第一节
业务特征与构成　109

第二节
信息内容生产与媒体、媒介运维　111

第三节
观众邀约　123

第四节
配套活动组织　135

第五节
美工设计　153

第六节
市场调研　155

第七节
优化营销管理　158

**开篇故事**　"中国食材电商节"数字营销的探索/107
**案例 6-1**　展会新闻的推送方法/115
**案例 6-2**　与展览项目合作外媒体/119
**案例 6-3**　展览项目观众构成分类/125
**案例 6-4**　展览项目邀约观众工作计划/134
**案例 6-5**　展会期间的会议活动/140
**案例 6-6**　展会赛事活动的组织/144
**案例 6-7**　展览配套活动计划/150

# 第七章　销售管理

第一节
业务构成与流程　165

第二节
销售资源、定价、合同、话术与
展位图　166

第三节
销售业务操作　183

第四节
销售服务　192

第五节
优化销售管理　193

**开篇故事**　从销售员到董事长的董明珠/163
**案例 7-1**　展会参展合同/172
**案例 7-2**　展览项目销售话术脚本的编制要点/179
**案例 7-3**　展会展位布置图/182
**案例 7-4**　展览项目组合销售费用/186
**案例 7-5**　展会线上产品的销售/189

## 第八章 运营管理

| | | |
|---|---|---|
| 第一节<br>业务构成与特点 | 201 | 开篇故事 展览运营的"苦乐人生"/199 |
| 第二节<br>展览场馆租赁 | 202 | 案例8-1 "一城多馆"的选择比较/204 |
| 第三节<br>展前工作事项 | 206 | 案例8-2 展会主场服务的合同/211 |
| 第四节<br>展会现场服务事项 | 216 | 案例8-3 展览现场新冠疫情防护用品清单/215 |
| 第五节<br>优化运营管理 | 220 | |

## 第九章 项目经理

| | | |
|---|---|---|
| 第一节<br>地位与作用 | 226 | 开篇故事 创造项目——励展日本公司青年员工的理想/225 |
| 第二节<br>基本素质与成长路径 | 228 | 案例9-1 省域性专业展会客观规律的认知/232 |
| 第三节<br>改善认知与提升能力 | 230 | 案例9-2 新晋项目经理的修炼/236 |
| 第四节<br>新晋项目经理的修炼 | 235 | |

| | |
|---|---|
| 参考书目 | 239 |
| 后记 | 240 |

Chapter

# 第一章 概 论

**思维导图**

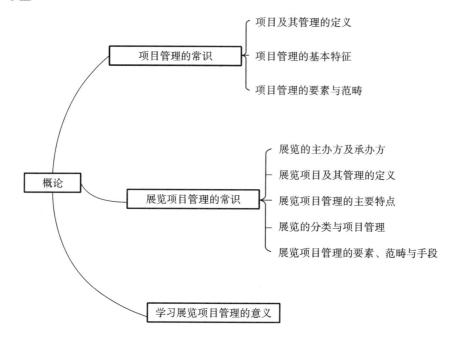

**本章教学要点**

了解项目及其管理的基础知识,重点了解展览项目及其管理的特点、定义、要素与范畴,明确学习展览项目管理知识的意义。

# 开篇故事

## 国家话剧院引进英国舞台剧《战马》项目管理成效斐然

在2014年5月28日至6月1日举办的第三届中国(北京)国际服务贸易交易会上,舞台剧《战马》作为中英文化合作的重大项目,成为此届交易会演艺领域签约金额最高的项目。签约的英方是英国国家剧院,中方是中国国家话剧院、中国国际演出剧院联盟和北京北奥集团。

2007年10月17日,英国国家剧院打造的舞台剧《战马》在伦敦皇家奥利弗剧院首演,引起轰动。在这部以战马为主角的作品中,英国国家剧院与南非木偶剧院合作,采用多种艺术表现手段,包括实操木偶的方式,将战马"Joey"活灵活现地展示在舞台上。截至2014年2月,《战马》在全世界演出超过3000场,观众总数超过500万人次。

舞台剧《战马》引起了中国国家话剧院的关注,意欲引入国内上演。经长期谈判,2013年8月在伦敦,中国国家话剧院和英国国家剧院就引进中文版的舞台剧《战马》项目签署合作协议。这是两国的国家级剧院间的首次战略合作,得到了中英双方外交、文化部门的重视与支持。

中文版舞台剧《战马》,由英国国家剧院、中国国家话剧院联合出品,中国国际演出剧院联盟独家发行。该联盟还拥有中文版舞台剧《战马》在亚洲的独家发行权以及舞台技术设备独家支持与合作、市场运营的开发权。

中国国际演出剧院联盟驻会主席李健指出,中文版舞台剧《战马》不仅仅是一个演出项目,我们要将《战马》当作一个全产业链的项目运营。李健介绍,联盟将全面创新营销策略。例如,在剧场协调方面,联盟将利用国内剧场资源的优势,为《战马》的上百场演出定制巡演路线,以降低演出成本;在新媒体推广方面,联盟将搭建专营的票务体系,并和国际广告公关公司合作,推动全媒体营销和整合营销;在衍生活动方面,要策划与舞台演出相关联的活动,让观众能够和《战马》亲密接触。李健披露,《战马》衍生品的开发销售也在安排之中。李健认为,随着中文版舞台剧《战马》商业价值的不断延展,将为国内市场带来全新的演出项目经营管理模式。

(资料来源:新华网 2014 年 6 月 3 日报道。本教材编著者有所补充)

 **说明与评点**

据媒体报道,中文版舞台剧《战马》的引进资金为 1.9 亿元。此剧在国内的制作成本为 6000 万元。

在项目管理中,中方建立了与国际标准接轨的制作体系。剧组演职人员共 97 人。其中,演员 42 名,余为技术和管理人员。在演职员人中,20 人为中国国家话剧院在编人员,25 人为剧院聘任人员,其余为项目签约人员。演员的薪酬水平根据角色的重要程度划分。剧中操纵战马模型的 18 个演员,是从 1500 余名报名者中选拔产生的。他们中有学杂技或学武术的,有京剧演员、木偶剧演员、运动员,甚至包括高学历的博士。在整整一年的排练时间里,英方导演纪律严明、要求严格,排练场不准使用手机,演员须各自管理自己的服装。稍不注意,就可能因为违反纪律而被辞退。

2015 年 9 月 4 日,中文版舞台剧《战马》在中国国家话剧院剧场首演。连续演出 50 场后,分别在上海、广州、天津、哈尔滨巡演 190 场。截至 2016 年 5 月,票房收入近 5000 万元,观众超过 20 万人次。

2015 年 4 月 15 日,中文版舞台剧《战马》以"战马券"形式在京东上发起众筹活动。"战马券"是一种通用消费券,每张以 1 元的初始价格发售。消费者购买"战马券"可以兑换《战马》演出门票,以及分享衍生产品和相关服务。在短短数天内,近千人参与众筹,共筹集资金 328 万元。

中国国家话剧院引进英国舞台剧《战马》的案例说明,创造独特产品、服务或成果的项目活动的涵盖面十分宽泛,舞台表演的剧目也包含其中。同时,这也说明中国国家话剧院对于舞台剧《战马》的项目管理卓有成效。

项目管理的历史悠久。古人兴建的埃及金字塔、古罗马供水渠道、中国万里长城等巨型建筑工程,可谓人类历史上通过项目管理建设的伟大工程。

管理学界普遍认为,现代项目管理的发展与第二次世界大战期间军事工业的科研需求密切相关。1942 年,美国将研制原子弹的任务命名为"曼哈顿计划",并将其作为一个独立的项目实施管理。参与该项目的人员多达 10 万人。此后,各国军事工业中的武器研制工作纷纷采用项目管理制度。

"二战"之后,现代项目管理的方法从军事工业领域向其他领域扩展,逐渐影响诸多行业。在建筑领域,建筑工程的项目管理大量而普遍。在工农业领域,新产品的研制离不开项目管理。在科技领域,大到太空飞行计划,小到公司财务管理软件开发,都是项目管理的对象。在政府行政领域,城市建设的规划、救灾、环境治理的行动,大型活动的组织等,无不需要项目管理。在企业或事业单位内部,许多专题事项如制定中长期发展战略、完善管理制度、提升质量管理水平、开展市场推广活动等,大都通过项目管理落实。

因此,学习项目管理知识,掌握项目管理技术,对于管理者或希望成为管理者的人士,具有普遍而积极的意义。

## 第一节 项目管理的常识

项目管理是现代管理学的分支学科,内涵丰富,应用广泛。

项目管理的英文为 Project Management,简称为 PM。

学术界普遍认为,项目管理成为一门学科始于 1965 年。其标志是国际项目管理协会(IPMA)的成立。

中国的项目管理研究起步于 20 世纪 50 年代。物理学家钱学森倡导的"系统工程理论",应用于中国的导弹与航天器项目研制工作并取得成功。之后,数学家华罗庚在 20 世纪 60 年代提出"统筹法",广泛应用于工业建设与技术改造项目领域。但项目管理在中国成为管理学科则是改革开放之后的事情。

### 一、项目及其管理的定义

要定义项目管理,首先要定义项目。

关于项目的定义,我们选取了国内外四个权威机构的见解,以供参考。

国际标准化组织颁布的《质量管理——项目管理质量指南》(ISO10006)指出,项目是由一系列具有开始和结束日期、相互协调和控制的活动组成的,通过实施而达到满足时间、费用和资源等约束条件目标的独特的过程。

美国项目管理协会(PMI)认为,项目是一系列独特、复杂并相互关联的活动。这些活动具有明确的目标或目的,必须在时间、财务预算、资源的限定范围内,依据一定的规范完成。该协会强调指出,项目是为创造独特的产品、服务或成果而进行的临时性工作。

德国工业标准(DIN)认为,项目是指在总体上符合下列条件的唯一性任务。条件包括具有预定的目标;具有时间、财务、人力和其他的限制条件;具有专门的组织。

《中国项目管理知识体系纲要(2002版)》认为,项目是创造独特产品、服务或其他成果的一次性工作任务。

综上所述,本书认为,项目是创造独特产品、服务或其他成果的一次性工作任务。其须具有明确的目标或目的,而且应在限定的时间、财务预算、资源范围之内,依据一定的规范完成工作任务。

在此基础上,我们再来定义项目管理。

美国项目管理协会(PMI)认为:项目管理是指项目的管理者,在有限资源的约束下,运用系统的观点、方法和理论,对项目涉及的全部工作进行有效地管理。即从项目的投资决策开始到结束的全过程进行计划、组织、指挥、协调、控制和评价,以实现项目的目标。

本书采用这一定义。

## 二、项目管理的基本特征

项目管理的基本特征可以从六个方面加以概括,即授权性、目的性、独特性、创新性、系统性和临时性。

(一)项目管理的授权性

管理项目不是管理法人机构,即不是管理政府及其部门、企业、民间社团、学校及事业单位,而是法人机构针对具有活动性质的某一工作授权实施的专项管理。

这种管理授权大体分为两种情况:一是,法人机构针对内部某一活动实施的专项管理。例如,中国国家话剧院设立项目组,授权其对引进的舞台剧《战马》实施专项管理;又如,某药品公司为贯彻ISO9000国际质量标准而设立项目组,授权其对公司贯标工作实施专项管理。二是,法人机构针对与自身关联的外部某一活动实施的专项管理。例如,某大学承接某市政府编制高新科技产业发展规划的委托而设立项目组,授权课题组对规划编制的工作实施专项管理;又如,2008年北京奥运会组委会通过招标,授权张艺谋团队所在公司负责奥运会开幕式文艺表演的组织工作,该公司成立项目组,由张艺谋担任总导演,负责开幕式文艺表演的专项管理。

(二)项目管理的目的性

但凡管理,就必须有目标。项目管理的目标或目的,是根据设立项目的需求而确定的。其大致包括完成项目的预定时间、预期指标以及预设要求。设定项目管理的目标或目的,相对于企业管理或单位管理的目标或目的,应更为具体、更为明确。项目管理一般不会指向含混、宽泛的目标或目的。例如,张艺谋团队负责2008年北京奥运会开幕式文艺表演的组织管理工作,其管理目标仅限于开幕式文艺表演,包括表演时间、节目编排、演员招募及排练、道具服装制作、音乐创作、灯光音效设计以及参演人员管理等,而不会涉及奥运会的综合管理,也不会涉及奥运会开幕式的贵宾接待、观众组织、场馆安保、运动员入场、开幕式议程等方面的管理事项。

#### (三)项目管理的独特性

列为项目管理的对象,往往具有特殊性。例如,张艺谋团队负责的2008年北京奥运会开幕式文艺表演的组织管理工作,既不同于历届奥运会开幕式文艺表演的组织管理工作,也不同于其他运动会开幕式文艺表演的组织管理工作,更不同于张艺谋团队导演的电影或大型户外情景式文艺表演。该项目管理的独特性十分鲜明。

#### (四)项目管理的创新性

基于项目的独特性,项目的管理就必须有所创新。例如,某药品公司针对贯彻ISO9000国际质量标准而实施的项目管理,并非公司日常的质量管理工作,而是企业升级质量管理的新工作。由于管理对象的特殊性,这项管理必须根据ISO9000国际质量标准的要求采取新的方法,包括贯标准备、体系设计、体系运行、内部审核、体系完善、认证等阶段的过程管理。虽然贯彻ISO9000国际质量标准的项目管理曾在许多药品公司实施,但每个公司不能简单照搬同行的管理方法,而需要根据自己的实际情况创新该项目的管理方法。

#### (五)项目管理的系统性

项目管理的系统性,体现在项目所需资源的集成、业务流程的协调、管理制度的规范以及团队成员的分工等方面。例如,2008年北京奥运会开幕式文艺表演作为一个项目,其管理涉及人、财、物等资源的集成,节目内容与形式的编排构思,内部管理制度的建立,导演团队与奥运会组委会的沟通协调,以及导演团队对于开幕式文艺表演各子项工作管理团队的管控等诸多方面。其中,节目排练及演出期间上万名演职人员的餐饮供应以及用餐地点、餐厨垃圾的处理,就是一个子系统,需要实行专项管理。

#### (六)项目管理的临时性

以完成既定目标或实现预定目的的项目管理,从项目启动到结束均有时间限制或生命周期。因此,项目组织及其管理具有临时性(一次性)。例如,张艺谋团队对于2008年北京奥运会开幕式文艺表演的项目管理工作,只存在于北京奥运会的筹备阶段及开幕期间,前后历时两年。之前和之后的奥运会开幕式文艺表演,均与2008年北京奥运会文艺表演的项目管理工作无关。

### 三、项目管理的要素与范畴

#### (一)项目管理的要素

在管理学界,一般认为构成项目管理的基本要素有五个,即工作范围、时间、成本、质量和组织。

##### 1. 工作范围

工作范围指为实现项目管理的目标或目的所设定的工作边界。如果不能明确界定项目管理的工作范围,既可能因为范围过大而带来许多额外工作而导致管理失焦或责任不清,也可能因为范围偏小而导致管理权限不足。这两种情况都会对实现项目管理的目标或目的产生负面影响。

2. 时间

时间指为实现项目管理的目标或目的所需的时长,一般指从项目启动到项目完成的时间。

3. 成本

成本指为实现项目管理的目标或目的所需的人力、物力和财力的投入。

4. 质量

质量指为实现项目管理的目标或目的所设定的品质标准,包括项目约定交付物的质量要求,以及实施项目管理过程中应该遵循的规范。例如,某大学经招标获准接受某市政府委托,负责编制该市高新科技产业发展规划,市政府要求该规划须达到国内同类规划的先进水平,同时要求编研工作以及规划格式符合国际软科学研究的基本规范。

5. 组织

组织指为实现项目管理的目标或目的所建立的项目团队。

(二)项目管理的范畴

美国项目管理学会将项目管理的范畴分为九个方面(见图1-1),并由此架构项目管理的知识体系。项目管理学界普遍认同这一观点。

图 1-1　项目管理的范畴

# 第二节　展览项目管理的常识

中华人民共和国国家标准《经济贸易展览会　术语》(GB/T 26165-2010)(以下简称《经济贸易展览会　术语》)将"展览"定义为"在一定地域空间和有限时间区间举办的,以产品、技术、服务的展示、参观、洽谈和信息交流为主目标的,有多人参与的群众性活动"。

服务于经济贸易活动的展览即经济贸易展览。《经济贸易展览会　术语》将"经济贸易展览"定义为"以贸易、投资和经济合作等商务活动为主要功能的展览会"。这一定义明确区分了经济贸易展览与其他功能展览尤其是与文化功能展览的不同。

经济贸易展览是项目管理的对象之一。在项目管理中,经济贸易展览项目的管理不但具有鲜明的个性，而且已经形成较为完整的管理体系。这一体系的建立与第二次世界大战之后欧美国家展览业的发展密切相关。

近代中国的经济贸易展览创办于20世纪初，其标志为清政府1910年在南京举办的南洋劝业会。但经济贸易展览的项目管理迟至改革开放之后才受到重视。而对于经济贸易展览项目管理的研究及其教学，在2000年之后才步入轨道。由于起步较晚，中国经济贸易展览的项目管理在对外开放的环境下，在实操及研究上较多借鉴了展览业发达国家的经验。近十多年来，中国经济贸易展览的项目管理水平不断进步，并逐渐显现中国特色。

在当代中国，经济贸易展览既可称为展览会、博览会，又可称为交易会、展销会。

## 一、展览的主办方及承办方

国内外的经济贸易展览，都有主办单位（或称为主办机构、主办方、主办者）。但并非所有展览都有承办单位。

（一）展览项目与主办方的关系

《经济贸易展览会 术语》对于展览"主办单位"的定义是"策划、运营展览会，拥有并对展览活动承担主要责任的组织"。这一定义包括两层含义：一是，负责策划、运营展览会的主办单位是一个组织；二是，这个组织主办展览须承担相应的责任。由此可知，主办经济贸易展览不是个人行为，而是组织行为。在市场经济中，经济贸易展览的主办单位必须是法人，即具有民事权利能力和民事行为能力，可以依法独立享有民事权利和承担民事义务的组织。主办展览是市场经济中的经营活动，其必然产生经济责任和社会责任。展览的主办单位必须承担这两方面的责任。

为主办展览，主办单位才会设立展览项目，并实施项目管理。因此，展览项目是展览主办单位主办展览的产物。基于展览项目与主办单位的从属关系，可概括出以下四点：

（1）展览由主办单位主办；
（2）主办单位承担主办展览的经济责任和社会责任；
（3）展览项目是主办单位在内部设立的管理组织；
（4）展览项目负责人（项目经理）由主办单位选任。

据此，我们可以认识到：展览项目由主办单位策划组织，展览项目的经营管理工作是主办单位经营管理工作的有机构成，展览项目负责人（项目经理）管理项目的权限是由主办单位授予的。换言之，展览项目的经营管理不可能独立于主办单位的经营管理之外而存在。

主办单位对于展览项目的经营管理，主要体现在展览项目的策划创立、计划安排、资金投入与财务控制、公共关系整合、人力资源管理等方面。在人力资源管理方面，在配置项目团队的同时，选任项目经理，并授权其按照主办单位内部的规章制度负责展览项目的经营管理工作，是主办单位管理展览项目的重要措施。

本书所介绍的展览项目管理知识，涉及主办单位管理与项目管理两个层次。本书的第二章至第五章所介绍的立项、计划、财务、团队管理知识，偏重主办单位对展览项目实施的管理;第六章至第八章所介绍的营销、销售、运营管理知识,偏重展览项目内部实施的管理。这两个层次的管理相互交织、相互作用,从而形成展览项目管理的完整体系。

为便于叙述,本书以下将展览主办单位统称为主办方。

(二)展览项目主办方与承办方的关系

在展览业中,尤其是在国内,展览项目除主办单位外,还有承办单位。

《经济贸易展览会 术语》对于展览"承办单位"的定义是"受主办单位委托,承担、协助、参与展览会策划或运营的组织"。展览的主承办体制集中体现在政府主办的展览项目中。

中国四大政府展览项目主承办方情况如表1-1所示。

表1-1 中国四大政府展览项目主承办方情况

| 展览项目名称 | 简称 | 举办地 | 主办方 | 承办方 |
|---|---|---|---|---|
| 中国进出口商品交易会 | 广交会 | 广州 | 商务部、广东省政府 | 中国对外贸易中心(集团) |
| 中国国际服务贸易交易会 | 服贸会 | 北京 | 商务部、北京市政府 | 北京市国际服务贸易中心 |
| 中国国际进口博览会 | 进博会 | 上海 | 商务部、上海市政府 | 中国国际进口博览局 |
| 中国国际消费品博览会 | 消博会 | 海口 | 商务部、海南省政府 | 海南国际经济发展局 |

表1-1中所列的广交会、进博会、服贸会和消博会,现为我国政府展览中国家级展会的第一梯队。其中,广交会服务于中国商品出口,进博会服务于国外商品进口,服贸会服务于服务贸易,消博会服务于国际消费精品展示交易。四者相辅相成,共同构成新时代"中国制造""中国贸易""中国服务"和"中国消费"的展会促进平台。

这四个政府展览的承办方均为国有单位,与主办方均为从属关系。广交会的承办方为中国对外贸易中心(集团),系商务部直属事业单位(实行企业化管理,该集团同时负责中国进出口商品交易会展馆的经营管理);服贸会的承办方为北京市国际服务贸易中心,系北京市商务局直属事业单位(服贸会由北京市政府授权北京市商务局承办,北京市商务局再授权北京市国际服务贸易中心作为承办执行单位);进博会的承办方为中国国际进口博览局,系商务部直属事业单位;消博会的承办方为海南国际经济发展局,系海南省商务厅所属非营利性法人机构。

在国内,展览主办方委托承办还有两种情况:一是,政府展览的主办方委托非直属或非国有单位承办,如武汉市政府主办的世界大健康博览会委托湖北省楚商联合会承办;二是,非政府展览的主办方委托专业机构承办,如美国消费电子协会主办的亚洲消费电子展览会(2015年创办于上海,2020年主办方宣布停办)委托上海国际展览公司承办。

此外,一些展会除主办方、承办方之外,还有执行承办方。如2021年在长沙市举办的中国国际食品餐饮博览会,由商务部、湖南省政府主办,商务部流通产业促进中心、湖南省商务厅、湖南省工业与信息化厅、湖南省粮食和物资储备局、长沙市政府承办,湖南省商务展览中心公司为执行承办。执行承办方是接受展会承办方的委托,负责展览项目的具体操作工作。

必须明确,承办方是接受展览主办方委托而从事相关展览经营管理工作的。承办方是为展览主办方"打工",并不拥有所承办展览项目的产权(包括主办权)。承办方的收益来源须经展览主办方的同意或允许,并以主办方委托承办的合同予以约定。从某种意义上讲,承办方所做的工作就是展览项目的经营管理。

## 二、展览项目及其管理的定义

展览(展览会)是组成经济贸易展览行业的基本单元。展览会并不等同于展览项目。一方面,展览项目管理是管理学,尤其是项目管理学的具体分类;另一方面,具有共同目标的组织行为(如展览项目团队)才会产生管理的需要。因此,展览项目可定义为主办方为筹办展览(展览会)而在内部建立的经营性组织。

展览项目管理的定义与前述项目管理的定义是一样的,即运用专门的知识、技能、工具和方法,促使展览活动在限定时间、财务预算、资源的条件下,实现计划目标或目的的过程。只不过其计划的目标或目的,以及涉及的限制条件、相关知识、技能、工具和方法,均局限于展览项目。

## 三、展览项目管理的主要特点

除了通行的项目管理所具有的授权性、目的性、独特性、创新性、系统性等特征之外,展览项目管理还具有鲜明的个性。这些个性与经贸展览的经营业态密切关联,主要体现在以下六个方面。

(一)展览项目举办的长期性和周期性

绝大多数展览属于制度化举办的活动(或每年定时举办,或隔年定时举办),故而必须实施长期性的管理。因此,展览项目的管理不具有临时性(一次性)特征。如创办于1957年的广交会,至2021年已连续举办129届。因此,管理广交会项目不是临时性工作,而是长期性工作。广交会每年春秋两季各办一届,每届的项目管理都有参展商和参观商邀约、宣传推广、现场服务等业务工作。因此,该项目的管理具有周期性的特点。

(二)展览项目的经营性

在项目管理的对象中,大多不需要在管理过程中通过市场经营获得经济上的收益,如建筑工程项目、科学研究项目、社会活动项目等。但展览项目恰恰是需要通过市场经营获取利润的。即便是中国政府机构以财政资金投入主办的展览,虽然不以盈利为目的,但需要控制成本防止经营亏损。更何况不少政府主办的展览是有盈利要求的,如广交会。因此,在展览项目管理中,必须根据市场需求和获取利润的目标,开展包括销售、营销、运营在内的经营性管理工作。

(三)展览项目呈现的时空性和现场性

展览必须通过展示呈现于观众面前。其展示的场地主要在展览场馆(虽然有线上展示,但不是展览业的主流业态,目前也无法替代线下展示),且展示场地与展示时间必须统一。因此，在展览项目管理中，选择举办地点、举办时间是实现管理目标的重要因素；而展览现场布置及其环境营造则是体现项目价值的重要内容。

（四）展览项目受众的群体性

在展览举办期间，现场聚集的参展商与观众人数众多。展览面积在10万平方米及以上的特大型展览项目，展览期间的参观者通常为5万至10万人，有的甚至达10万人以上。吸引受众参展或参观关乎展览的经营效果和社会效应，是展览项目管理中的重要业务工作。展览属于大型社会活动，在国内办展必须提前向举办地公安机关报备，以防发生群体性安全事件或事故（如火灾）。因此，展览现场的安全管理在项目管理中不可或缺。

（五）展览项目成长的创意性和包容性

展览作为平台型服务产品，可以容纳会议、颁奖、表演、赛事、餐会、商业考察等多种活动的配套举办。在互联网技术日益进步的时代，线下的实体展览通过触网上线，创办自媒体活跃营销、传播信息、汇聚数据，甚至搭建集商品展示、客户对接、贸易洽谈功能为一体的商贸网络平台，用以增强客户黏度。因此，激励创意、促进包容是创新展览项目管理的重要课题。

（六）展览项目具有"轻资产、重人才"的特性

展览项目的操作主要依靠专业团队及专业人才，而非依靠大额资本的投入或技术硬件的配置。高素质的专业人才和训练有素的专业团队，对于展览项目的成长具有关键性作用。因此，"以人为本"的人力资源管理，在展览项目团队管理中具有重要意义。

## 四、展览的分类与项目管理

针对不同类型的展览采取不同的管理方法，在展览项目的管理实践中十分普遍。

在中国，结合国情及展览业的实际情况，较为常见的展览分类主要有以下八种。

（一）按照展览范围分类

按照展览范围，其一般可分为综合性展览和行业性展览。

综合性展览的展览范围宽泛，展品来自多个行业。2007年1月1日施行的《商务部举办展览会管理办法（试行）》，提出了"综合性展览会参展的主要行业在3个以上"的要求。中国进出口商品交易会即广交会，就是典型的综合性展览。广交会每年分为春秋两季举办。因展馆限制，春季和秋季广交会又各分为三期举行，每期布展时间为三天，展览时间为五天，第一、二、三期展览连续进行。其中，第一期的展览范围包括电子及家电、照明、车辆及配件、机械、五金工具、建材和化工产品等门类的工业品；第二期的展览范围包括日用消费品、礼品和家居装饰品等门类的工业品；第三期的展览范围包括纺织鞋服、办公用品、箱包及休闲用品、医药及医疗保健、食品等门类的工业品。第一期和第三期还单独设立进口产品展区。

行业性展览的展览范围相对单一，展品来自一个行业或关联性较强的几个行业。例如，中国国际贸易促进委员会纺织行业分会和法兰克福展览（香港）有限公司联合主办的

中国国际纺织纱线展览会(举办地为上海),其展品为纺织纱线,细分为天然纤维纱线、人造纤维纱线、特种纤维纱线、弹力纱线和花式纱线等品类。又如,上海博华展览公司主办的上海国际酒店用品及餐饮业博览会,其展品分为酒店用品和餐饮业用品两个部类。其中,酒店用品包括家具、布草及纺织品、电器、健身与娱乐、互联网及安防设备、食品与饮料、酒店设计、建筑工程等;餐饮业用品包括烹饪、厨房、保鲜设备及器具、桌面用品、自助餐用品等。参观酒店用品和餐饮业用品的观众高度重合,故而二者具有紧密的关联性。

综合性的展览犹如"百货商店",而行业性的展览犹如"专卖店"。

(二)按照参观展览的观众分类

按照参观展览的观众,其一般可分为专业类展览和消费类展览。参观专业类展览的观众被称为专业观众,参观消费类展览的观众被称为普通观众。

专业类展览是某一行业的参展商和观众进行专业交流的平台。广交会是中国外贸行业的专业交流平台。2018年秋季第124届广交会现场登记的专业观众达189812人,分别来自215个国家和地区。中国国际纺织纱线展览会是纺织业的专业交流平台,而上海国际酒店用品及餐饮业博览会则是酒店及餐饮业的专业交流平台。

消费类展览的特征有二:一是,展览以现场售卖商品为主;二是,观众基本是普通消费者,而且大多来自展览的举办地。

此外,还有专业类和消费类相结合的展览。例如,创办于1907年的美国北美国际汽车展览会(1989年之前称为底特律汽车展览会),既是国际汽车业界人士商务交流的专业平台,也是爱好者观赏汽车的场合。该展览会的展览时间持续15天。其中,前2天为媒体参观日,第3天、第4天为专业观众参观日,第5天至第15天为公众参观日。

当今展览业界习惯借用互联网的话语来定义专业类展览和消费类展览,将专业类展览称之为B2B(Business to Business),即商家/企业对商家/企业;将消费类展览称之为B2C(Business to Customer),即商家/企业对顾客/消费者。

(三)按照展览的影响力分类

按照展览的影响力,其一般可分为国际性展览会、全国性展览会、区域性展览会和地方性展览会。

衡量展览是否具有国际性,业界普遍认同以国外或境外参展商或观众占全部参展商或观众总数的比例而定。之所以如此,是因为国外或境外的参展商或观众前来参展或参观需要花费比国内或境内参展商或观众更多的参展费、展品物流费、差旅费。《经济贸易展览会术语》将"国际展览会"定义为"境外参展商不低于全部参展商的10%,或者境外观众不低于全部观众的5%的展览会"。而2001年科学技术部、外交部、海关总署、国家工商行政管理总局联合发布《国际科学技术会议与展览管理暂行办法》(国科发外字〔2001〕311号)中,要求国际科技展览会境外参展商在全部参展商中的比例为20%。

全国性展览是指影响力广及全国的展览。《商务部举办展览会内部管理办法(试行)》(商贸字〔2006〕180号)对于全国性展览会定有两条标准:①对全国经济发展有重大作用和意义、配合国家重大战略实施或配合外交外贸多双边工作的需要;②具有全国性、综合性或较强专业性,国内参展商来自全国一半以上省(区、市),且展位比例达到30%以上。

区域性展览会一般指影响力超越本省(区)地域的展览。

地方性展览会一般指影响力局限于本省或举办城市的展览。

判断展览的影响力,应主要考察观众来源。

(四)按照展览主办方的性质分类

按照展览主办方的性质,其一般可分为政府展览、社团展览和企业展览,这是颇具中国特色的分类方法。

政府展览,指产权由某级政府及其部门所拥有的展览,如商务部、广东省政府主办的广交会。

社团展览,指产权由某民间社会团体所拥有的展览,又可细分为协会展、学会展和商会展。如中国畜牧业协会主办的中国畜牧业博览会。

企业展览,指产权由某企业所拥有的展览。如国药励展公司主办的中国国际医疗器械展览会。

(五)按照展览创办年限或届数分类

按照展览创办年限或届数,其一般可分为新展览(新项目)或老展览(老项目)。业内一般认为,创办三年或三届的展览为新项目,超过三年或三届的展览为老项目。

(六)按照展览的举办地分类

按照展览的举办地,其一般可分为举办地固定的展览和举办地不固定的展览。举办地不固定的展览指展览经常变换举办地点(城市),也称为巡回性展览或流动性展览。

(七)按照展览的规模分类

按照展览的规模,其一般可分为大型展览、中型展览和小型展览。但如何划分大、中、小型展览,国内外尚无统一标准。在国内,一般以展览项目租赁展馆的面积作为划型标准。一般认为,展览面积在0.5万至2万平方米的展览为小型展览;展览面积在2万至5万平方米的展览为中型展览;展览面积在5万平方米以上的展览为大型展览会;展览面积超过10万平方米的展览为特大型展览。

(八)按照展览出入境的性质分类

按照展览出入境的性质,其一般可分为出境展览和入境展览。

出境展览在业内简称为"出展",又分为出境办展和出境参展。出境办展,指国内主办方出境或出国举办展览。出境参展,指国内客商出境或出国参加境外或外国机构举办的展览。

入境展览在业内简称为"来展",指境外主办方来华举办展览。

从展览项目管理的角度,本书认为在上述分类中,学习者需要重点掌握专业类展览与消费类展览、政府展览、社团展览与企业展览,以及新展览与老展览在性质上的区别,从而认知不同性质展览项目的管理方法。

## 五、展览项目管理的要素、范畴与手段

展览项目管理的要素与普通的项目管理是一样的,即包括工作范围、时间、质量、成本和组织等五个要素。

展览项目管理的范畴与普通的项目管理基本相同,但其个性特征涉及以下七个方面(见图1-2)。

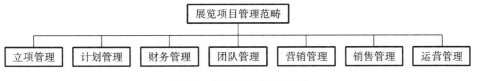

图1-2 展览项目管理范畴

图1-2中所列展览项目七个方面的管理知识,本书分别在第二章至第八章予以详细介绍。

展览项目的管理手段主要包括强制、交换、惩罚、激励、说服五种(见表1-2)。这也是企业管理的通用手段。这些手段主要用于项目团队成员的管理。

表1-2 展览项目管理手段的运用

| 管理手段 | 作用说明 |
| --- | --- |
| 强制 | 通过主办方的规章制度、经营目标、业绩考核,约束员工行为 |
| 交换 | 通过主办方及项目内部协商,合理平衡员工利益 |
| 惩罚 | 通过经济或行政的措施,处置从业行为不端或不称职的员工 |
| 激励 | 通过物质或精神的奖励措施(包括职位晋升),激励员工上进 |
| 说服 | 通过与员工沟通,了解诉求,化解矛盾,寻求共识,缩小分歧 |

# 第三节 学习展览项目管理的意义

无论是有意愿投入展览业的人士尤其是高校学子,或是有意愿提升职业能力的展览从业者,都有必要系统地学习展览项目的管理知识。学习的重要性体现在以下三方面。

首先,项目管理是展览主办方的基础管理。

展览业由展览主办方以及包括展览场馆在内的展览服务方组成。展览项目是主办方

发展自己，同时推动展览业发展的最为关键、最为活跃的要素。如无展览项目，主办方将无所依托，展览业服务方将无所服务，展览业也将无从发展。倘若主办方管理项目的水平落后，其展览在市场上就缺乏竞争力，经营就会陷入困难。产生的严重后果是项目失败，展览垮台。因此，项目管理是展览主办方的基础管理，在主办方的管理中举足轻重，地位突出。就此而言，掌握项目管理知识，提升项目管理水平，对于展览主办方乃至展览业的持续发展都具有重要意义。

其次，具备项目管理能力是成为展览业职业经理人的基本要求。

职业经理人是职业化的企业经营管理专家。展览项目经理是展览业职业经理人的主要来源。成为展览项目经理，是展览从业者成为职业经理人的重要途径。而要成为展览项目经理，需具备从业经验与资历。学习项目管理知识，并结合实践提升项目管理水平，对于锻炼成为展览项目经理具有重要意义。

最后，提升项目管理水平有助于中国展览业由大变强。

改革开放以来，中国展览业发展迅速，在展览数量、展览总面积、展馆建设规模等方面已跻身全球展览大国行列。但与国际展览业先进国家相比，中国要成为展览强国还存在明显差距。展览项目管理水平相对落后，是其中的差距之一。因此，系统地学习项目管理知识，借鉴先进管理方法，改善认知能力，有利于进一步提升专业化、国际化的管理水平，从而适应中国展览业由大变强的发展需要。

## 思考题

1. 举例说明你所接触的项目及其管理。
2. 为什么主办展览必须是法人，而不能是自然人？分析说明主办展览所须承担的经济责任和社会责任。
3. 为什么说展览项目管理是主办方管理的有机构成？如果展览公司负责人兼任展览项目负责人，公司管理与项目管理是一回事吗？
4. 说明展览主办方与承办方的区别。
5. 根据项目管理的基本特征，分析展览项目管理的授权性、目的性、独特性、创新性和系统性。
6. 根据项目管理五个基本要素，即工作范围、时间、质量、成本和组织，对应展览项目做具体分析。
7. 举例说明展览项目"轻资产、重人才"的属性。
8. 通过表格呈现本章有关国内展览的分类方法。
9. 学习展览项目管理知识对于展览从业者规划职业生涯的意义是什么？

Chapter

# 2

## 第二章 立项管理

## 思维导图

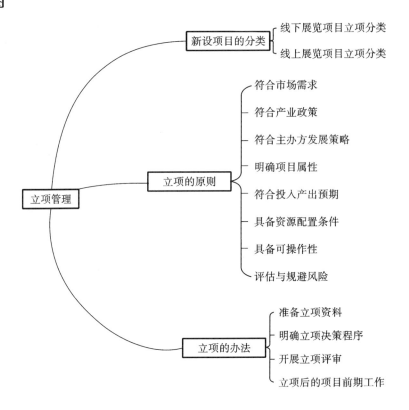

## 本章教学要点

了解展会主办方创办展览项目的基本原则,以及展览项目立项的方法,并在此基础上认知立项管理在展览项目管理中的意义与作用。

## 开篇故事

## 被迫停办的新型工业化博览会

根据国家"十一五"规划提出的新型工业化发展战略,某省政府决定打造新型工业化博览会。新型工业化的内涵为"两化"融合,即信息化带动工业化,工业化促进信息化。如将规划概念转换为展览内容,要么办成宣传"两化"融合的成果展,要么办成推动"两化"融合的专业展。如办专业展,展览范围就必须涵盖整个工业领域,否则无法体现国家推动新型工业化的主旨。但展览范围如果涵盖整个工业领域,将无法操作。因为,全世界至今尚无一个专业展的展览范围可以涵盖整个工业领域的。创办于1947年德国的汉诺威工业博览会,是闻名全球的制造业专业展,其展览面积已逾20万平方米。但长期以来,汉诺威工业博览会的展览范围仍仅限于工业零部件和分承包技术、工业自动化、能源、新能源汽车技术、线圈技术及绕线技术、数字工厂、研发技术、环保技术和设备等方面,并未涵盖整个工业领域。

该省政府在2007年创办了新型工业化博览会。国家主管部委冠名参与主办,具体承办工作由该省政府工业主管部门负责。由于展会定位不清,虽然省内企业受政府部门邀请参加了展览,但外省企业以及国外企业参展意愿不强,因此组展困难,无法实现创办国际化或全国性展会的预期。在此背景下,依靠本地行政资源勉强成型的展会,展现给观众的只能是成果展,而且仅是该省"两化"融合的成果展。因此,展会以"中国国际"冠名颇显尴尬。尽管展会的开幕典礼盛大热闹,媒体多有报道,一定程度起到宣传新型工业化的作用,但由于不是服务于技术交流和经济贸易的专业展,企业认为参加这样的展会意义不大而缺乏积极性。

首届展会举办后,该省政府及其承办部门试图委托专业展览机构接手,以提高展览会专业化程度,但终因展览定位不明确而没有专业展览机构愿意承接。因此,该展会只举办了三届就停办了。

>  **说明与评点**
>
> 这是一个真实的案例。其失误在于决策者在立项时试图将宣传政策的成果展办成服务于经济贸易的专业展。这种项目不符合经贸展览的市场需求,也不符合参展商和观众的需求。

立项,指新的项目经决策者批准而设立。

展览立项,指新的展览项目经展览主办方决策者批准而设立。必须明确,批准立项只是展览项目进入实操的开端,而非展览项目已经成功举办。在中国,展览从业者习惯将设立新项目称之为"上项目"。

## 第一节 新设项目的分类

长期以来,展览业新设立的项目俱为实体项目,即在展览场馆举办的、参展商与观众可以近距离交流的展会。新冠疫情在2020年肆虐全球,各国政府为阻止病毒传播而限制人群聚集,导致人们无法实现在展览场馆内的近距离交流。在此背景下,网上展会成为实体展会的替代品(网上展会在此之前已有所尝试,但成为国际展览界现象级事件则始于2020年)。网上展会又称为虚拟展会、线上展会。故此,实体/线下展会与虚拟/线上展会就成为展览项目的一种新的分类。

因虚拟/线上展会的发展仍在探索中,本教材所介绍的展览项目管理知识仍集中于实体/线下展会。对于虚拟/线上展会的项目管理知识,本书将根据此类展会的发展情况并结合编者自身的认知予以简略介绍。

### 一、线下展览项目立项分类

线下的展览项目,也称为实体展会,指在展览场馆举办、参展商与观众可以近距离交流的展会。

在线下,新设立的展览项目一般分为三种类型。

一是,创立新项目,即主办方选择新的展览主题而创立的新展览项目。例如,北京居然之家投资控股集团有限公司与中国国际展览中心集团公司及所属企业于2017年联合创立的北京国际家居用品展览会暨中国生活节(家居用品是展览主题)。此前,北京居然之家投资控股集团有限公司从未涉足展览业,中国国际展览中心集团公司虽办有建材展会,但从未办过家居用品主题的展会。

二是,异地复制老项目,即主办方将自己长期举办的展会(老项目)移植到另一举办地而设立的展会(新项目)。例如,德国慕尼黑展览公司于2000年将其在慕尼黑举办的工程机械展览会移植中国上海,并不断扩充展览范围,成为中国国际工程机械、建材机械、矿山机械、工程车辆及设备博览会。2018年,其展览面积达30万平方米,规模居亚太地区同主题展会之首。

三是,从老项目中剥离项目,即主办方将自己既有展会中的某一专业板块(指展会中的某一展览范围)剥离出来而创立新的展览项目。例如,深圳市安全防范行业协会、深圳安博会展有限公司将其举办的深圳国际安防产品博览会中的无人机展览板块剥离出来,于2016年创立了深圳国际无人机博览会。

在中国,许多展览新项目是由政府创立的。例如,2018年在上海创办的中国国际进口博览会、2019年在武汉创办的世界大健康博览会、2021年在海口创办的中国国际消费博览会。中国政府创办展览的历史已逾百年。新中国成立后,政府办展久盛不衰。1957年创办的广交会,每年两届举办至今,是全球展览面积最大的出口商品展会。

## 二、线上展览项目立项分类

线上展览项目,指参展商通过互联网的虚拟空间展示产品并和观众进行在线交流的展会,又称为虚拟展会或网上展会。线上展会与线下展会的区别在于,前者是虚拟的,参展商与观众并不共处于同一个物理空间,但可以在同一个网络空间实现在线交流;后者是实体的,参展商与观众共处于同一个物理空间即展览场馆,彼此可以近距离交流。

为应对新冠疫情对展览业的冲击,在线下展会全面停摆的困局中,中国的线上展会在2020年春季应运而生。2020年4月14日,中国举办的首个国际性线上展会——中国—拉美(墨西哥)国际贸易数字展览会,在中国贸促会礼堂举行网络开幕式。该展会持续至2020年4月28日闭幕。开幕当天,国内超过2000家外贸企业与拉美地区12739位买家同时在线。展会由中国贸促会主办,浙江米奥兰特国际商务会展股份有限公司运用"网展贸"数字展览技术平台承办。此后,国内多个知名展会转战线上,由此形成网上办展热潮。到2020年下半年,欧美国家许多知名展会的主办方宣布开办线上展会。如德国杜塞尔多夫国际医院及医疗设备用品展览会,每年应在9月举办,2020年因防控疫情,改为11月中旬在线上举办。

就国内的案例看,2020年以来的线上展会,可分为"多对多"和"少对多"两种。所谓"多对多",指参加线上展会的参展商(卖家)和观众(买家)都很多,如网上广交会;所谓"少对多",指参加线上展会的参展商(卖家)很少而观众(买家)较多。

举办线上展会必须搭建网络平台。其中"多对多"的平台一般具有产品图文展示、视频展示、参展商/展品分类查询、在线交流、直播、在线会议等功能。由于多数主办方不具备搭建网络平台的技术能力,故而委托互联网公司提供技术服务。网上广交会由腾讯公司接受委托而搭建。原定于2020年4月15日线下开幕的127届广交会,改为6月15日至24日在线上举行。网上广交会按16类商品分为50个展区,设有展商展品、供采对接、大会服务、跨境电商五个板块。全国2.6万余家参展商免费上线参展。广交会的境外观众以远程方式登录网上广交会,在线上与中国参展商展开贸易交流。许多主办方在使用"少对多"的平台时,或采用包括"腾讯会议"在内的软件,也有专门为此开发应用软件的。

基于上述,从设立项目的角度分析,线上展览可分为关联创办和独立创办两种类型。关联创办,指主办方的线上展会依托原有的线下展会而设立,如网上广交会、线上杜塞尔多夫国际医院及医疗设备用品展览会。独立创办,指在此之前并无线下展会,而是单独设立线上展会,如中国—拉美(墨西哥)国际贸易数字展览会。从国内外现有线上展会的构成看,关联创办的项目占绝大多数。

如何认知线上展会?可从以下五个方面展开研讨。

首先,人力与资金方面投入较大。主办方搭建线上展会平台不但需要技术支撑,而且需要投入大额资金。2020年,腾讯公司为搭建网上广交会,在近两个月的时间里动用了上千名技术人员。该项目所需投入的资金可见一斑。

其次,流程方面涉及多个环节。线上展会需要主办方及技术服务商提供专业的维护服务。如网上广交会,先由商务部下发文件动员参展商参加,再由腾讯公司配合中国对外贸易中心(广交会承办机构)提前组织培训,之后才是参展商和观众上线交流。线上展会开幕后,参展商和观众因技术障碍而发生沟通不畅的情况,需要技术服务商及时在线处理。

再次,展会举办时间逐渐延长。疫情结束以后,部分线上展会由固定时段举办逐步转为长期举办。而长期举办的线上展会,其升级的方向基本是成为某一行业的门户网站。

复次,需要区分"多对多"与"少对多"。为避免歧义,本书介绍的线上展会,指"多对多"形态的展会(指上线交流的参展商与观众的数量较多,呈现群体对群体的交互状况)。而在线上进行的"少对多"展贸活动(指上线交流的参展商仅为1个或几个,但买家数量较多,呈现个体对群体的交互状况),可以看成是主办方服务参展商的营销活动。

最后,从2020年至2022年疫情期间的情况看,线下展会并没有被线上展会所替代。欧美地区国家较早恢复线下展会且不再举办线上展会。国内线上展会数量在2021年至2022年便明显减少;2023年后,"多对多"的线上展会几乎不再举办。

## 第二节 立项的原则

设立新的展览项目,主办方需要遵循以下八条原则。

### 一、符合市场需求

在市场经济环境下,展览项目能否存活并获得发展,关键要看有没有市场需求。所谓市场需求,通俗地讲,就是参展商与观众是否需要这个展会。检验展会是否符合市场需求的标准,主要看到场参观的观众是否符合参展商的需求,并且到场参观的观众需要达到参展商所预期的数量和质量。一般而言,在"北上广"举办的专业展会(B2B 性质,举办 3 天),每 1 万平方米展览面积的专业观众应达到 0.5 万人以上;在其他城市举办的专业展会,每 1 万平方米展览面积的专业观众应达到 0.3 万人以上。

### 二、符合产业政策

不符合产业政策、不受政府支持的展览项目,也难以立足市场。在中国,产业政策是国家或地方政府制定中长期发展规划时,针对经济社会发展的需要,提出的支持重点产业发展的措施。产业政策一般由产业结构政策、产业组织政策、产业技术政策和产业布局政策组成。例如,中共中央、国务院在 2019 年 2 月印发实施的《粤港澳大湾区发展规划纲要》,提出了促进粤港澳大湾区 2020—2035 年经济社会发展的系列产业政策。主办方如果在大湾区新设展览项目,就应与该规划对接,着眼于服务国家政策所支持的产业。

### 三、符合主办方发展战略

主办方设立新的展览项目,不能脱离或违背自身的发展战略。例如,2017 年 6 月在北京举办的首届北京国际家居展览会,由北京居然之家投资控股集团有限公司与中国国际展览中心集团公司等公司联合主办。这些企业之所以联合创办展会,是因为家居主题的展会符合各自发展战略。居然之家以经营家居专业市场为业,举办展会是其服务客户并营销自己的延伸。中国国际展览中心集团公司经营展览场馆,加之主办展会,引入居然之家办展,可以壮大自身业务。由于新项目切合各方发展战略需要,加之资源互补,强强联合,这促使首届展览面积达 12 万平方米,一举跨越特大型展会门槛。

## 四、明确项目属性

设立新的展览项目,必须确认项目的性质,即根据本书第一章有关展览分类的方法,明确展会的属性。尤其要明确:新项目是企业展览、社团展览还是政府展览;是综合性展览还是行业性展览;是国际性或全国性展览,还是区域性或地方性展览;是 B2B(Business to Business)展览或 B2C(Business to Customers)展览,还是 B2C2C(Business to Channel to Customers)展览。属性不同的项目,在操作上区别明显。项目属性模糊或定性不准确,不应提交立项。

## 五、符合投入产出预期

新的展览项目若要设立,其成本投入和收益产出需要符合主办方的预期。即便拟设项目符合市场需求和产业政策,但如果测算的投入产出效果不能满足主办方的预期,那么这个项目仍难以获准立项。测算展览项目的投入产出,主要是算经济账,即测算项目需要投入多少钱,可以赚回多少钱。即使是政府主办、使用财政资金作为成本投入的展览项目,同样需要算经济账。政府也不能承受超预算的经营亏损。

## 六、具备资源配置条件

主办方所需的资源,可分为内外两方面:在内部,主要是资金、人力、自媒体以及办公设施等;在外部,主要是关键合作方、客户、展览场馆、媒体以及配套服务机构等。缺乏资源或资源不足的展览项目,主办方难以立项。例如,举办口腔医疗器械展览会需与口腔医学会议配套,而口腔医学会议的主办方基本是口腔医学学会或口腔医学院。因此,展览公司要创办口腔医疗器械展览会,必须与口腔医学学会或口腔医学院合作。如双方不能达成合作关系,则表明展览公司缺乏关键性资源,这个项目就难以立项。

## 七、具备可操作性

展览项目能否实施,既取决于举办项目的客观条件尤其是市场条件是否具备,也取决于主办方的操作能力是否具备。两者缺一不可。在项目符合市场需求、产业政策、投入产出预期和资源配置条件的前提下,主办方的操作能力就成为决定性因素。例如,某国家级信息技术学会想创办工业物联网展览会,在客观条件基本具备的情况下,因缺乏操作者及其团队,结果导致项目流产。项目负责人即项目经理是否适配,在一定程度上也是项目是否具有可操作性的衡量因素。

## 八、评估与规避风险

任何新展览项目在实施过程中都存在风险。主办方决策时需要综合评估竞争性、经营性、组织性和突发性事件四方面存在的风险。

竞争性风险,指不同主办方之间同主题展览产生的竞争。

经营性风险,指项目经营过程中可能发生的风险。如因组展规模过小而被迫取消展会。

组织性风险,指主办方或项目团队因内部可能发生的重大变故而导致经营工作严重受挫,甚至难以为继。如原本同意联合主办项目的合作方,因利益冲突产生分歧,酿成项目无法推进的后果。

突发性事件风险,指可能突发的重大事件对于项目经营产生的重大影响。如2020年疫情致使2020年2月至4月的国内展会全部取消。

此外,线上展会项目需要评估技术性风险。搭建网络展会平台应在确保安全性、稳定性的前提下,选择先进、适合的技术。

主办方在决策设立新的展览项目时,对于可能产生的风险,需要谨慎评估,预先制定规避策略。

## 第三节 立项的方法

设立新的展览项目,是主办方实施战略管理的重要工作。其工作步骤如下。

### 一、准备立项资料

管理规范的展览主办方,在决策时,需要内部相关部门或相关人员提交立项的书面资料,主要是《展览项目市场调研报告》《展览项目可行性研究报告》或《展览项目策划报告》。报告应包括立项的背景与意图说明、合作方资源利用、展览举办时间与地点选择、经营指标预测(一般预测展览前三届)及首届财务预算、团队组建、操作措施、风险评估等内容。

在中国,党政机关举办新的展览项目(通称为政府展览项目),自2015年起须经上级审查批准后才能立项。根据统一规定,政府展览项目的主办机关向上级机关提出申请,须上报包括总体方案在内的11种书面资料(见表2-1)。

表 2-1 党政机关境内主办会展活动申请材料一览

| 序号 | 文件名称 | 内容与要求 | 提供者 |
| --- | --- | --- | --- |
| 1 | 请示 | 包括展览、会议名称(涉外的展会活动需提供中英文名称)、内容、规模、时间、地点等,申办机关须加盖单位公章 | 申办机关 |
| 2 | 函件/协议 | 两个或两个以上单位共同主办的,须提供共同主办单位书面同意函原件;如与外方政府、国际组织或相关机构共同举办的,申办机关须提供中方与外方的合作协议 | 申办机关与相关机构 |
| 3 | 总体方案 | 展览、会议总体的实施方案(包括拟邀请的领导同志及外宾的范围) | 申办机关 |
| 4 | 预算方案 | 经费预算方案(包括经费来源) | 申办机关 |
| 5 | 招商招展方案 | 参展商、观众或会议代表招徕工作的方案 | 申办机关 |
| 6 | 可行性报告 | 项目的可行性研究报告,注明举办理由 | 申办机关 |
| 7 | 知识产权方案 | 展会活动知识产权保护方案 | 申办机关 |
| 8 | 应急预案 | 处理突发性事件的应急预案 | 申办机关 |
| 9 | 复函 | 有关行业主管部门审批同意的复函或外事、台湾事务主管部门就展会涉外、涉台事项审批同意的复函 | 有关机关 |
| 10 | 函件 | 各省(自治区、直辖市)办展机构跨省区市举办展会的,提供展会举办地行业主管部门的同意函原件 | 地方政府有关部门 |
| 11 | 其他材料 | 其他与申办工作相关的材料 | 相关材料的提供机构 |

表 2-1 中的"申办机关",指拟设立新会展项目的党政机关。表中的"请示",指"申办机关"向上级机关呈送申办展览文件的文种。此文件的标题一般为《关于举办××展览会的请示》。表中序号 2 至 11 的资料,列为"请示"的附件。表中的"总体方案",指展览项目的组织工作方案。其系展览项目综合性、概括性方案。表中序号 3 至 8 的方案或报告是"总体方案"的细化。

党政机关举办的展览项目凡冠名"中国国际"的展会,须经全国清理和规范庆典研讨会论坛活动工作领导小组批准(该机构系国务院设立,办公室设于文化和旅游部)。该领导小组规定,各省(自治区、直辖市)及省会城市报国务院批准的冠名"中国国际"的展会(所谓国家级展会),原则上不得超过 3 个(如湖北省 3 个、武汉市 3 个)。而且申报的展览项目必须已经举办三届以上。

## 二、明确立项决策程序

管理规范的展览主办方,立项决策有严格程序,一般包括提交立项资料的内容与格式、提交部门、提交时间、分管负责人初审、公司决策层集体评审等规范。原则上,设立新项目的申请须提前一年以上的时间提出。

某大型知名公司展览新项目立项的工作流程如下。

第一步,提出设立新项目的创意,即拟设新项目主题或创新项目思路。提出创意者主要是公司中高层管理人士以及市场部(该公司规定市场部每年必须提出 2 个以上新项目创意)。

第二步,公司高层对创意新项目的选择提出方向性意见,由市场部开展市场调查,撰写可行性研究报告。

第三步,市场部完成可行性研究报告后,向公司分管负责人汇报。如获认可,即在市场部内部组织讨论,根据分管领导意见进一步完善报告。内部讨论的内容包括该项目的立项操作。

第四步,公司高层或项目投资决策委员会听取市场部汇报(一般采用 PPT 汇报)。与会人员针对新项目可行性研究报告提出质询。市场部要在会议上回答质询。经会议讨论,决定是否立项。

第五步,公司高层或项目投资决策委员会批准立项后,将确定项目负责人即项目经理。市场部配合项目经理提出立项操作方案。操作方案包括展览举办时间与地点、经营指标预测(一般预测展览前三届)、首届财务预算以及团队组建、资源配置、拟订经营工作计划等措施。

当该项目正式列入公司年度经营计划后,立项工作便告结束。

以上立项决策的工作流程,如图 2-1 所示:

图 2-1 立项决策工作流程

大型集团公司或上市公司对于设立新的展览项目,批准立项的权限根据情况分为不同层级。一般而言,投入规模大、跨部门或跨地域协同要求高的新项目,审批的层级就越高,相应的审批流程就越复杂。

国内中小微公司因管理方式粗放,决策时往往没有严格的程序。在设立新展览项目时,并不在意立项的书面资料。较为常见的情形是:公司决策人通过会议或某种形式的小范围沟通来研讨立项可行性。这种研讨所涉及的内容,大体与展览项目市场调研报告、可行性研究报告或策划书所包含的内容相关。此外,由公司决策人自行提出项目创意并拍板上马的情况,仍普遍存在于许多小微会展公司。

### 三、开展立项评审

项目评审是体现科学决策的重要环节。管理规范的展览主办方对于拟设立的新项目，均有制度化的评审措施。

项目评审一般采取会议形式。与会人员包括主办方决策层、业务部门负责人（如财务部门、市场部门、人力资源部门）、拟设项目的报告人等。有跨国公司为此设立专家委员会，邀请专家参与评审工作。

评审会议的议程，一般由拟设项目的研究者报告立项建议，阐述市场调研、可行性研究的工作情况。在会议上，主办方决策层、专家以及业务部门负责人针对报告提出问题，发表意见。报告人需要当场回答与会人员提出的疑问。

评审会议对于提交评审的项目，应给出明确的意见或建议：或同意立项，或不同意立项，或要求补充调研后再次提交评审。

此外，明确展览项目的价值主张，是许多知名展览公司设立新项目的重要原则。所谓价值主张，指企业通过自身的产品和服务向消费者所能提供的价值，即产品和服务对于消费者的实用意义。价值主张的出发点是满足客户需求。展览项目的价值主张不但要凸显参展商和观众可以从展会中获得的独特价值，而且要成为主办方向展会目标受众宣示价值的根据。因此，要求立项报告须清晰描述新项目的价值主张，而且强调调研报告须反映一定数量的潜在客户对于参加展会的意愿，以此支持新项目的价值主张。

一般而言，选择新的展览主题而创立的新项目，在评审上的要求会高于复制老项目和从老项目中剥离项目。原因是，主办方对后者的经营管理已有经验，市场风险相对较小。

### 四、立项后的项目前期工作

展览新项目经主办方批准立项后，该项目就进入到项目实施的前期工作阶段。

在此阶段，项目负责人（项目经理）需要落实项目的要素设计、选定合作伙伴、编制经营计划、组建团队等方面的准备工作。项目的要素设计，包括确定项目名称（展览名称）、举办地点、举办时间、展览规模等。

这些工作之所以被称为项目前期工作，是因为"上项目"必须有相关条件支撑和基础资源保障，需要进行系统性的周密筹备。试想，如果无法确定适合展览的地点与时间，无法确保项目团队成员到位，无法筹集运营项目的资金，那么立项决策就失去了意义。因此，新展览立项只是表明主办方决策批准项目，而主办方实施项目则必须经由立项后的前期工作才能转入新项目的实际操作。

新展览立项后的前期工作如何展开，请参看本教材之后的章节。

**思考题**

  1. 列举2018年至2019年中国市场新设立的展览项目,并分析属于哪种立项类型。

  2. 了解德国法兰克福展览公司将自身在德国的品牌项目移植中国的情况。

  3. 考察一个展览会项目有没有市场需求,是以参展商的需求为主还是以观众的需求为主?

  4. 为什么说设立新的展览项目,是主办方实施战略管理的重要工作?

  5. 展览项目不具可操作性和主办方不具备展览项目的操作能力,是不是一回事?为什么?

  6. 在北京举办展会,经常会遇到的城市社会管理的风险是什么?

  7. 中小微展览公司决策管理粗放,为什么不少公司"上项目"仍可获得成功?

Chapter

# 3

## 第三章　计划管理

## 思维导图

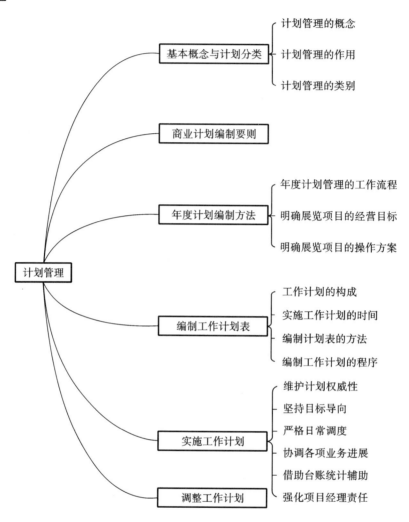

## 本章教学要点

认识计划管理在展览项目管理中的意义,了解计划管理在展览项目管理中的应用方法。

# 开篇故事

## 士弥牟提供修筑城墙的设计方案

《左传》在昭公三十二年记载了一桩修建都城城墙的故事:

"乙丑,士弥牟营成周,计丈数,揣高卑,度厚薄,仞沟洫,物土方,议远迩,量事期,计徒庸,虑材用,书餱粮,以令役于诸侯,属役赋丈,书以授帅,而效诸刘子。韩简子临之,以为成命。"

其大意是:鲁昭公三十二年十一月十四日,为修筑成周(今洛阳,时为周朝都城)的城墙,士弥牟通过计算城墙的长度、高低、厚度,以及环绕城墙沟渠的深度,估算土方数量及运输距离,预计施工时间以及所需人工、物料和粮食,再划定各诸侯国应完成的工程地段及其所需组织的劳役。其将设计方案交给刘子,作为周朝向诸侯国下达施工政令的依据。韩简子作为监督施工的官员,将根据这一方案负责监工。

 **说明与评点**

《左传》是我国第一部编年体史书。原称《左氏春秋》,相传为春秋末年的左丘明所作。

此段史料记载了周武王时期修建成周都城城墙工程的情况。士弥牟,晋国官员,也称士景伯、士伯、司马弥牟,负责设计城墙建设方案。刘子,刘国国君。

韩简子,晋国官员。当然,此方案不可能在一天之内完成,《左传》记载此事的时间是鲁昭公三十二年(公元前510年)十一月乙丑这一天。

在古代,修筑城墙无疑是大型基建工程。中国先秦时期大型建筑工程施工的准备工作情况,《左传》所记是我们今天能够看到的最为详细的史料了。我们从中可以了解到,在2500年前,古代中国人在建筑工程中已采用了项目管理的方法,工程设计、施工组织、监督管理三个环节分工明确。士弥牟采用计划管理的方法设计工程建设方案,在史料中得以生动反映。

古人有云:凡事预则立,不预则废。计划管理的重要性就在于此。

展览项目的计划管理,体现在制定、执行、监控和实现项目目标的进程中,包括与此相关的管理方法。

## 第一节 基本概念与计划分类

在展览项目的各项管理中,计划管理的地位突出。其不但具有独特的工作内容,而且对项目的财务、销售、营销、运营、人力资源等方面的管理具有引领行进和总揽全局的作用。

### 一、计划管理的概念

计划管理中的计划,指企业管理者为在特定时间内实现特定目标,对经营活动做出的具有预先性、统筹性和周密性的工作安排。计划的预先性,指计划须在经营活动启动之前制定。计划的统筹性,指计划要协调配置经营活动所需的要素资源。计划的周密性,指计划要全面细致地提出经营活动的各项安排。

计划管理中的管理,指企业制订计划、执行计划所采取的方法与措施。

计划在管理学中具有两重含义:一是指工作安排,即某一组织通过分析内外环境与条件,提出该组织在未来一定时期内要达到的行动目标以及实现目标的方案或途径;二是指有关管理工作安排书面文件的呈现形式,即采用文字和数据指标等形式,表述某一组织及其内部不同部门或不同成员,在未来一定时期内行动目标、方向、内容和方式的管理文件。

这两层含义，前者是计划内在的基本内容，后者是计划外在的表现形式。

## 二、计划管理的作用

在市场经济社会，由于市场环境处于变化之中，企业只能在适应外部环境的过程中谋求自身的发展。这种适应，是指企业围绕市场需求，科学地制定中长期发展战略，并在发展战略的指导下订立阶段性的工作计划，以求分步达成发展目标，持续增强自身的市场竞争实力。因此，企业对市场环境的变化，既不能无所适从，也不能随心所为，而应该有战略、有目标、有计划地谋求发展之道。许多中国企业家将此应对之策称为"外圆内方"。"外圆"指企业需以圆融通达的态度积极地适应外部市场的变化，"内方"指企业需以方正务实的措施规范内部管理，从而达到顺应需求、内生动力、有序经营的状态。计划管理恰是企业"内方"的有效"抓手"。

主办方对于展览项目实施的计划管理，既包括设定展览项目的经营目标以及实现目标的方案和途径，也包括编制作为管理性文件的展览项目工作计划，还包括为实现工作计划对展览项目经营活动全过程的督导控制。

在中国，对展览项目严格实施计划管理的主办方主要是跨国公司或国有大型公司。大多数中小微展览公司并无规范的计划管理制度，而是依靠经验进行管理。因此，学习计划管理知识对于中国展览公司提升专业化管理水平具有积极意义。

## 三、计划管理的类别

展览项目的计划管理贯穿于项目的全部经营活动之中，具有长期性和阶段性相结合的特点。长期性，指主办方对展览项目实施计划管理提出的统一要求，即建立健全计划管理制度。阶段性，指主办方依照计划管理制度，按年或按届对展览项目实施计划管理。

展览项目的计划可分为三类，或三个层次，即商业计划、年度计划和专项计划。

商业计划，指展览项目未来三至五年的发展规划，采用滚动编制的方法。这一计划基于展览项目的经营现状，规划未来三至五年的发展方向，并预测经营指标，提出发展措施建议。

年度计划，即展览项目每届的工作计划，按年编制。一般情况下，上年展会结束之前就要制订下一年展会的工作计划。

专项计划，指在展览项目总体计划中单列的子项工作计划，如销售、营销或运营工作计划，以及这些子项计划中需要进一步细分的计划。专项工作计划随项目总体计划一并编制。

在商业计划、年度计划和专项计划中，年度计划是计划管理的关键。

## 第二节　商业计划编制要则

　　商业计划,指企业根据自身发展战略制定的阶段性发展规划及其行动方案。企业年度经营工作计划既是商业计划的分解,也是实现商业计划的基础。

　　管理规范的主办方,尤其是大型企业(如跨国展览公司),多要求展览项目制订未来3至5年的商业计划,并将其作为企业计划管理中的一项战略性任务。

　　编制展览项目的商业计划,应把握以下六条要则。

　　一是,商业计划必须符合企业中长期发展战略的需要,并在发展战略的指导下进行编制。如某公司长期在上海经营展会,2015年决定在广州、深圳、成都布局办展。该公司在上海的食品工业展和农业科技展是公司强项,在国内展览市场上属于大型品牌项目。因此,公司提出在2016至2018年商业计划中,在广州、深圳或成都复制上海的两个展会项目的规划与行动方案。

　　二是,商业计划必须分析外部环境。发展趋势和竞争对手是环境分析的重点。发展趋势分析涉及宏观经济、展会所服务的行业、新的举办地等方面。竞争对手分析针对举办相同主题展会的其他主办方,着重于评估竞品展会的发展状况和竞争对手的经营态势,以利提出竞争策略。此外,经营风险也是环境分析的内容。

　　三是,商业计划必须分析内部条件。主办方可利用的资源、本项目的竞争优势或劣势、相关利益方的态度等方面,是内部条件分析的主要内容。所谓相关利益方的态度,指合作伙伴、关键资源供应(如展馆)、项目团队中业务骨干等方面对于项目发展的意愿或看法。

　　四是,商业计划必须预测展览项目未来3至5年的经营指标,并提出实现指标的主要措施建议。主办方对于项目发展所需的投入,是措施建议中的重要内容。

　　五是,商业计划必须按年滚动编制。某跨国展览公司规定,展览项目在每年3月提交商业计划。其中,老项目提交未来五年的商业计划,新项目提交未来3年的商业计划。

　　六是,商业计划必须与年度计划相互衔接。商业计划是年度计划的指引,具有战略指导的作用。年度计划是商业计划的分阶段体现,发挥具体施行的功能。两者关系密切,相辅相成。在内容上,商业计划强调项目的顶层设计,偏于宏观或总体论述;年度计划突出项目的实操步骤安排,经营指标、主要业务和工作措施必须详细分解。

　　展览项目的商业计划可以是文本,也可以是用于汇报的PPT。但表格是不可或缺的呈现方式。

## 第三节 年度计划编制方法

### 一、年度计划管理的工作流程

展览项目年度计划管理工作,指按年进行的计划管理。如一年一届的展会,其年度计划与每届计划合一。如两年(及其以上)一届的展会,其年度计划须跨年编制。如一年两届(甚至多届)的展会,其年度计划应涵盖该年各届展会。年度计划的实施,一般从上届展会结束到本届展会闭幕。

展览项目年度计划管理工作流程如图 3-1 所示。

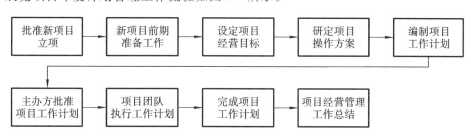

图 3-1　展览项目年度计划管理工作流程

在展览项目年度计划管理中,运行此流程的说明如下。

一是,流程中"批准新项目立项"和"新项目前期准备工作"两个步骤,只涉及新的展览项目。

二是,老项目计划管理的工作流程从"设定项目经营目标"开始,到"项目管理工作总结"结束。新一年或新一届的项目计划管理工作再从"设定项目经营目标"开始,再到"项目管理工作总结"结束。如此循环,不会中断。

三是,完成"项目工作计划"的时间节点一般指展会闭幕。项目工作总结一般在展会闭幕后一个月内进行。

四是,制订下一年度展览项目工作计划,一般会在本届展会闭幕之前启动(如提前 1—3 个月)。该计划在展会闭幕后将继续完善,尤其要针对上届展会存在的问题提出改进措施。

### 二、明确展览项目的经营目标

设定展览项目的经营目标,是主办方推行目标管理的基础性工作。

展览项目的年度工作计划制订于项目实施之前。因此,工作计划是主办方在预测基础上对项目经营活动的提前安排。这种安排,首先要形成工作思路。而构成工作思路的要点,一是展览项目的经营目标,二是展览项目的操作方案。提前设定展览项目的经营目标和操作方案,即为主办方开展计划管理的思谋阶段。

(一)经营目标的构成

展览项目的经营目标主要由经营指标构成。展览项目的经营指标一般包括营业收入、营业利润、展览面积、展位、观众、重点工作及其相关指数等项。具体说明如下。

(1)展览项目的营业收入,指展会经营活动产生的所有收入,包括销售收入、服务佣金收入和其他收入。其中,销售收入产生于展位、门票、广告、赞助、配套活动等方面的销售(销售收入的来源及其分类,请参看本书第六章销售管理);服务佣金收入指主办方为展览项目的服务商提供资源所获得的佣金,如主场服务商、酒店供应商向主办方提供的佣金;其他收入因展览项目的特殊性而产生,如出境展的主办方代为收取的参展商出境差旅费。

(2)展览项目的营业利润,指项目营业收入减去项目营业成本之后的利润部分。展览项目的营业成本不包括主办方的管理费用、财务费用、税费等(展览项目营业成本的构成,请参看本教材第四章财务管理)。因此,展览项目的营业利润不是主办方的净利润,而是毛利润。

(3)展览项目的展览面积,分为租赁展馆面积、展览毛面积和展览净面积三种。租赁展馆面积,指主办方为举办展览租赁使用展览场馆的面积。此面积由主办方与展览场馆经营方通过订立租馆合同加以确定。展览毛面积,指主办方在租赁展馆面积的基础上实际用于展览的面积。此面积一般小于租赁展馆的面积。展览净面积,指主办方在实际用于展览面积的基础上摆放展位的面积。此面积一般不会超过展览毛面积的50%。国内习惯根据展览毛面积的概念统计展览面积。而欧美国家一般根据展览净面积的概念统计展览面积。

(4)展览项目的展位,指一个展会在展览场馆摆放标准展位的数量。国际通行的标准展位面积为3米×3米(也有面积为3米×2米的标准展位),并配有展架、展具(一般是配置为一桌两椅、两盏照明灯)。展览的净面积一般为展位销售面积或参展商在展馆布展使用面积的总和。

(5)展览项目的观众,一般指到达展会现场参观的观众数量。展览现场的观众数量,分为人数与人次数两种统计指标。其中,观众人数指进场观众人数的总和,每位观众只统计一次;观众人次数指按天统计进场观众人数的总和,一位观众多次进场参观均被纳入统计。展会进场观众的人次数大于观众人数。不少主办方在项目经营指标中还要考核进场观众数量和展览项目观众数据库信息条数指标。该指标指录入数据库的观众信息总数(一条信息对应一名观众)。

(6)重点工作,指展览项目经营管理中具有全局性影响而需要单列的工作事项,一般是项目发展中必须解决的突出问题或必须取得成效的业务创新工作。例如,昆明建材展主办方2017年在项目团队内部设立市场部,要求建立专业观众邀约的业务流程。又如,德国慕尼黑体育用品展览会(ISPO)2015年将服务项目的官方网站转型为服务体育行业的门户网站。

(7)相关指数,指用于衡量展会品质的指标,如参展商回头率(复购率)、保有率(高忠诚度客商比率)、满意度等。

(二)经营目标的设定

展览项目的经营目标原则上按展会的届数设定,即一届一定。

主办方设定展览项目的经营目标,既要务实,又要前瞻。务实,就是要实事求是,不追求脱离实际的高指标。前瞻,就是要通过激发内生动力,追求经营收益持续增长与服务品质的不断改善。主办方科学地设定经营目标,需要进行全面、深入地研判。

设定展览项目的经营目标,需要注意以下八个问题。

一是,在经营目标中,作为财务指标的营业收入和营业利润,须通过展览项目的财务预算予以设定。展览项目财务预算的方法,请参看本书第四章财务管理。

二是,展览面积和展位数量指标,依据项目租赁的展馆及项目展位图规划而设定。其方法请参看本书第六章销售管理。

三是,观众数量指标,依据项目参展商的需求并结合项目观众数据库收录的信息条数而定。其方法请参看本书第七章营销管理。

四是,老项目经营目标的设定,须对照上届甚至前三届指标的完成情况而设定。这种对照旨在体现营业收入、营业利润的增长幅度设定的持续性和合理性(也包括下调指标的必要性)。

五是,新项目经营目标的设定,应依据立项时的可行性研究报告提供的分析而设定。

六是,营业收入、营业利润、展览面积、展位、观众五项指标互有逻辑关系。一般而言,展览面积的大小与展位数量的多少、营业收入的高低成正比关系。而营业利润的高低不但与营业收入的高低有关系,同时与营业成本的高低有关系。绝大多数展会的展览面积与观众数量是正相关关系,即面积大则观众多,面积小则观众少。

七是,新设定的重点工作任务,要有明确的针对性。

八是,同一个展览项目在一年之内举办多届的,包括"母子展"或"姊妹展",需要分别设定经营目标。如全国糖酒会,其春季展固定于成都举办,秋季展在国内其他城市巡回举办,两者在展览场馆、展览面积、收费标准等方面多有不同,因此需要分别订立经营目标。

**案例 3-1　　口腔医疗器械展览项目的经营目标**

2016年,某公司在中西部地区某省会城市创办口腔医疗器械展览与口腔医学会议。主办方经市场调研,尤其是比较国内同主题项目的经营情况后,预测首届展会经营目标如下(见表3-1)。

表 3-1　首届口腔医疗器械与口腔医学会的经营目标预测

| 序号 | 指标名称 | 指标数值 | 说明 |
| --- | --- | --- | --- |
| 1 | 营业收入 | 750 万元 | 其中,展位销售收入 690 万元,会议销售收入 40 万元,赞助收入 20 万元 |
| 2 | 营业利润 | -10 万元 | 初步测算 |
| 3 | 展览面积 | 2 万平方米 | 展馆毛面积,展位 750 个 |
| 4 | 专业观众 | 0.8 万人 | 专业观众数据库信息条数不少于 4 万条 |
| 5 | 医学会议 | 不少于 50 场 | 会议收费代表不少于 1500 人 |

**说明与评点**

(1) 该项目系新项目。表 3-1 中指标为主办方预测。其正式指标须经项目财务预算后方可确定。

(2) 该项目的预测目标中,医学会议是口腔医疗器械展会的重点工作和关键驱动因素,因此必须下达这一目标。

(3) 展览新项目的前三届为培育期。培育期的展会投入较大而收入偏少,因此一般会发生亏损。

## 三、明确展览项目的操作方案

展览项目的操作方案,指为了实现展览项目的经营目标,由主办方提出的关于经营管理展览项目的实施路径与具体措施。在设定经营目标的同时,主办方及其项目经理一般会同步思考制定展览项目的操作方案。这一方案也可称为展览项目组织工作方案或经营管理工作方案。

### (一)操作方案的构成要素

展览项目的操作方案主要由经营目标、成本投入、展览范围、客户对象、举办时间与地点、合作伙伴、项目团队、工作时间、工作措施、风险控制等要素构成。具体说明如下。

(1) 展览项目的经营目标,既包括经营指标(主要是营业收入、营业利润、展览面积、展位、观众等项指标),也包括主办方对于项目提出的特定工作目标,如提高客户满意度的服务指标,新业务创收规模的指标(如主办方为项目自媒体确定的广告收入指标)。

(2) 展览项目的成本投入,主要指资金投入,尤其是项目启动资金的投入。如果是新项目,还要考虑办公设施、人力资源等方面的投入。

(3)展览项目的展览范围,指参展展品的构成,分为实物性(有形)和非实物性(无形)展品两类。非实物性展品一般是技术性或服务性产品。

### 案例 3-2　非实物性展品

中国国际进口博览会服务贸易展区的展览范围,涵盖新兴技术、服务外包、创意设计、文化教育、旅游服务、物流服务、综合服务七类(详见表 3-2)。

表3-2　中国国际进口博览会服务贸易展区的展览范围

| 分类 | 展品范围 |
| --- | --- |
| 新兴技术 | 信息通信技术、智能制造技术、生物医药技术、人工智能技术、芯片技术、绿色能源技术、现代农业技术、节能环保技术、新材料技术、智慧物流技术、大数据技术等 |
| 服务外包 | 信息技术、云服务、人工智能、供应链、数字化转型、移动互联网、大数据分析、众创众包、智慧城市、战略咨询等行业整体解决方案提供商及综合服务提供 |
| 创意设计 | 工业设计、建筑方案设计、平面设计、服装设计、个人创意设计等 |
| 文化教育 | 动漫制作、文化艺术(雕刻艺术、绘画艺术、音乐艺术、舞蹈艺术、戏曲艺术等)、境外非物质文化遗产(民间美术、民间音乐、民间舞蹈、民间手工技艺等),以及教育方面有关内容 |
| 旅游服务 | 旅游资源、旅行路线、特色景区、旅行社服务、酒店服务等 |
| 物流服务 | 海运、陆运、空运、多式联运,以及相关货运代理、仓储、配送、信息处理等服务 |
| 综合服务 | 专业服务(律师、会计、咨询、知识产权等)、会展服务,以及其他方面服务 |

### 说明与评点

中国国际进口博览会设有服务贸易展区,其展览范围分为七类。列入其中的展品多属于技术或服务性产品,即为非实物性展品。在展会现场,非实物展品的展位的布置,往往需要借助展台搭建,通过图片、视频展示参展商主营业务的服务场景。

(4)展览项目的客户对象,主要指参展商和观众。B2B性质展会的观众属于专业观众,也被称为专业买家或参观商。

(5)展览项目的时间地点,指举办展会的时间、城市及其展览场馆。

(6)展览项目合作伙伴,指与主办方协作举办展会,或支持主办方举办展会的机构。

主办方与其合作,旨在提升展会的公信力、影响力和权威性。

(7)展览项目的项目团队,指由从事展会操作的人员组成的专门班子。

(8)展览项目的操作时间,指项目从操作起步至结束的时间。如每年一届的展览项目,其工作时间为12个月,一般以展会闭幕后一个月为结束时间,下一届工作随后开启。两届之间的工作相互衔接,但因项目财务预算不属于一个年度,故而需要明确每年(每届)的工作时间。如果是新项目,则更须明确工作时间。新项目的工作时间往往超过12个月。

(9)展览项目的工作措施,指实现项目经营目标的管理措施,涉及销售、营销、运营、人力资源、财务管理等诸多方面。

(10)展览项目的风险规避,指管控项目操作中可能发生风险的预案。

(二)操作方案的制定

以上要素所涉及的诸多内容,主办方及其项目经理需要通过梳理、归纳、提炼等方法,将其合成为展览项目的操作方案。这个方案应是完整的,而不是支离破碎的;应该是条理化的,而不是杂乱无章的;应该是可操作的,而不是坐而论道或纸上谈兵的。操作方案的文字应简洁明了,同时要有图表辅助。

在中国,大多数主办方包括部分管理规范的大型展览公司,对自办的展览项目并不强调提出文字性的操作方案,而只要求项目经理对于操作方案思路明晰、心中有数,表现为目标明确、要素详备、措施可行。一般情况下,主办方会要求项目经理在工作汇报中阐明操作方案(采用PPT辅助汇报)。主办方决策层如认为方案可行,项目经理将直接转入项目计划的编制工作。

需要制定展览项目文字性方案的主办方,主要是党政机关或要外包项目业务工作的机构。

党政机关主办展览,须根据2015年中央有关文件的规定,向上级机构提交包括总体方案、经费预算方案、招商招展方案、知识产权保护方案和处理突发性事件应急预案在内的多个书面方案(参看本书第二章立项管理《党政机关境内主办会展活动申请材料一览》)。这些方案尤其是其中的总体方案,可以视为展览项目的操作方案。

 **案例 3-3　　党政机关展览项目的总体方案**

**首届中国工业设计展览会总体方案**
工业和信息化部国际经济技术合作中心
武汉市经济和信息化委员会
二〇一七年八月

一、目的意义

大力发展工业设计是全面深入推进"中国制造2025"战略的重要举措,对于加快新型工业化进程,促进生产性服务业与现代制造业的广泛融合,推动技术创新、提升产品档次、促进产业转型升级,实现"中国制造"走向"中国创造"、"中国速度"走向"中国质量"、"中国产品"走向"中国品牌"具有重要意义。展会定位于工业设计行业国家级展览会,是中国工业设计发展成就、成果发布和产业交流合作的平台,也是中国工业设计重要的宣传窗口。通过举办国家级工业设计展览会,有助于展示我国工业设计整体发展水平,展示各地工业设计发展以及国家和省级工业设计中心建设成就,有助于普及工业设计应用及消费理念,进一步扩大工业设计的公共认识度和社会影响力,通过本次展览会将有效促进中国工业设计的整体发展水平。

二、主题

展览会主题:创新·绿色·发展。

三、组织机构及相关安排

指导单位:工业和信息化部;武汉市人民政府。

主(承)办单位:工业和信息化部国际经济技术合作中心;武汉市经济和信息化委员会。

协办单位:工业和信息化部信息中心。

展览会的具体组织工作分为九个工作小组,详见附一。同时,为保证展览会各项筹备工作有序开展,加强衔接配合,特制定2017中国工业设计展览会的工作计划表,详见附二。展览会组织的其他相关问题解答详见附三。

四、举办时间地点

展会名称:首届中国工业设计展览会。

举办时间:2017年12月1—3日。

举办地点:武汉国际博览中心(A4、A5、A6展馆)。

展览规模:3万平方米。

五、展览内容

①国家级工业设计中心最新产品(作品);

②省(市)级工业设计中心及相关企业选送的产品(作品);

③各地工业设计展览会和评奖活动产品(作品);

④创客空间及创客个人优秀作品等。

六、展区设计

展览分为综合展区、地方展区和创客展区。

(一)综合展区

侧重展示国家工业设计相关政策、总体布局、发展成就、以及未来工业设计发展趋势等。

(二)地方展区

展示包括各地国家级工业设计中心在内的,能够体现工业设计重要作用,具有示范意义,并取得了显著效果的发展成果。包括装备制造行业、电子信息行业、消费品行业三大类。

1. 装备制造行业:包括机械、汽车、航空、船舶和重大技术装备等领域。
2. 电子信息行业:包括通信、计算机、消费类电子信息产品等领域。
3. 消费品行业:包括纺织、轻工、食品、医药等领域。

(三)创客展区

展示个人和小微企业的工业设计作品。

各地在组织本地相关企业参展的过程中请注意:一是要坚持代表性,推荐能代表本地工业设计发展特色的优秀企业参展;二是要考虑前瞻性,结合本地产业发展规划,选择推荐能引领工业设计未来发展的企业参展;三是要注重协调性,各地要互通有无,保持交流,突出特色。

七、主要活动

中国工业设计展览会同期安排开幕式、论坛、评奖、新品发布、专场参观等活动。

(一)开幕式

12月1日上午9:30将在武汉国际博览中心展馆内举行首届中国工业设计展览会开幕式,相关领导将出席并致辞。开幕式结束后安排领导及嘉宾巡馆。具体巡馆路线将根据企业参展的实际情况确定,巡馆时间将控制在1个小时内。

(二)高峰论坛

12月1日下午2点至5点半,在武汉国际会议中心举办2017中国工业设计展览会高峰论坛,由工业和信息化部、相关省市领导,国际、国内知名工业设计专家,相关企业代表等,就推动新时期工业设计创新发展进行深入研讨。主要议程包括:领导致辞、主旨演讲、中国工业设计展颁奖、行业高峰对话等。高峰论坛预计参会规模300人左右。

(三)评奖

中国工业设计展览会期间将开展评奖活动,拟评选本届展览会优秀参展作品奖、最佳展台设计搭建奖和优秀组织奖等展会奖。优秀参展作品奖的评选将组织专家团队对参展企业报名评审的工业设计作品进行展前初评、现场复评,最终确定获奖名单。为表彰参展企业对展览会的大力支持,将设立展台设计搭建奖。优秀组织奖主要表彰有关地方主管部门等组织工作。

(四)新品发布会

在展会同期,将组织新品发布会活动,汇聚最新顶尖创新设计作品,现场分享设计理念,共同促进中国工业设计产业的创新发展。

(五)专场参观活动

主办方将在12月2日视情组织政府部门、科研机构、高校、企业的专场参观活动,进一步增强本届展会的展示效果,营造出政产学研用共同关注、支持工业设计发展的良好氛围。

八、经费及补贴

为减轻企业的参展负担,鼓励企业积极参与展示和交流活动,本届展览会由武汉市人民政府提供部分财政资金补贴,参展企业展览场地费、标准展位的搭建费、展览所需的水电气费、相关宣传和活动经费等由主办方承担,特装展位的搭建费、展品运输费、人员食宿费等由企业承担。

九、拟邀请的领导同志

拟邀请工业和信息化部和地方政府领导同志,以及相关国家部委领导同志等出席本届展会的开幕式、巡展和论坛等活动。

十、宣传工作

(一)展前宣传

在展览会开展之前通过举行新闻发布会,通过发布互联网和平面媒体广告等方式,对中国工业设计展览会进行宣传,提高展会的知名度,促进招展和组织观众。

(二)展期宣传

在展览会举办期间安排机场和车站大型LED广告,城市主要道路道旗广告,公交站站牌广告等室外广告。邀请电视台、电台、知名媒体等对展览会和论坛等相关活动进行宣传报道,重点介绍展览会上的重点企业、创新产品和获奖作品,扩大展览会的影响力。

(三)展后宣传

展会结束后,进行总结性和展望性的媒体报道,为下届展会的举办做好准备。

十一、知识产权保护

为了加强展览会期间的知识产权应用和保护,中国工业设计展览会将设立专门的工作小组,在组展期间提醒参展企业重视知识产权保护,尽量避免在展览会期间出现知识产权纠纷。在展览会现场还将设立知识产权服务站,聘请相关法律专家为参展企业提供知识产权咨询和服务。

 **说明与评点**

(1)中国工业设计展览会于2017年创办于武汉,主办方为工业和信息化部国际经济技术合作中心和武汉市经济和信息化委员会(现武汉市经济和信息化局),属于政府展览项目。

(2)此方案中,经营目标、资金投入、展览范围、客户对象、举办时间与地点、合作伙伴、项目团队、工作时间、工作措施等要素完备(风险规避另有单独方案),还包括政府展览项目总体方案中不可或缺的目的意义(或指导思想)、主题、领导同志邀请等内容。方案中的经营目标只有展览面积指标,符合政府展览项目特色。

(3)该方案结构严谨,条理清楚,格式规范,文字简明,可以作为撰写党政机关展会项目总体方案的范本。

(4)撰写此类方案时,只需写明操作展览项目的相关要素"是什么"和"做什么",而不要大篇幅地写"为什么",即不要进行项目的论证和分析。

 **案例 3-4** 展览项目配套活动的工作方案

### 第二届中国国际进口博览会配套活动总体安排

一、活动定位

充分利用进口博览会资源,发挥各方积极性,打造权威性高、功能性强、亮点突出、参与广泛的配套活动,提升活动组织和服务水平,助力进口博览会成为深化改革开放的政策宣介平台、主动开放中国市场的有效合作平台、新产品新技术新服务的国际展示平台、新理念新战略新研究的集中发布平台。

二、组织原则

(一)坚持服务展会,着力以会促展

紧扣进口博览会开放型合作平台、国际公共产品、对外开放标志性工程的功能定位,统筹开展配套活动申办、排期、实施等工作,促进展会丰富功能、提升价值、扩大成效。

(二)坚持开放合作,广泛宣传发动

鼓励国家展参展国、国际组织、组展机构、参展企业、组委会成员等单位、地方政府、重点采购商、进口博览会支持单位、主流媒体等在第二届进口博览会举办活动。加强配套活动申办、筹备、实施等环节的宣传推广,吸引主办方、参展商、采购商、媒体等各方参与。

(三)坚持分类管理,优化活动结构

围绕配套活动服务进口博览会的功能作用,明确活动的主要类型,实施分类管理。结合活动所属类别、主要内容、主办方特点等,加强分析研判,确保重点活动,兼顾各大类活动间的平衡,压缩与进口博览会不直接相关的一般活动。

(四)坚持统筹组织,完善工作流程

加强对配套活动的归口服务和统筹协调,确保活动整体组织有序。在借鉴首届工作经验、充分利用现代信息技术的基础上,优化配套活动组织实施业务流程,简化程序,细化服务,改善信息管理系统,提升活动组织实施效率。

(五)坚持安全审查,明确相关责任

按照"谁主办、谁负责"的原则,落实配套活动主体责任。主办方要制定完善应急预案;要按照相关法律法规要求,依法向公安等部门报备,消除安全隐患。上海市要加强监控,严厉打击场馆外假借进口博览会名义开展活动等不法行为。

三、活动类型

为发挥好配套活动服务进口博览会的功能作用,第二届进口博览会配套活动将与虹桥国际经济论坛相协调,主要包括以下类别:

(一)政策解读类

围绕进口博览会成为对外开放政策宣介平台的相关要求,支持国家部委、各地政府、研究机构等开展形式多样的政策发布、权威分析、深度解读、趋势研判等活动,提升活动的权威性。

(二)对接签约类

围绕进口博览会成为主动开放中国市场有效合作平台的相关要求,支持各交易团、中央企业、地方大型国有企业、外资龙头企业、重点民营企业等采购商,以及重点参展商、组展机构、支持单位等,举办需求发布、供需对接、签约仪式、行业论坛、营商环境推介、省州合作交流等活动,促进展会成交和贸易、产业对接。

(三)新品展示类

围绕进口博览会成为新产品新技术新服务国际展示平台的相关要求,支持世界500强、行业龙头企业以及其他参展企业,举办新产品发布、新技术推广、新服务展示、品牌推介等多种形式的活动,将进口博览会打造成为新品首发地。

(四)研究发布类

围绕进口博览会成为新理念新战略新研究集中发布平台的相关要求,支持世界贸易组织等国际组织,科研院所、高等学校等研究机构,以及各类智库和专业机构,举办与进口博览会主题契合的年度报告发布、研究成果分享、科研主题论坛、官产学研对话等活动,提供智力支持。

(五)其他类别

除以上四大类活动之外,配套活动还包括其他类型,如参展国别地区推介类活动,形式有文艺演出、专题推介会、餐会酒会等;互动体验类活动,形式有现场体验、时装走秀、专业比赛等。

四、活动构成及费用

对标国际一流博览会,按照配套活动以会促展的功能定位,坚持主题契合、重点突出、高质量高水准、安全可控等要求,结合进口博览会场馆资源情况,将活动总量控制在一定规模。政策解读、对接签约、新品展示、研究发布等活动优先安排,总量占比不低于80%;兼顾一般性的会议、论坛等活动;对相关单位借势举办的商业性营利活动,原则上不予安排。

原则上所有活动均按市场化原则收费,由活动组织者承担。

五、工作流程

按照相关主体申办、分工收集、扎口汇总、统一排期、细化实施等思路,统筹组织配套活动。

(一)申办活动

第二届进口博览会相关参与方可成为配套活动申办主体,包括:组委会成员等单位,国家展参展国(地区),国际组织,组展机构,参展企业,各省、自治区、直辖市、计划单列市及新疆生产建设兵团,重点采购商,进口博览会支持单位,主流媒体等。申办主体根据本方案及相关具体要求申办活动,2019年6月15日截止。

(二)收集汇总

各省、自治区、直辖市、计划单列市及新疆生产建设兵团相关活动、所属采购商相关活动,由相应交易团秘书处归口收集,统一向中国国际进口博览局申办。组委会成员等单位、国家展参展国(地区)、国际组织、组展机构、参展企业、重点采购商、进口博览会支持单位、主流媒体等主办的活动,直接向中国国际进口博览局申办。

(三)排期公布

中国国际进口博览局牵头,结合第二届进口博览会定位、活动主要内容及特点、活动主办方性质、场地资源等,对汇总的所有配套活动申办意向预排时间和场地,2019年7月底开始分批公布预排期。

## 说明与评点

(1)《第二届中国国际进口博览会配套活动总体安排》(以下简称《总体安排》)由中国国际进口博览局制定。该局直属商务部,是中国国际进口博览会(简称进博会)的执行机构。该《总体安排》是进博会配套活动的操作方案(该文件在2018年名称为《首届中国国际进口博览会配套现场活动方案》),而不是某一具体配套活动的操作方案。

(2)组织配套活动是主办方发挥展会平台作用、满足客商信息交流需求的主要方式。此方案将进博会的配套活动分为政策解读、对接签约、新品展示、研究发布和其他共五类,并明确提出了活动定位、组织原则、活动经费、工作流程等方面的指导意见,旨在提供指南,便于配套活动主办机构(以各省市政府为主)选择。

外包展览项目业务工作的主办方,主要是党政机关或民间社团(如协会、商会、学会),往往需要承接服务的机构提供操作方案。展览项目外包的业务工作,常见的有展位销售、观众邀约、配套活动组织、自媒体维护、展品物流、主场服务等事项。为评估考察承接外包业务的服务商素质,主办方一般会要求服务商提供相关工作方案。如果展览项目外包事项公开招标,投标单位必须提供承接服务事项的工作方案。

## 第四节 编制工作计划表

编制展览项目年度工作计划表,就是编写展览项目工作安排的管理性文件。这个文件的功能是将展览项目的操作思路及其措施条理化、细化和量化,即按项目经营目标,在规划的时间内,对项目团队内部不同业务部门(环节)或不同成员在工作事项、工作时间、工作质量和工作方式等方面进行周详而具体的安排。这种安排旨在明晰主办方及项目经理管控项目经营活动的进程,同时明示项目经理及其团队成员在这一进程中应该做什么和怎么做。

展览项目的操作方案和工作计划表虽然都是管理文件,但多有不同。在内容上,操作方案是反映项目主办方的工作思路,工作计划则是展现项目经营的操作过程与细节。在作用上,操作方案一般用于向上级报告,工作计划则主要用于主办方内部尤其是项目自身的管理。在表现形式上,操作方案一般用文字叙述,工作计划则多用表格呈现。在两者关系上,工作计划从属于操作方案,即先有工作思路后有工作计划,因而许多上报方案均附有工作计划。但许多自办展览项目的商业性主办方,因没有上级需要报告,故而只需制订工作计划,而不必编写操作方案。

### 一、工作计划的构成

展览项目年度工作计划由总体计划和单项计划构成(见表 3-3)。其中,总体计划是项目全面、整体工作的安排,单项计划是项目内部分类工作的安排。

表 3-3 展览项目年度工作计划的构成

| 项目总体计划 | | 财务预算计划、销售工作计划、营销工作计划、运营工作计划、其他工作计划 |
|---|---|---|
| 单项计划 | 营销工作计划 | 观众邀约计划、媒体宣传计划、配套活动计划、广告与赞助计划、其他工作计划 |
| | 运营工作计划 | 主场服务计划、观众登记计划、应急工作计划、其他工作计划 |

在展览项目的总体工作计划之下,需要按财务预算和销售、营销、运营等工作编制子项计划。在子项计划中,营销、运营工作还需要编制相关专项计划。一般而言,工作任务

细分事项较多,且细分事项具有系统性和复杂性,并在项目团队中有专班人员操作,如邀约观众、组织配套活动等,就需要制订专列工作计划。如不单列计划,这些系统性、复杂性工作任务在项目总体及子专项计划中就难以交代清楚,操作者在具体工作中将无计划可依。

展览项目总体计划在本章有案例介绍,而财务预算和销售、营销、运营工作计划的编制方法,将在之后的有关章节分别介绍。

## 二、实施工作计划的时间

时间是计划管理的要素,没有时间概念的计划在管理上毫无意义。

展览项目的启动之日即为实施计划的开始,展会闭幕之际一般是结束计划之时。从目标管理的要求看,将展会闭幕之际作为计划结束的时间,乃因展览项目主要经营指标的完成情况通过统计在此时可以呈现。

一般而言,长期举办的老项目,上届展会结束之际即为下届展会工作计划的启动之时。新项目工作计划的启动时间,则需要根据项目前期工作的情况而定。

展览项目的工作计划按项目周期编制,一般为跨年度计划。由于财会年度关系,展览项目工作计划需要与主办方财会年度计划衔接。这种衔接主要是财务指标。

同一展览项目一年举办多届的,包括"母子展""姊妹展",在编制工作计划时,或在项目总计划中,需列明各个展会的工作安排,或按各个展会单列计划。

## 三、编制计划表的方法

展览项目的工作计划一般采用表格形式呈现,也有采用"甘特图"辅助说明工作计划的进度和流程的。

编制工作计划表格应注意以下问题。

(一)合理设置标签

工作计划表格所设置的标签,一般包括工作任务、完成时间、质量要求、责任人、备注等。在表格标签的设置中,要注意标签相互之间的逻辑关系,如列有工作任务,但无完成时间和质量要求,这种任务在执行中就难以落地,也难以考核。

不同的主办方可以根据自身特点和需要,有针对性地在工作计划表中设置标签。

展览项目工作计划的表格一般采用 Excel 格式。

(二)对应经营目标与财务预算指标

经营目标与财务预算是编制展览项目工作计划的基础数据。在工作计划表中列明的工作任务、完成时间、质量要求等内容,须严格对应此项目的经营目标和财务预算指标。如展位销售,应按经营目标确定的收入指标分解到月到人(销售人员)。再如广告宣传,应按财务预算确定的成本并分解到计划投入的媒体。工作计划不能对应经营目标与财务预算的指标对于展览项目的目标管理就失去了作用。

(三)分解细化工作任务

分解细化展览项目的工作任务,旨在提供业务工作指引,以要求团队成员共同遵循。同时,便于项目经理督导执行。分解工作任务,指将项目的经营目标和操作措施按项目团队内部的业务环节或组织单元加以分配,以避免"胡子头发一把抓",工作责任悬空。细化工作任务,指将项目的经营目标和操作措施进一步细化,成为一项一项的具体任务,并一一明确完成时间、质量要求和责任人,以做到项目团队"人人肩上有责任,个个心中有指标"。

(四)提出阶段性工作进展目标

展览项目工作计划表中所列明的工作任务,须提出阶段性的进展要求。阶段性进展,指项目在实施过程中某项工作任务在某一时间节点须达到的阶段性目标。例如,展位销售任务须在展览项目进程过半之时完成收入指标过半;又如,专业观众数据库的信息须在展会开幕之前3个月完成核实工作。

(五)体现改进管理和业务创新的举措

展览项目工作计划按届编制,属于长期性管理工作。每次编制工作计划都不应简单地重复上届的内容,而应针对上届存在的不足提出改进措施,同时结合业务创新的需要增加新的工作任务。

(六)衔接业绩考核

列入表格的工作任务及其经营管理指标,应与主办方业绩考核的内容相吻合。例如,对于展览项目自媒体新闻生产的考核指标,可以明确规定:每月更新四次,每次发表新闻不少于3篇。在每次发表的新闻中,原创新闻不少于2篇,转载新闻(含改写新闻)不超过1篇。甚至应明确发稿的具体时间(每周的哪一天)。

(七)总表与分表分别编制

与重要工作任务相关的计划,如展会配套活动的组织方案,不要列入展览项目总体工作计划的表格之中,应单独列表,以免总表内容过于庞杂,要领不彰。

(八)简明表述计划内容

列入表格的事项,其文字和指标数值的表述须简明扼要,切忌论述。例如,召开新闻发布会是计划中某月的工作任务,只需写明"在上海召开新闻发布会"即可,而无须写成"为打开上海市场、拓展与上海媒体关系,切实办好上海新闻发布会"。又如,展位销售收入50万元是计划中某月的工作任务,只需写明"展位销售收入50万元"即可,而无须写成"维护老客户,发展新客户,克服困难确保实现展位销售收入50万元"。

**案例 3-5　　展览项目的工作计划**

  某公司展览项目年度工作计划表

内含案例说明与评点

 **说明与评点**

（1）此为展览项目年度工作计划表的模板。其按年分为 12 个月详列每个月的主要业务工作事项。在计划表中，以展会举办的月份（涂黄色的月份）为界，分为展前和展后两个阶段。在展后阶段，除总结上届展会经营管理工作之外，主要是展开新一届展会的经营管理工作。

（2）此表分为项目总体工作、销售工作、营销工作和客服工作四个方面。每个方面的工作还应细分，如销售工作计划须按月提出销售收入进度指标，营销工作计划须按月明确自媒体内容生产的指标。展会的重要配套活动也要单列计划。表中所列客服工作，实为营销工作的一部分。

（3）表中之所以未列运营业务事项，是因为此案例中公司的运营工作集中于公司运营部。运营计划由公司运营部提出。

（4）此表所列展览项目计划管理的业务事项，来自本书编者的管理经验。因展览项目不同，或因主办方的管理要求不同，列入表中的业务事项可以根据需要而调整。

## 四、编制工作计划的程序

（一）把握编制时间

基于编制工作计划的预先性，展览老项目编制工作计划的时间点一般有两个。一是在上届展会结束前后着手编制下届展会的工作计划；二是在主办方年度财务预算编制工作的规定时间内完成下届展会工作计划的编制工作。

## （二）确定参编人员

展览项目工作计划（草案）由项目经理主持编制。项目团队中的销售、营销、运营主管均应参与编制工作。在编制营销计划时，参与项目营销工作的员工须根据各自负责的业务领域参与编制工作。例如，负责专业观众邀约业务的员工应参加此项工作计划的编制。

## （三）组织团队讨论

展览项目工作计划（草案）形成后，项目经理要组织团队成员展开讨论。这种讨论，一方面是听取意见，通过集思广益补充完善计划；一方面是沟通信息，促使团队成员全面了解销售、营销、运营业务的工作安排，以利相互配合。

## （四）接受上级审查

展览项目的工作计划（草案）需要上报主办方审查批准。主办方审查工作计划（草案）的重点是财务预算指标和重点工作。大型展览公司的市场部负责审查展览项目的营销工作计划。在审查中，如果工作计划（草案）的内容受到质疑，甚至反对或批评，项目经理应向上级说明编制计划尤其是设定财务预算指标和重点工作的理由，以争取理解与支持。如果上级坚持意见，项目经理须根据上级意见修改或完善工作计划。

# 第五节　实施工作计划

展览项目工作计划经上级审查批准后，就进入了实施阶段。在此阶段，计划管理由设计构思、文本作业转为实际操作。工作计划的预见性、统筹性和周密性将在实际操作中得以印证。执行力的强弱直接关系到计划管理的效果。提高展览项目工作计划的执行力，需要注意以下六方面问题。

## 一、维护计划权威性

展览项目工作计划一旦获得上级批准，就成为主办方具有权威性的正式管理文件。工作计划的权威性体现在三方面。一是，工作计划经由下而上提交，再经由上而下下达，是上下达成共识的管理文件，决策层与执行层须共同遵循；二是，工作计划中的经营目标是主办方考核展览项目经营业绩的依据，对于执行者具有契约作用（许多展览公司据此与项目经理签订经营责任协议，明确奖惩条件）；三是，工作计划将工作任务分解到项目内部各业务部门及其各个成员，属于指令性工作，而非可做可不做的事情。因此，若不能树立工作计划的权威性，决策层和执行层在计划的执行过程中将面临严重困扰，可能导致经营目标落空或管理变型。维护工作计划的权威性，是展览项目主办方和项目经理的共同责任。

## 二、坚持目标导向

完成经营目标是执行工作计划的驱动力量。从执行计划开始,决策层和执行层就需要紧盯目标,有序推进。一方面,要以展会开幕时间为标志性节点,倒排工作日程,把控各项工作任务进展的节奏,做到有条不紊,毫不松懈;另一方面,要重点监控营业收入分阶段的完成情况,针对过程中出现的困难与矛盾,积极采取措施确保各项工作进度,做到积小胜为大胜,避免毕其功于一役。

## 三、严格日常调度

日常调度是计划管理的基础制度。在展览项目计划管理中,周会是项目团队工作日常调度的主要形式。项目周会一般安排在周末下午举行,由项目经理主持。周会的内容主要包括四项内容:①按工作计划检查本周各项业务工作的完成进度;②交流团队内部各个业务部门需要互相配合的工作情况;③针对项目经营中出现的突出问题研讨解决方案;④布置下周工作。开会之前,项目经理须查核上周营业收入与支出的财务数据,并根据项目经营中存在的问题准备议题。每次周会的议题应有重点,尤其是需要团队成员交流研讨的议题。如有必要,在项目周会之外还可以召开销售、营销或重点工作等方面的业务专题会议。专题会议可以由项目团队中业务部门的负责人负责主持。

## 四、协调各项业务进展

执行展览项目的工作计划是一项系统工程。鉴于项目总体计划是由财务预算、销售、营销、运营等子项及专项计划组成,故而在执行中必须把握总体计划的要求,统筹各子项及专项计划的进展,使之相互配合,相得益彰,而应避免顾此失彼,轻重失衡。

## 五、借助台账统计辅助

台账,原指摆放在柜台或办公桌上、以便管理者随时查阅的账簿。台账常用于登记或记录往来文件或业务信息,如登记合同盖章情况,记录员工借支情况等,属于工作资料信息的流水账。台账不属于会计核算的规范账簿。其格式由记账单位根据实际需要自行设计。在信息化时代,台账在企业管理中仍大量存在,但形式改为电子表格。

在展览界,许多主办方使用台账记录展览项目经营状况的信息,一般按财务、营销、运营等业务分别设置。如项目经理或销售组长(经理)以台账方式记录销售代表的业务进展状况,包括完成订单、销售展位、签订合同、销售收入到账等信息,并及时更新,以便掌握销售进度,发现问题。台账对于动态反映展览项目工作计划的落实情况具有独特作用。

### 六、强化项目经理责任

项目经理是展览项目工作计划的第一责任人,负责工作计划的具体执行。所谓第一责任人,指项目经理要对完成展览项目的经营目标承担直接、主要的管理责任。所谓负责具体执行,指项目经理对工作计划中所列明的工作任务必须督导落实。项目经理的责任还体现在经营业绩的考核上。主办方考核展览项目业绩所兑现的奖励或惩罚,主要由项目经理获得或承受。因此,强化项目经理的管理责任,是保障项目计划落实、奏效的关键因素。

## 第六节 调整工作计划

展览项目调整工作计划一般基于三种情况,或是遭遇不可抗拒因素,或是原定计划遭遇重大挫折,或是原定计划的进展严重不符预期。调整的方法包括展会延期举办、缩小规模举办或取消举办。

2020年初,新冠疫情这一不可抗拒的因素导致国内外展会纷纷停办,主办方为此不得不调整工作计划。有的决定取消2020年的展会,有的宣布在2020年延期举办展会。我国疫情自2020年4月起转入常态化防控,线下展会在5月逐步恢复。由于境外疫情未能有效控制,而广交会的观众多来自境外,故第127届和第128届广交会(2020年春秋两季)不得不改为线上举办。国内许多知名展会虽在下半年恢复线下举办,但规模萎缩。

展览项目原定计划因遭遇重大挫折而被迫取消的情况,虽不多见,但仍有发生。举办历史长达数十年的德国法兰克福国际汽车零部件展览会,在2020年1月宣布停办。但其停办并非疫情所致,而是主办方——德国汽车工业协会认为法兰克福已不合适作为展会的举办地,拟在柏林、慕尼黑和汉堡三个城市中选择新的举办地。据悉,导致法兰克福失去该项目的因素有三:一是2010年以来该项目的经营处于波动下行状态,观众数量不断减少(2015年为93万人,2017年为81万人,2019年降为56万人)。二是法兰克福的环境对车展产生负面影响。2019年车展期间,环保人士聚集展会入口处抗议燃油车参展,阻止观众入场达数小时之久,还一度冲入并占领部分展厅。之后,戴姆勒等著名汽车制造商宣布不再参加法兰克福车展。三是法兰克福展馆不肯调整收费标准,致使主办方施惠予参展商的举措难以落实。该协会于2020年7月宣布,慕尼黑被选为新一届汽车博览会的举办城市。慕尼黑车展定于2021年9月开幕。展会举办地的改变,以及2020年车展因疫情取消举办,必然导致原定工作计划的调整。

展览项目原定计划因进展严重不符预期而被迫调整计划的情况,并不鲜见,一般分为两种情况。一种情况是,新项目上马后市场反应冷淡,报名参展客商大大低于计划目标,主办方宣布取消展会,终止工作计划。另一种情况是,老项目因市场变化或其他因素而致营业收入减少,主办方决定缩小展会规模,进而调整工作计划。老项目调整计划的具体方法可参看本书第四章财务管理。

展览项目无论是延期举办、缩小规模举办,还是取消举办,都需要重新调整工作计划。如延期举办,需要提前公布信息,并与参展商沟通争取其支持延期,以减少客户流失的损失。如缩小规模举办,需要争取展馆同意减少租赁面积,降低营销成本投入,以避免经营亏损。如取消举办,需要尽早公布信息,并做好取消合同、退还预收款等善后工作。

## 思考题

1. 怎样认识计划管理的重要性?
2. 在商业计划、年度计划和专项计划中,年度计划是计划管理的关键,为什么?
3. 主办方对于展览项目的计划管理,包括设定展览项目的经营目标及其方案、编制项目工作计划和遵循工作计划进行管控三方面,你认为哪一方面最重要?
4. 展览项目的组织工作方案(操作方案或策划方案)可以替代工作计划吗?为什么?
5. 许多中小微展览公司不编制展览项目的工作计划,仍然可以做成项目,为什么?
6. 展览项目的计划管理是否包括财务预算管理?
7. "十四五"规划对于企业编制商业计划有什么指导意义?

Chapter

# 4

## 第四章 财务管理

## 思维导图

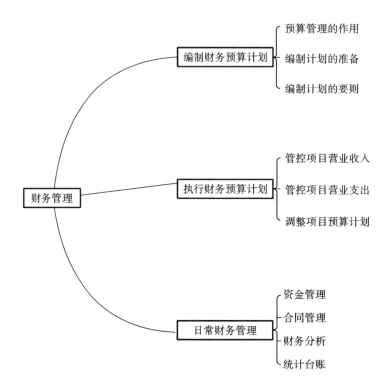

## 本章教学要点

了解展览项目财务管理的意义与工作内容，重点掌握财务预算计划编制与管理的知识。

## 开篇故事

## 这个世界一直在奖励有财务思维的人

《财务总监》杂志调查发现,全球财富100强企业中,55%的CEO曾有财务管理的背景或资历,其中的23%持有会计证。

石油大亨洛克菲勒,是从记账员开始做起的;

国际服装设计大师皮尔·卡丹,毕业后的第一份工作是会计;

林肯、华盛顿、杰斐逊等美国总统,都亲手记过账,做过会计工作;

澳门特别行政区前任行政长官何厚铧,获有注册会计师专业资格。

一个有财务思维的员工,善于判断他持有的公司期权未来能不能让自己实现财务自由。

一个有财务思维的投资者,善于判断哪家公司的未来值得去投资。

一个有财务思维的经理,善于了解合作伙伴的经营情况,判断未来合作的稳定性。

现在商业社会的复杂程度大大超过以往。越复杂,越需要一个通用的标准驾驭它;越复杂,财务在商业运筹中的权重就越大。

也许你永远不会从事财务工作,但你一定永远身处商业社会。

所以,财务思维不是你的一个选项,而是商业社会给你提出的一个新的要求。

(资料来源:得到·贾宁《财务思维课》,本教材略有修改。)

企业的财务管理，是指企业为实现发展目标，对投资（资产购置）、筹资（资本融通）、资金营运（经营活动中的现金流量）以及利润分配的管理。财务管理是企业管理的重要组成部分，是企业组织财务活动、处理财务关系的经营性管理工作。企业的财务管理必须依循国家的相关法规以及企业的相关制度。

展览项目的财务管理是主办方财务管理的组成部分。对于展览公司而言，财务管理对于展览项目在战略规划、经营计划、业务运营三个阶段的经营管理，具有全过程、全方位的支撑作用。因此，展览项目的财务管理是展览公司财务管理的基石。

展览项目的财务管理包括三方面工作，即编制财务预算计划、实施财务预算计划和日常财务管理。这些工作既是主办方财务部门的管理范围，也是项目经理必须参与和配合的管理工作。

## 第一节　编制财务预算计划

展览项目的财务预算计划不但是项目经营工作计划的重要组成内容，而且是编制项目计划的重要依据。

### 一、预算管理的作用

在企业财务管理中，预算管理十分重要。而制定财务预算计划是预算管理的基础性工作。

预算管理的含义是：企业根据发展战略，预测和筹划未来一定时期的经营活动及其需要达成的财务结果，并通过监控完成情况，对照预算计划及时改善或调整经营活动，以利最大限度地实现企业的发展目标。预算管理依托于财务预算计划。没有财务预算计划，预算管理就是空话。

展览项目加强预算管理及制订财务预算计划的意义体现在五个方面。

一是，有利于明确项目的经营目标。展览项目财务预算计划必须明确给出项目的营业收入、营业支出和营业利润三项财务指标。这三项指标不但是展览项目经营目标的主要构成元素，也是主办方对项目实施目标管理的考核依据。

二是，有利于明晰项目的经营价值。通过测算投入产出，财务预算计划可以反映展览项目的经营价值，即项目能不能盈利，可以赚多少钱。如果是新项目，财务预算计划需要回答首届举办会不会亏损，若主办方允许亏损，亏损额应控制在什么范围之内。

三是，有利于管控项目的成本开支。财务预算计划通过对成本支出分门别类，并精打细算,为控制项目经营成本提供了依据。同时,可以克服"拍脑袋花钱"和"该投入却不投入或少投入"两种弊端。

四是,有利于完善项目的经营工作计划。财务预算计划可以促进展览项目工作计划中工作任务的具体化。计划中的工作任务必须与营业收入和营业支出两项指标相互对应,对"钱从哪里来"和"钱往哪里花"做出具体安排。如果项目工作计划与财务预算计划是"两张皮",展览项目的计划管理和财务管理就形同虚设。

五是,有利于提升主办方的管理水平。保持盈利是企业存活于市场经济社会的法则。因此,财务管理是企业管理的核心。财务管理必须依托于预算管理。展览主办方加强财务预算管理,旨在提高盈利能力,从而增强市场竞争力。还需明白,规范的预算管理对于主办方提高财务管理水平大有裨益。通过预算管理,企业财务部门可以了解展览项目的经营细节,掌握资金投入和成本控制的情况,增强管理的专业性和针对性。其与项目经理及其团队的沟通也会在相互理解的基础上趋于流畅。主办方会计科目的设置,将因财务预算计划中营业收入、营业支出分类的细化而更加合理。

以上五方面,最为重要的是有利于提升主办方的管理水平。无论是已经建立或尚未建立预算管理制度的主办方,都需要从这一认识出发,或是继续完善预算管理制度,或是尽快建立健全预算管理制度。从国内情况看,大多数中小型展览公司(尤其是民营企业)缺乏预算管理制度,其集中表现为不会编制展览项目的财务预算计划。许多实际案例证明,凡在健全财务预算制度上下了功夫的主办方,其企业及其项目的管理水平都有明显改善。因此,从健全财务预算制度入手突破企业管理瓶颈,是中小型展览主办方修炼内功、强身健体的有效途径。

## 案例 4-1　展览公司提高财务管理的做法

### 春光公司抓财务预算,提升管理水平

民营的春光公司成立于 1995 年。经过十多年努力,展览项目增加到十多个,分布于全国七个城市,初步形成了公司的组织架构。2010 年,有外资公司提出合资经营的建议。谈判中,讨论到外资公司购并春光公司股份时,双方就僵持住了。外方认为,春光公司财务账目混乱,展览项目缺乏财务预算和决算,公司估值不实。中方认为,公司创办以来一直是这样经营的,管理虽不规范,但每年都是赚钱的,而且盈利不少,估值不能偏低。由于双方均有合资意愿,外方同意中方在两年时间内整顿管理,重点是规范财务管理,夯实财务数据后再行合资谈判。

之后,春光公司聘请曾在中外合资公司担任过高管的人士出任总经理,全面提升企业管理水平。此人上任后,了解到春光公司项目虽多,摊子铺得很大(所辖分公

司有7家），但从未制订发展战略、经营计划，而是分公司各自为战，类似于诸侯割据状态，管理松散而粗放。由于展览项目没有制订财务预算计划，因而没有经营管理目标，挣钱花钱凭借项目经理的经验，公司的财务管理只是记账，且财务科目设置混乱，基本谈不上有效的财务管理。

为改变管理落后的局面，该总经理以目标管理为重点，以建立项目财务预算制度为"抓手"，采取管理人员培训、建章立制、清理历史数据、强化KPI考核等措施，促使公司的财务管理水平明显提高，营业收入净利润率较之前提高了5个百分点，从而为公司合资、提升估值价格创造了条件。

 **说明与评点**

这是本教材编著者根据真实事件编写的案例。此案例说明，建立财务预算制度对于展览公司发展具有重要作用。还说明，建立财务预算制度需要公司管理层下决心，而且需要懂行的高管抓落实。

## 二、编制计划的准备

编制展览项目财务预算计划是一项技术活，编制者既要熟悉展览项目的财务管理，又要熟悉所编项目的经营情况。

（一）确定计划表格模板

财务预算计划由表格呈现，展览项目的财务预算计划同样如此。

由表格呈现的财务预算计划，其关键是表格的标签设计。展览项目财务预算计划的标签必须包括营业收入、营业支出和营业利润三项。

在项目营业收入中，一般需要设置收入总金额、收入来源及金额、各项收入占总收入比例、本届计划收入与上届实际收入比较、备注等细分标签。其中，收入分类包括展位销售、配套活动销售、门票销售、广告销售、赞助、服务佣金及其他。

在项目营业支出中，一般需要设置支出总金额、支出分类及金额、各项支出占总支出比例、本届计划支出与上届实际支出比较、备注等细分标签。其中，对于展览场馆、销售、营销、运营等较为复杂的支出大类，要在大类之下细分中类或小类。例如，展览场馆支出在项目营业支出中属于大类，其下要分为展览场馆租赁、标准展位搭建、公共设施搭建、展具租赁等中类；而在展览场馆租赁中类之下，还要分为场地租金、电费、保安费等小类。其中，场地租赁应根据实际需要，分为展览、会议、仓储或办公等场地租赁。在项目营业支出的分类中,最为复杂的是营销支出。其细分的中类可达十余种,再细分的小类则更多。

管理规范的主办方所使用的展览项目财务预算计划表,在经过多年管理实践后已经模板化。编制者只需依照模板作业便可形成计划表。根据精细管理和业务创新的需要,这些主办方会在计划表收入和支出的分类标签上及时改进或调整。总的来看,展览项目管理中日益细化的业务分工,是促使财务预算计划表的分类越来越细的动因。

新引入财务预算管理制度的主办方,需要借鉴先进主办方的经验,根据自身实际情况设计展览项目的财务预算计划表,并在管理实践中不断完善,逐步使其模板化。

(二)收集整理历史数据

构成展览项目财务预算计划表的数据主要是财务数据。其中,上一届乃至前三届的财务数据都是编制新一届展览项目财务预算计划的重要参照。收集整理历史数据需要注意以下问题。

一是,完整收集历史数据。既要收集财务数据,包括项目的营业收入、营业支出和营业利润;也要收集经营数据,如租赁展馆面积、展位个数、展览净面积、现场登记的专业观众数量等。

二是,深入整理历史数据。根据财务预算计划表格模板设定的分类,将综合性数据进一步拆细,如将上一届数据营业收入拆分为展位销售和非展位销售。在非展位销售收入中,再拆分为配套活动销售、门票销售、广告/赞助销售、服务佣金、其他等类收入,以作为编制新一届财务预算计划的参比依据。

三是,分析比较同类数据。在收集和整理历史数据的基础上,通过环比近三届同类数据的变化,以反映项目经营趋势。例如,比较项目近三届营业收入与营业支出的增减比例,分析两者之间的变化关系,以作为提出新一届财务预算计划中财务指标的依据。

(三)研究确定新一届财务指标

新一届展览项目的营业收入、营业支出和营业利润三项指标的建议,需要在编制财务预算计划之前定下来。这三项指标的建议一般由主办方提出,再经项目经理通过编制计划做出预算,测算实现指标的可能性。

财务指标建议无论是由上至下还是由下至上提出,均要对比历史数据,按照一定的增长比例测算指标的数值。如展览项目根据发展战略规划(商业计划)需要扩大展览范围(一般指增加新的展览板块,如机械装备展会在展览范围中新增工业机器人的展览板块,食品展会在展览范围中新增烘焙设备的展览板块),指标数值在营业收入和营业支出两方面都会增加,营业利润的数值也会随之变动。

在主办方内部,研定展览项目的财务指标实际是一场博弈的过程。主办方管理层、项目经理、财务管理、行政管理部门等方面均会参与订立指标的讨论,并表达不同意见。因为指标的订立,对主办方(公司)实现整体目标以及项目团队的收益将产生利害关系。项目经理通常会争取有利于自身经营管理的低指标(营业收入、利润指标同比增长幅度偏低),而主办方管理层则通常会追求有利于整体发展的高指标(主要是利润指标)。在博弈中,主办方往往会坚持贯彻发展战略规划,通过设定绩效奖励政策,来激励项目经理及其团队接受指标增长的要求。

### 三、编制计划的要则

在做好准备工作的基础上,展览项目财务预算计划就进入了编制工作阶段。其要则如下:

在编制依据上,应遵循计划管理制度,在展览项目商业计划和年度计划的指导下设定财务指标,即财务指标须与商业计划相衔接、与年度计划相匹配。财务预算计划中的营业支出安排,要切实体现主办方及项目经营资源配置的意图。

在编制时间上,应与编制展览项目的工作计划同步。一方面,财务预算计划是项目工作计划中诸多指标来源的依据;另一方面,项目工作计划中工作任务的细分为财务预算计划中营业收入和营业支出的构成提供了支撑。

在编制程序上,财务预算计划呈现"由上而下""由下而上",再"由上而下"的循环过程。主办方提出营业收入、营业支出和营业利润的指标建议,项目经理据此编制计划,而后呈报主办方批准;经主办方审查批准后,正式下达成为计划。

在编制技术上,细化营业支出是工作难点。其中,科学测算营销业务各项支出,既需要深入了解营销业务的市场需求及其经营情况,还需要精确掌握相关事项成本投入的数据。

在编制责任上,项目经理是财务预算计划的主要编制者,主办方财务部门人员要配合编制(特别是配合收集整理历史数据),项目团队成员尤其是营销业务人员要参与编制。

展览新项目编制财务预算计划,因缺少历史数据作为参照对比,其营业收入、营业支出和营业利润三项财务指标以及相关经营指标的确定,在依据主办方要求的同时,还可以参考该项目可行性研究报告提供的分析指标。营业收入与营业支出的分类,可以依照财务预算计划表的模板进行。

 **案例 4-2　　展览项目财务预算计划表**

某地食品工业展会 2019 年项目财务预算计划表如表 4-1 所示。

表 4-1　某地食品工业展会 2019 年项目财务预算计划表　　　单位:千元

| 序号 | 细分序号 | 细分内容 | 年份指标金额 | | | 说明 |
|---|---|---|---|---|---|---|
| | | | 2017 年 | 2018 年 | 2019 年 | |
| 一、营业收入总额 | | | 3570.00 | 4116.00 | 6600.00 | 2018 年同比增长 15%;2019 年预算同比增长 58% |

续表

| 序号 | 细分序号 | 细分内容 | 年份指标金额 | | | 说明 |
|---|---|---|---|---|---|---|
| | | | 2017年 | 2018年 | 2019年 | |
| | 1 | 展位销售 | 3570.00 | 3895.50 | 5900.00 | 2019年按700个展位,均价8500元/个展位 |
| | 2 | 会议销售 | 0.00 | 220.50 | 350.00 | |
| | 3 | 广告销售 | 0.00 | 0.00 | 150.00 | |
| | 4 | 其他销售 | 0.00 | 0.00 | 200.00 | |
| 二、营业支出总额 | | | 2521.30 | 2211.90 | 3240.50 | 2018年同比增长23%;2019年预算同比增长27% |
| | 1 | 展厅租赁 | 400.00 | 400.00 | 800.00 | 8元/(平方米·天),2017、2018年1万平方米/5天,2019年2万平方米/5天 |
| | 2 | 会场租赁 | 60.00 | 80.50 | 120.00 | |
| | 3 | 标准展位搭建 | 110.25 | 80.10 | 130.50 | 搭建费按450元/个标准展位 |

续表

| 序号 | 细分序号 | 细分内容 | 年份指标金额 | | | 说明 |
|---|---|---|---|---|---|---|
| | | | 2017年 | 2018年 | 2019年 | |
| | 4 | 公共设施搭建 | 120.75 | 150.80 | 180.00 | |
| | 5 | 保安 | 30.00 | 30.00 | 60.00 | |
| | 6 | 其他 | 50.60 | 40.70 | 80.00 | |
| (一)场馆支出小计 | | | 771.60 | 782.10 | 1370.50 | |
| | 7 | 观众邀约 | 350.30 | 285.80 | 300.00 | |
| | 8 | 自媒体建设 | 50.00 | 10.00 | 10.00 | |
| | 9 | 外媒体推广 | 220.10 | 180.00 | 250.00 | |
| | 10 | 配套活动组织 | 225.00 | 158.00 | 250.00 | |
| | 11 | 宣传资料印刷 | 109.00 | 121.00 | 50.00 | |
| | 12 | 其他 | 85.00 | 58.00 | 180.00 | |

续表

| 序号 | 细分序号 | 细分内容 | 年份指标金额 | | | 说明 |
|---|---|---|---|---|---|---|
| | | | 2017年 | 2018年 | 2019年 | |
| (二)营销支出小计 | | | 1039.40 | 812.80 | 1040.00 | |
| | 13 | 嘉宾接待 | 205.00 | 155.00 | 120.00 | |
| | 14 | 现场用品及杂费 | 24.00 | 27.00 | 30.00 | |
| | 15 | 现场临聘人员 | 10.00 | 20.00 | 30.00 | |
| | 16 | 现场工作人员餐饮 | 53.00 | 67.00 | 70.00 | |
| | 17 | 其他 | 51.00 | 43.00 | 60.00 | |
| (三)展会现场支出小计 | | | 343.00 | 312.00 | 310.00 | |
| | 18 | 业务招待 | 112.00 | 87.00 | 90.00 | |
| | 19 | 差旅 | 180.30 | 150.50 | 150.00 | |
| | 20 | 其他 | 75.00 | 67.00 | 80.00 | |

续表

| 序号 | 细分序号 | 细分内容 | 年份指标金额 | | | 说明 |
|---|---|---|---|---|---|---|
| | | | 2017年 | 2018年 | 2019年 | |
| (四)项目管理费小计 | | | 367.30 | 304.50 | 320.00 | |
| | 21 | 不可预见费 | | | 200.00 | |
| 三、营业利润总额 | | | 1048.70 | 1904.10 | 3359.50 | 三年营业收入与营业利润比率分别为30%、46%和50% |

### 说明与评点

(1)此展览项目财务预算计划表虽是编者特意编辑,但表中的标签与数据构成来自编者长期管理展览项目的实践经验。

(2)此项目2017年创办于中部地区某省会城市,主办方为民营展览公司。此表系该项目2019年的财务预算计划表。表中2017、2018年数据系历史数据;而2019年数据系预算数据。

(3)此项目第一届(2017年)、第二届(2018年)展览面积均为1万平方米,第三届(2019年)扩大为2万平方米。在"北上广深"以外的城市,新展览项目(非政府展览项目)以1万平方米展览面积初创起步,十分多见,应为正常。

(4)在此项目财务预算计划表中,营业支出中的营销支出中的观众邀约、外媒体推广、配套活动组织等项开支,需要进一步细分子项。例如,观众邀约须细分数据收集、数据核实、电话邀约、信函邀约、登门邀约等子项的开支。

(5)此表的"说明"一栏,用于注明财务指标的计算标准或相关提示。

(6)展览新项目一般需要三届的培育时间。根据此项目财务预算计划表,其2018年和2019年营业收入分别较上一年增长15%和60%,同期营业利润分别增长85%和73%。2019年第三届预算营业收入和营业利润之所以增长,是因为展览面积的扩大,促使营业支出在营业收入中的比例大幅降低。

(7) 根据此项目财务预算计划表,其 2017—2019 年营业收入与营业利润的比率分别为 31%、46% 和 51%,呈现良性改善趋势。但由于项目团队人力费、办公费、增值税等成本未列入此表,故该项目 2017 年、2018 年实为亏损。2019 年若能达成预算指标,将实现止亏,或有微利。

(8) 展览项目财务预算表一般采用 Excel 表格方式编制。

## 第二节 执行财务预算计划

执行展览项目的财务预算计划,是主办方落实预算管理的重要环节,也是展览项目实施目标管理的重要手段。在执行过程中,主办方及项目经理应以资金管控为重点,促使项目营业收入完成或超额完成计划目标;同时,严格把控项目的营业支出并力争节省,从而确保实现或超额实现营业利润的目标。

### 一、管控项目营业收入

展览项目依据财务预算计划,通过市场获得营业收入,是保障项目经营活动拥有现金流、最终达成营业利润目标的前提。按财务预算计划有效管控营业收入的实现进度,旨在避免计划落空导致项目运转失灵的被动局面。一般而言,展览项目营业收入的来源主要是展位销售收入。

监控营业收入的完成进度应与监控项目工作计划中销售业务的进度同步。主办方的财务部门既要与项目经理共同实施监控,也要督促项目经理抓好销售工作。监控营业收入主要依靠定期调度,即按月按季调度。其中,半年调度(一般指距离展会开幕前 6 个月的调度)尤为重要。一般认为,项目营业收入尤其是展位销售收入在距离展会开幕前 6 个月的时间点,如未实现"时间过半、任务过半"的目标,或者明显低于上届同期实现金额,主办方及项目经理需要高度重视,分析原因,及时采取针对性措施破解困局。到展会开幕前 1 个月的时间里,营业收入尤其是展位销售收入的调度要按周进行,即根据销售合同逐一核实参展商的到款情况。如发现尚未到款(包括余款未付),主办方财务部门与项目经理则要督促项目团队中该项销售业务的经办人抓紧向客户催款。

## 二、管控项目营业支出

管控展览项目的营业支出，旨在提高资金使用效率，防止成本失控，并合理节省成本。其原则有以下四点。

一是杜绝无计划的开支。凡未列入预算计划的支出项目，都不能获准支出。

二是量入为出。为预防营业收入不能实现预期目标，成本投入不宜集中于项目经营启动的前 6 个月（指按年经营的展会），尤其要控制投入资金较多的租赁展馆、组织配套活动、发布广告、商请冠名主办方等支出项目。

三是优化支出。一般而言，财务预算计划的营业支出对分类支出的项目都会留有余地，即"宽打窄用"。因此，应鼓励项目团队中负责分类支出的业务经办人精打细算，以少于预算计划的资金投入完成工作任务。与此同时，要鼓励通过管理创新和业务创新降低成本投入。比如上海万耀企龙展览公司的"亚洲宠物展"，选择与淘宝宠物频道合作，不但改善了参展商招徕和观众邀约的效果，而且明显降低了原来与媒体广告合作的资金投入。

四是应对增支。如因特殊原因必须增加支出，则须经过批准，先在原定营业支出总额中调剂解决，再从预算计划中"不可预见费"支出。如无法避免增加支出总额，则应要求项目经理通过扩大营业收入冲抵增加的营业支出。如以上措施无法平衡支出，则须调整预算计划，即增加预算成本，减少预算利润。

## 三、调整项目预算计划

因市场变化或其他原因，展览项目在经营过程中执行财务预算计划未能达到预期，当这种情况十分严重时，就不得不调整财务预算计划。向主办方提出调整建议的人，一般是项目经理。提出调整建议的依据，主要是项目营业收入尤其是展位销售收入的实现情况严重落后于预算计划的进度。所谓严重落后，一般指实际实现的展位销售收入仅达到计划进度的 50%—70%，而且销售困难的局面难以扭转。提出调整建议的时间点，一般应在项目经营的时间过半之前。如果是按年经营的项目，调整建议应在项目经营启动后的 6 个月之前提出。

主办方在听取项目经理的建议后，要清醒地判断是否需要调整计划。如认为需要，就应果断决定调整。这种调整不是取消展会，而是修订展览项目的经营目标以适应内外环境的变化。

从财务管理角度，调整项目财务预算计划首先是调低营业收入及营业利润的指标。避免亏损是调整计划所应遵循的基本原则。因此，削减营业成本便成为必然的应对之策。为避免租金浪费和展馆空置，缩小展馆租赁面积往往是减少成本开支的紧要措施。主办方采取此项措施，需要与展馆经营方协商修改原定租赁合同。而修订合同一般需要在展会开幕的 3 个月之前（也有展馆经营方要求在展会开幕的 6 个月之前）。削减营业成本另一个重点是营销投入，一般是调减原定的广告投入或配套活动开支。

凡主办方同意调整计划的展览项目,需要重新编制财务预算计划。调整计划须经主办方批准后方可执行。

## 第三节　日常财务管理

除预算管理外,主办方对于展览项目的财务管理还有诸多日常管理工作,或者说是常规管理工作。这些管理工作与预算管理相配合,形成了展览项目财务管理的制度体系。

### 一、资金管理

展览项目的资金管理对象,只涉及用于项目经营的流动资金。其作用是根据展览项目预算计划中营业成本的投入安排,在保障项目经营资金需求的同时,合理并节约使用资金,努力提高资金使用效率。

按展览项目营业成本的构成,展馆租赁和营销业务一般占成本支出总额的七成以上,是资金投入的主要部分,故而需要重点筹划和管控。在管理中,力争使用项目营业收入带来的资金作为成本投入,做到"量入为出"。这是主办方节省自有资金投入、降低资金使用成本的有效方法。

对于展馆租金,须按合同约定分阶段支付,以避免在项目经营初期一次性支付后而致流动资金紧张,也要避免因项目经营不佳需要缩小展馆租赁面积时修订合同的被动。在签订展馆租赁合同时,主办方应争取分阶段支付展馆租金。一般是先付订金(一般按合同约定总金额的5%—10%支付),到展会开幕前6个月再支付合同约定总金额的50%,余款在展会开幕前一周内付清。

对于营销业务中需要投入大额资金的广告、配套活动事项,同样需要采取分阶段支付并尽可能拉长支付时限的方法,以减轻资金支出压力,同时保留削减成本、减少投入的空间。

### 二、合同管理

展览项目合同管理的对象,是主办方与展览项目利益相关方签订的合同。

(一)合同分类

与财务管理相关的合同,按营业收入和营业支出可分为收入合同和支出合同(见表4-2)。

表 4-2　展览项目收入合同和支出合同的分类

| 序号 | 收入合同 | 签订对象 | 序号 | 支出合同 | 签订对象 |
|---|---|---|---|---|---|
| 1 | 展位销售 | 与参展商 | 7 | 展馆租赁 | 与展馆经营方 |
| 2 | 会议销售 | 与参会者 | 8 | 现场搭建/物流/安保 | 与服务提供商 |
| 3 | 广告销售 | 与广告主 | 9 | 广告宣传 | 与媒体经营方 |
| 4 | 赞助销售 | 与赞助商 | 10 | 信息服务 | 与服务提供商 |
| 5 | 经营协作 | 与合作方 | 11 | 配套活动 | 与承办方或服务提供方 |
| 6 | 其他 | 与相关方 | 12 | 其他 | 与相关方 |

表 4-2 中所列与展览项目的营业收入、营业支出相关的合同,需做如下说明。

(1)表中所列合同均为主办方对外签订的与展览项目经营活动有关的合同。主办方对内的合同,如与员工签订的劳动合同、与项目经理签订的经营责任合同,不在此列。

(2)在与营业收入相关的合同中,广告销售合同指客商利用展览项目媒体发布广告而与主办方订立的合同,如客商在展览项目网站上发布广告;赞助销售合同指客商为展览项目提供赞助而与主办方订立的合同,如客商赞助纪念品用于展会期间发放给观众;经营协作合同指主办方与相关方就展览项目协作经营事宜订立的合同,如主办方委托合作方代理展览项目的展位销售业务;其他合同指主办方与提供某项收入的相关方订立的合同,如主办方选择某酒店作为接待参展客商的服务方,按合同收取酒店给付的佣金。

(3)在与营业支出相关的合同中,广告支出合同指主办方利用社会媒体发布广告而与媒体经营方订立的合同;信息服务合同指主办方委托服务提供商为展览项目提供信息服务而订立的合同,如主办方委托信息服务机构为在展会现场的观众提供登记服务;配套活动合同指主办方就展览项目的配套活动与承办方或相关服务提供方订立的合同,如主办方委托合作方在展会期间组织会议;其他合同指主办方需向相关方支付费用而订立的合同,如主办方向同意冠名主办展会的协会支付服务费。

(二)管理方法

经营展览项目所涉及的对外合同,不但种类复杂,而且数量甚大。展览面积为 1 万平方米的展览项目,参展商一般在 200 家左右。主办方需要与客商逐一签订参展合同。国内展览面积达 10 万平方米的特大型展会,参展商往往有上千家之多,故主办方每届展会须与客商签订上千份参展合同。

在展览项目的各项管理中,对外合同因涉及项目的营业收支,故与财务管理关系密切。

管理规范的主办方通常按以下方法管理对外合同。

一是规范撰写。主办方要根据《中华人民共和国民法典》规定,结合展览项目经营需要规范地撰写合同。

二是严格审查。主办方要认真审查展览项目拟签订的对外合同。大型展览公司一般设置法务部,负责统一审查合同文稿(包括草案或定稿)。许多主办方聘请律师作为顾问,承担审查重要合同的职责。

三是监管执行。对于已经签订的对外合同,主办方的财务部门负有监管之责。其依据合同,负责监控展览项目营业收入的到账和营业成本的支付。例如,某跨国展览公司的财务部门在展会举办期间要派员到现场,依据参展合同核查客商的展览面积,以防现场实际情况与合同约定不符。

四是采用格式条款合同。由主办方统一提供的格式条款合同,对于规范合同管理、提高管理效能具有积极作用。对于数量较多的参展合同,采用格式条款合同尤其重要。展位销售格式条款合同的应用方法,可以参看本书第七章。

五是强化项目经理责任。项目经理既是展览项目对外合同的重要谈判者,也是合同撰写和审查的参与者,还是合同的执行者和监管者。因此,明确项目经理在合同管理中的责任,加强主办方财务部门与项目经理在管理工作中的配合,是合同管理在项目管理中发挥作用的重要措施。

## 三、财务分析

展览项目的财务分析,指主办方的财务部门通过系统的分析,评估项目的经营状况,以利主办方及项目团队总结工作,提高经营管理水平。

财务分析的对象是已经举办完毕的展览项目。财务部门以会计核算和报表资料及其他相关资料作为依据,通过分析形成评估意见,并在此基础上提供分析报告。

财务分析所采用的方法,主要是比较分析法、比率分析法和因素分析法三种。结合展览项目财务分析的应用实际,以下简略介绍三种分析方法。

(一)比较分析法

通过对比本届与上届或与前三届展览项目相同的经营指标,计算其增减变化的趋向、数值或幅度,用以说明项目的财务状况或经营水平。比如环比本届与前三届营业收入,可以反映项目的经营规模是在持续扩大、波动上升或趋于萎缩。

(二)比率分析法

通过计算展览项目各种相关经营指标之间的比率,用以说明项目的经营效率。比如计算单位展览面积的成本与销售收入的比率(公式为:展位销售成本率＝标准展位平均成本÷标准展位平均销售收入),可以反映展位销售定价以及成本控制方面存在的关联因素。

(三)因素分析法

通过分析展览项目经营指标与相关因素之间的关系,用以说明相关因素对于项目经营的影响作用和影响程度。比如通过对比其他主办方同主题展览项目(竞品项目)的经营数据(如展览面积、参展商数量),可以反映本方项目在国内市场的影响力,同时可对标先进者以提升自己。

在展览项目的财务分析中,应综合运用以上三种分析方法,做到相互补充、互相印证。

比如采用比率分析法计算出本届展会单位展览面积的成本与销售收入的比率后,再与上届甚至前三届展会的同一指标的比率进行比较,以说明该比率的变化趋势。

展览项目财务分析常用指标如表 4-3 所示。

表 4-3 展览项目财务分析常用指标

| 序号 | 指标 | 计算方法 |
| --- | --- | --- |
| 1 | 营业收入环比(%) | 本届营业收入总额÷上届营业收入总额 |
| 2 | 营业支出环比(%) | 本届营业支出总额÷上届营业支出总额 |
| 3 | 营业利润环比(%) | 本届营业利润总额与前三届营业利润总额(+—)比较 |
| 4 | 营业支出与营业收入比率(%) | 本届营业支出÷本届营业收入 |
| 5 | 营业利润与营业收入比率(%) | 本届营业利润÷本届营业利润 |
| 6 | 展馆租金、服务费及搭建支出与营业收入比率(%) | 展馆租金、服务费及搭建支出÷营业收入 |
| 7 | 单位展览面积成本与销售收入比率(%) | 标准展位平均成本÷标准展位平均销售收入 |
| 8 | 专业观众邀约成本(人/元) | 专业观众邀约成本÷展会现场登记专业观众总数 |

说明:

(1)展览项目的财务分析指标较多,表中指标多为常用指标。

(2)表中所列"展馆租金、服务费及搭建支出"中,服务费包括展会举办期间在展馆用电、保安、保洁等费用;搭建支出包括标准展位、主办方公共服务场地设施搭建的开支。

 案例 4-3　展览项目财务分析报告

内含案例说明与评点

某地食品工业展会 2019 年项目财务分析报告

**说明与评点**

（1）此为项目的财务分析报告的 PPT 版文稿。此文稿由主办方财务部门撰写，并据此制作 PPT。该 PPT 用于主办方召开的项目财务分析会议演讲。

（2）在演讲中，主办方财务部门将依据文稿提供的内容和观点，阐述具体分析意见。

（3）因篇幅所限，本案例反映的内容较为简略。在管理规范的主办方，财务部门提供的分析报告内容更为丰富，一般会依据数据资料从多个维度分析，以求通过精细分析指出存在问题。

（4）财务分析报告也可以是文本格式。其撰写逻辑与 PPT 版文稿的编写逻辑并无差别。

### 四、统计台账

在展览项目财务管理中，用于日常财务信息统计的台账均为表格形式。展览项目财务信息统计台账名称及标签如表 4-4 所示。

表 4-4　展览项目财务信息统计台账名称及标签

| 序号 | 台账名称 | 表格标签 |
| --- | --- | --- |
| 1 | 借支台账 | 借支人姓名、借支事由、借支金额、借支时间、报销时间、借支批准人、备注 |
| 2 | 合同财务印章使用台账 | 使用人姓名、使用事由、用印合同、用印时间、用印批准人、备注 |
| 3 | 销售收入进度台账 | 销售内容、收入金额、收入时间、业务经手人、备注 |
| 4 | 增值税发票开具台账 | 开具单位、开具金额、发票类型、送达方式、业务经手人、备注 |

 **思考题**

1.为什么说展览项目的财务管理是展览公司财务管理的基石？

2.为什么说财务预算计划在展览项目的工作计划中具有基础性、关键性作用？

3.展览项目财务管理的责任人是主办方财务部门还是项目经理?为什么?
4.为什么提出调整财务预算计划的人是项目经理?
5.为什么说使用营业收入作为展览项目的成本投入,是主办方节省自有资金投入、降低资金使用成本的有效方法?
6.主办方收取客商展位费后开具的增值税发票分为普票和专票,说明两者区别。
7.根据案例4-3提供的提纲,制作财务分析报告的PPT,并练习分析报告的演讲。

Chapter

# 5

## 第五章 团队管理

## 思维导图

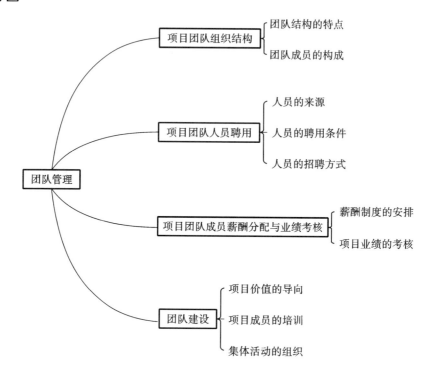

## 本章教学要点

本章通过介绍展览项目团队的组织结构、人员聘用、人员薪酬、业绩考核和团队建设等方面的管理知识,以帮助学习者了解人力资源管理在展览项目管理中的重要作用。

## 开篇故事

## 该不该给大客户免费展位

在周一例行的展会项目调度会上,一位销售代表反映,行业排名第一的大企业,在多年拒绝参展之后,终于同意参加本届展会,展位面积将超过100平方米,但要求给予免费展位的礼遇。

项目经理请大家表达意见。销售部经理发言,表示不可以免费。认为这将打乱价格体系,还可能导致其他参展商客户要求展位免费或减价。市场部经理则认为可以礼遇,理由是这家大企业参展有利于增加高质量的观众,从而提升展会影响力。公司财务部门负责人反对免费,指出这样做会拉低项目的利润率。运营部经理也不同意免费,理由是展馆使用率已接近饱和,如再增加大面积展位,需要增租展览场地,运营成本预算将会突破。

在听了以上意见后,反映客商诉求的销售代表提出,无论是否免费都需要尽快决定,同时要拟定与客商沟通的策略。因为这个客户太重要了,如能来参展,对展会一定是利大于弊,所以必须维护好关系。接着发言的大客户经理,表达了自己的忧虑。他认为,在互联网时代,处于行业头部地位的大企业可以利用的营销渠道越来越多,要求免费参展在一定程度上说明展会对他们的吸引力正在减弱。他强调,这才是我们必须清醒认识的问题。

是否采用免费展位的方式吸引大客户参展,主持会议的项目经理一时委决不下。他决定亲自拜访这家企业,权衡利弊后再做决定。

> **说明与评点**
>
> 这是某知名公司展览项目团队真实发生的案例。
>
> 从中可以体会到,展览项目是由不同业务岗位(部门)组成的。这些岗位(部门)在项目经营中的业务相对独立且相互影响,从而形成了有机的工作团队。
>
> 公司财务部门人员参加项目团队的业务调度会,有利于深入掌握项目经营情况,同时增加对于破解业务难题的理解。

## 第一节 项目团队组织结构

项目团队,指企业或机构为实施某项任务,由从事该项任务的人员组成的临时性工作班子,俗称为"专班"。比如企业为开发新产品而设立的科研攻关小组,又如企业为贯彻ISO9000 国际标准而设立的工作小组,再如北京 2008 年奥运会执行委员会下设的开幕式文艺表演导演工作组。

经济贸易展览的项目团队不是临时性工作班子。因此,主办方对于展览项目团队的管理不是短期性工作,而是长期性、系统性和基础性的管理工作,类似于工业企业对于车间的管理,或商贸企业对于门店的管理。

基于展览项目"轻资产、重人才"的特质,人力资源管理在展览项目团队的管理中具有重要意义。秉持"以人为本"的管理原则,展览项目团队的人力资源管理须与经营业务管理有机结合,在达成主办方发展目标和提升项目经营效率的过程中,发挥优化团队结构、改善成员素质的积极作用。

展览项目团队是主办方在内部建立的组织。这个组织由具有相应专业知识和技能的员工组成,在主办方及项目经理领导下从事展览项目的经营活动。

### 一、团队结构的特点

(一)项目团队的组织构成

展览项目团队的组织结构为矩阵型(见图 5-1)。团队成员在项目经理的具体领导下,根据经营活动的需要,通常分为销售、营销、运营和其他业务部门开展工作。

展览项目团队中的销售、营销和运营部门,既可以称为组,也可以称为部(也有主办方将营销部门称为市场部或企划部)。其负责人可称为主管、组长、部长或经理(销售经理、营销经理、运营经理)。为方便对外经营活动,各部门的业务代表也有称为经理的(用于业

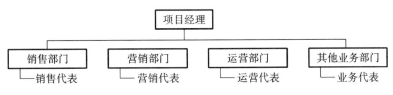

图 5-1 展览项目团队的组织结构

务代表的对外名片)。

销售、营销和运营部门之外的其他业务部门,一般是展览项目内部需要单独操作且对经营具有特殊作用的业务事项,如在展会期间举办的高级别大型会议,或展会拥有与展览主题相关的行业性媒体(纸媒或网媒),可以根据需要单独设置会议、媒体或活动组(部)。

(二)项目团队的业务构成

展览项目团队的组织构成由其业务构成所决定(见表 5-1),并具有专业化、部门化、流程化和集成化的组织特征(见表 5-2)。

表 5-1 展览项目的业务构成

| 业务部门 | 业务范围 |
|---|---|
| 销售业务 | 负责展位、广告、赞助、门票的销售 |
| 营销业务 | 负责观众邀约、自媒体维护、组织配套活动 |
| 运营业务 | 负责展馆租赁、展会现场管理、展会现场客商与观众接待 |
| 其他业务 | 负责项目内部需要单独操作的业务事项 |

表 5-2 展览项目团队的组织特征

| 特征归纳 | 特征描述 |
|---|---|
| 专业化 | 组织架构、人员配置,凸显展览项目经营性特色 |
| 部门化 | 设置销售、营销、运营等业务部门,各司其职 |
| 流程化 | 项目及各项业务的运行按时间顺序推进,各自均有操作流程 |
| 集成化 | 统一资源配置,频密信息沟通,协同业务进展,形成组织合力 |

展览项目团队组织的专业化,表现为组织根据展览项目的经营需要而构架,与建筑工程、科研事业、演出剧目、社会专项工作等实行项目管理的组织构成不同,经营展览项目的特色十分鲜明。

展览项目团队组织的部门化,表现为组织内部的业务工作按销售、营销和运营等部门进行分工,各部门业务围绕项目经营管理目标,各司其职并相互配合。

展览项目团队组织的流程化,表现为组织的运行按时间的顺序推进,以达成展会的经营管理目标。同时,组织内各部门的业务工作围绕项目及部门的经营目标,各自依循不同的业务流程有序运行。

展览项目团队组织的集成化,表现为组织内部资源配置的统一性、信息沟通的灵敏性和业务进展的协同性,以形成组织的合力。

## 二、团队成员的构成

展览项目团队由主办方所属从事项目业务工作的员工组成,具有以下四方面特点。

一是,团队成员分为正式员工、实习员工和临时员工三类。

展览项目团队中的正式员工,系与主办方签订长期劳动合同的成员。

展览项目团队中的实习员工,系与主办方签订实习合同的成员。实习员工一般为高校毕业生或在校生。实习员工是主办方正式员工后备人选的重要来源。

展览项目团队中的临时员工,系主办方根据项目业务需要临时招募的成员。临时聘用员工分为两种:提供长期服务的,如外聘设计师负责项目宣传资料的美工设计,其受聘的工作时间与项目的经营时间基本一致,该员工一般采用远程办公方式完成聘用方所规定的工作任务;提供短期服务的,如聘用高校在校生在展会现场从事观众登记服务工作,其受聘工作时间限于展会举办期间(见表5-3)。

表5-3　展览项目临时工作岗位一览

| 岗位工作描述 | 工作时长时段 | 用人部门 |
| --- | --- | --- |
| 营销业务的信息整理、文案整理、媒体联络等工作 | 3—9个月 | 项目营销部门 |
| 出席展会的特邀嘉宾/演讲者的信息收集、落地接待,以及会议收费、与会者的对接等工作 | 展会开幕前的1—3个月 | 项目销售、营销(客服或会议组)部门 |
| 客户信息的清洗、电话核实、了解客户参展参观意愿的工作 | 根据工作量,一般在3个月以上 | 主办方信息服务中心(电话呼叫中心) |
| 会展现场的服务咨询、服务事项跟进、服务岗位值守等工作 | 展会举办期间的一周左右 | 项目运营部门 |
| 会展现场配套活动的信息咨询、服务事项跟进、服务岗位值守等工作 | 展会举办期间,根据现场活动需要 | 项目营销部门 |
| 展会现场的观众登记、摄影摄像、调查问卷、活动主持等工作 | 展会举办期间,一般3-5天 | 项目营销部门 |
| 展会项目美工设计、新闻内容生产等工作 | 整个项目经营期间,一般按年计算工作时间 | 项目营销部门 |

二是,团队成员的配置依据项目的经营规模或业务范围而确定。

一般而言,展览面积在 2 万平方米以下的展览项目,其正式成员可控制在 10 人以下;展览面积在 5 万平方米左右的项目,其正式成员可控制在 20 人以下;展览面积在 10 万平方米左右的项目,其正式成员可控制在 30 人。

如果展览项目拥有超过 500 人以上规模的常设会议(与展会同时举办),或拥有与展览主题相关的行业媒体,就需要配置专职人员承担相关业务工作。项目团队中的正式成员人数因而需要增加。

展览项目团队中临时成员的配置,同样与项目的经营规模或业务范围有关。经营规模大或业务范围广的项目,用人数量自然就多。

三是,团队成员按业务需要安排工作岗位。

展览项目团队成员一般按销售、营销、运营三个主要业务部门安排工作岗位。在团队成员中,从事销售、营销工作的人员占多数。

### 案例 5-1　展览项目团队成员的构成

以机械设备展会项目团队岗位与成员构成为例,机械设备展会项目团队岗位与成员构成如表 5-4 所示。

表 5-4　机械设备展会项目团队岗位与成员构成

| 岗位设置 | 展览面积 10 万平方米(举办 10 届以上) | 展览面积 1 万平方米(首届) |
| --- | --- | --- |
| 项目经理 | 2 人(正副经理各 1 人) | 1 人(兼国际销售) |
| 销售部门 | 12 人(其中,国内销售 8 人,国际销售 4 人;包括部门经理 1 人) | 5 人(国内销售,包括部门经理 1 人) |
| 营销部门 | 5 人(包括部门经理 1 人) | 3 人(包括部门经理 1 人) |
| 运营部门 | 3 人(其中,部门经理 1 人,专员 1 人) | 运营与业务助理可以合一,一般安排 1 人 |
| 业务助理 | 2 人 | |
| 团队人数 | 24 人 | 9 人 |

**说明与评点**

（1）此案例是编者根据自身经验提供。案例中所列项目团队人员构成指正式员工，未包括实习生和临时成员。

（2）举办届数达10届以上、展览面积达10万平方米的机械设备展会，属于特大型展会。大型项目可以配置正副经理各1人。其中，副经理可以兼任销售或营销部门经理。

（3）首届创办的机械设备展会，如展览面积为1万平方米，但各项业务并不会因为展览面积小而减少，反会因为新项目创办而更具难度。因此，新项目团队的人员配置相对较多，且成员在业务上多有交叉。新展会项目经理的业务能力必须全面，许多业务工作要亲力亲为。

（4）展会现场举办配套活动较多，营销部门需要增加人手。如举办收费会议，一般要在营销部门中设立会议组或会议经理。

（5）机械设备展会展品物流以及展会现场布展工作量大，安全管理要求高，运营部门人手必须保障。举办多个展会的大型主办方，一般会在公司层面设置运营部，负责所有展会的运营管理。在这种组织架构下，项目团队中就不必配置运营人员了。

（6）业务助理在展览项目团队中是较为特殊的岗位。其作为项目经理的助手，受项目经理指派，主要分担项目经理的日常事务性工作，如管理合同、处理项目对外公文、对接销售、营销、运营部门某项具体业务事项等，帮助项目经理"打杂"，以便项目经理集中精力履行管理职责中的主要事项。业务助理可由优秀实习生担任。

四是，项目业务事项外包可以减少团队成员的数量。展览项目业务事项的外包涉及销售、营销和运营业务三方面（见表5-5）。

表5-5 展览项目业务外包事项一览

| 分类 | 外包业务内容 | 外包业务模式 |
| --- | --- | --- |
| 销售业务 | 展位销售、会议销售 | 委托销售，包括组团参展 |
| 营销业务 | 信息处理、活动组织、新闻生产、美工设计、摄影摄像等 | 委托经营或服务 |
| 运营业务 | 主场服务、观众登记、人员接待等 | 委托经营或服务 |

展览项目业务外包的目的，除了减轻人力成本，尤其是减少人力成本中社会保险支出的成本之外，主要是为了提高业务工作效率及其专业化水平。凡采取业务外包方式的展览项目，其团队中正式员工数量就会减少。

必须指出,展览项目的业务事项是否选择外包,决定性因素是该项业务是否关系项目的核心竞争力。若关乎核心竞争力,就不宜外包。例如,以专业媒体或专业会议驱动的展览项目,委托其他机构外包经营专业媒体或专业会议,主办方就可能受制于人,甚至可能导致外包机构成为自己的竞争对手。

展览项目业务事项外包的对象可分为机构和个人两种。承揽展览项目外包服务的机构包括广告、活动策划、信息服务、展览工程、展品物流、劳务派遣等方面的公司。其中,对于短期用人较多的临时性岗位,如电话呼叫服务、展会现场服务,展览项目可以委托劳务派遣公司代为聘请人员。目前,一些高技术含量业务事项的外包日益增多。例如,某机械装备展会拥有《中国机械设备观察》纸质期刊、网站及微信公众号,主办方将展会视频内容生产的业务外包给媒体广告公司。

总之,展览项目团队成员的数量既非越多越好,也非越少越好,而是合适为好。其所遵循的原则一般有三:坚持效率优先,避免人浮于事;满足专业化服务需要,有利于促进业务创新;平衡正式员工与实习员工、临时员工以及新老成员之间的搭配,保持正式员工的正常性流动。

## 第二节 项目团队人员聘用

项目团队正式员工及后备员工的内部调配和外部招聘,由主办方人力资源管理部门负责,项目经理可以提出建议。临时聘用人员的招聘,一般由项目经理或授权项目团队相关业务主管负责。

### 一、人员的来源

展览项目团队成员的来源,分别来自主办方内部和外部两个方向。

(一)人员的内部调配

内部调配,指主办方从内部既有员工中调配人员进入展览项目团队。这种配置集中于新项目团队组建之际,有时也用于老项目团队的调整。被调配的人,均为主办方的正式员工。主办方在内部为展览项目调配人员,往往基于三方面考虑。

一是,保障项目管理。从主办方内部选配项目经理,有利于保持企业管理理念的趋同性,增强项目管理的可控性。拟配的项目经理如参与新项目的可行性调研以及前期筹备工作,则对项目发展更为有利。

二是,加强业务经营。从主办方内部选配有经验的老员工加入新项目团队,有利于发挥骨干作用,有助于较快打开业务工作的局面。

三是,活化人力资源。主办方可以通过调配内部人员解决员工的晋升或重组问题。

创办展览新项目会带来包括项目经理以及销售、营销和运营组长（经理）等新职位。主办方可以借此晋升符合条件的优秀员工，以鼓励员工争取进步。同时，主办方有针对性地调整人员安排，可以优化项目团队的成员构成（包括老项目），改善人际关系，增强团队的凝聚力。

（二）人员的外部招聘

外部招聘，指主办方从外部招聘人员进入项目团队。外部招聘一般分为社会招聘和高校招聘两类，俗称为"社招"和"校招"。其中，"校招"指招聘高校毕业的大学生；"社招"指"校招"以外其他渠道的招聘。外部招聘的对象既包括正式员工、后备员工，也包括临时聘用人员。其中，后备员工和临时聘用人员主要来自"校招"。

招聘正式员工及后备员工，主要通过广告招徕、经人介绍和"猎头"遴选三种方式。通过"猎头"遴选的主要是项目经理。

## 二、人员的聘用条件

主办方聘用展览项目团队人员的条件，一般从身体健康、品行良好和业务适合三个方面设定。

身体健康、品行良好，属于应聘人员的基础性条件。其中，身体是否健康，可以通过医学检查予以证明；品行是否良好，需要经过主办方的考察。

业务适合，指应聘人员适合展览项目业务岗位的用人需要。这种需要一般体现在主办方制定的招聘条件中。展览项目业务岗位的招聘条件一般由岗位名称、工作地点、薪酬范围、工作职责和任职条件等信息组成。工作职责与任职条件为其主要内容。工作职责是根据岗位业务工作的范围、任务、权限和技能等要素提炼而成。任职条件是根据岗位业务工作职责对于应聘人员提出的学历、经历、知识和能力等方面的基本要求。

### 案例 5-2　展览项目业务岗位人员的聘用

内含案例说明与评点

跨国展览公司部分业务岗位人员的招聘条件

**说明与评点**

（1）本案例汇集的展览项目团队五个业务岗位的人员聘用信息，均来自知名公司官网的公开信息。本教材编著者仅对案例的文字进行了必要且少量的编辑，同时删去了薪酬范围的具体数值。

（2）案例收录的展览项目团队的五个招聘岗位中，管理岗位有三个，分别是励展博览集团大中华区展览项目的销售经理（汽车制造展）、展览项目的会议经理和上海博华国际展览有限公司的市场经理；正式员工和实习员工岗位各一个，分别是慕尼黑展览（上海）有限公司的展会运营协调员和法兰克福展览（上海）有限公司的市场调研实习生。

（3）通过案例，可知这些公司对外招聘展览项目人员，均明确告知所聘人员的工作岗位、工作地点、工作职责、薪酬范围、任职条件等信息，以便应聘者了解。其中，工作职责和任职条件以条目方式罗列，十分详细。

（4）案例中原有的岗位薪酬信息，分为年薪、月薪和日薪三种制度安排。本书编辑时删去的理由是：各公司公开招聘信息中的薪酬范围仅为招聘方提供的参考数值，其将随时间推移而变化。此外，因每个应聘求职者的情况不同，加之招聘方对于岗位需求的紧迫度不同，求职者入职后的薪酬水平会有差异。请学习者上网查看以上公司最新招聘信息，了解招聘岗位的薪酬信息。

### 三、人员的招聘方式

主办方招聘展览项目团队人员的方式，大体分为公开招聘和定向招聘两种。

公开招聘，指主办方通过官方网站或社会招聘平台，在线上公开发布招聘信息。例如，励展博览集团大中华区官方网站在首页上设有"加入励展"栏目。点击打开后，可以看到"社会招聘""实习生招聘"和"内部推荐"三个子栏目。在"加入励展"页面上还有"热招职位"和"长招职位"的介绍。又如，中国玩具和婴童用品协会通过智联招聘网发布招聘展览项目经理、市场营销人员的信息。

主办方内部的公开招聘，也是公开招聘的一种方式。此类招聘信息只在主办方内部公布。此类招聘的职位一般是主办方空缺的管理职位，主办方内部员工中有意愿者可以自荐应聘。

定向招聘，指主办方利用某一途径解决特定人员的聘用需求。这种招聘信息并不公开。例如，主办方通过关系人介绍，觅到合适的展览项目经理人选；又如，主办方通过高校批量招聘在校生，作为参与展会现场服务的临时员工。

对于公开招聘，管理规范的主办方均有相应的工作流程，即根据需求撰写招聘文案、发布招聘信息、审核应聘信息、安排应聘者面试和决定是否聘用。在此过程中要注意以下五个问题。

一是,撰写招聘信息应该具体。其中,岗位描述即工作职责和任职条件,采用条目罗列的写法。

二是,提供登记表供应聘者填写。登记表的内容与格式设计要符合主办方招聘的需要。

三是,收到应聘者填妥的登记表要及时反馈。

四是,审查应聘者信息要核查真实性,考虑适配性。对于项目经理、业务主管等职位的应聘者,要进行背景调查。应聘者品行问题,是背景调查的重要内容。

五是,应聘者面试环节不能省略。面试交流中的提问要提前设计。公开招聘工作由主办方人力资源管理部门负责,项目经理应参与其中。招聘项目经理,主办方负责人要亲自审查应聘者信息,并主持面试。

**案例 5-3　展览项目招聘面试的提问**

---

**某地口腔医疗展学术会议项目招聘营销主管面试提问设计**

(1)请你谈谈对于口腔医疗行业的认识。

(2)你参观过医疗展会尤其是口腔医疗展会吗?(如面试者表示参观过,则请他谈谈对于口腔医疗展及其学术会议的认识;如表示没有参观过,则请他谈谈对于经贸展会的认识。)

(3)你为什么应聘这个职位?

(4)你认为你应聘这个职位有什么优势,有什么不足?

(5)这个职位需要有创意与组织学术会议活动的能力,你是否具备?有没有相关工作经验或实践案例可以说明?

(6)这个职位需要有文案写作尤其是新闻写作的能力,你是否具备?有没有相关工作经验或实践案例可以说明?

(7)这个职位属于管理岗位,你将带领包括实习生在内的三人组成的团队。你打算怎样管理团队,怎样辅导团队成员提高业务水平?如果有人不服从管理,或者有人的业务水平在三个月内难以提高,你将采取什么措施?

(8)你在大学学习的专业对于从事会展业有帮助吗?

(9)请你谈谈对本公司的了解及其看法,并谈谈个人未来三年职业生涯的规划。

(10)你能够经常出差吗?

(11)近半年你读过什么书?

(12)你对于薪酬安排有什么意见?

**说明与评点**

(1) 设计面试提问一般考虑三个维度：一是展览项目所具有的行业属性；二是应聘者所求职位或岗位的工作职责与从业技能；三是考察应聘者的综合素质。

(2) 所提问题一般在十个左右。可以根据应聘者事先提供的个人信息（如大学所学专业、从业履历、婚姻家庭情况）以及答问内容，随机补充问题，以求获得深入了解。

(3) 公司（指招聘单位）评价、优缺点自述和薪酬待遇，是面试提问中不能忽略的问题。

(4) 在定向招聘中，主办方招聘特定人员的方式需酌情而定。如招聘项目经理，而备选者与招聘方负责人相熟，双方知根知底，安排面晤商谈即可；如项目经理人选经人介绍应聘，招聘方应在面试前进行调查。而通过高校批量招聘在校生作为展览项目的临时工作人员，一般由主办方人力资源部门的工作人员或项目经理（或是项目团队中分管此项业务的成员）对接即可。

 ## 第三节 项目团队成员薪酬分配与业绩考核

展览项目团队成员的薪酬安排与业绩考核，是主办方人力资源管理的重要内容。两者关系密切，相辅相成，是项目团队形成激励机制的制度基础。

### 一、薪酬制度的安排

展览项目团队中员工的薪酬制度，由主办方确定。员工的薪酬由固定薪金和非固定收入组成。薪酬待遇的标准与发放方式，由主办方与员工依据国家法规及企业（机构）制度协商确定。展览项目团队薪酬设计与受薪对象如表 5-6 所示。

表 5-6  展览项目团队薪酬设计与受薪对象

| 分类 | 薪酬构成 | 受薪对象 |
| --- | --- | --- |
| 年薪制 | 年度薪金＋奖金/佣金/股份分红 | 项目经理/特大型项目的销售、营销经理 |
| 月薪制 | 月度薪金＋奖金/佣金 | 项目经理/团队正式员工/后备员工 |
| 日薪制 | 工作日薪金 | 临时员工 |

(一)固定薪金的分类

展览项目成员的固定薪金,一般按年薪制、月薪制或日薪制的形式给付。这三种固定薪金形式分别针对不同对象。

1. 年薪制

年薪制,指企业以年度为时间单位向经营者支付薪金的分配方式。在国内,对于经营者实行年薪制的企业众多,包括国有及国有控股公司、外资或中外合资公司,以及经过股份制改造的民营公司。

企业对经营者实行年薪制,与企业进行公司制改造和产生职业经理人阶层有关。企业经过公司制改造后,所有权和经营权在规范的公司制度下可以分离;企业的投资者拥有并控制企业的所有权,企业的经营者在企业所有权拥有者的监督下行使企业的经营权。在企业所有权和经营权可以分离的情况下,企业可聘请职业经理人担任经营者,以求提升经营管理效率。

职业经理人,指具备相应的职业素质和管理能力,以经营管理企业为职业的专业人士。在大中型企业,总经理、副总经理、总工程师、总经济师、总会计师甚至部门主管(如营销总监),都可以聘请职业经理人担任。

企业聘用的职业经理人之所以采用年薪制,一方面是职业经理人的任期一般不少于三年,年薪制的激励作用明显强于月薪制;一方面是企业经营业绩的考核目标按年下达,并在职业经理人的任期内保持延续性,年薪制有利于职业经理人在经营管理中注重企业长远发展的利益。

实行年薪制的企业经营者,其薪金仍是分月发放。具体发放方法由企业与职业经理人通过聘用合同约定。

在展览业,展览项目经理由职业经理人担任并实行年薪制,在国际上十分普遍,在国内也逐渐成为趋势。展览面积达10万平方米及其以上的特大型展览项目,除项目经理之外,项目团队内的销售经理、营销经理等职位也可以采用年薪制。

2. 月薪制

月薪制,指企业以月度为时间单位向员工支付薪金的分配方式。国内外绝大多数企业支付员工薪金实行月薪制。

国内外展览项目团队的正式员工及后备员工,均实行月薪制。在国内,不少主办方对于展览项目经理仍然采用月薪制。

针对展览项目团队成员的资历、能力,在同一岗位设定岗位级别以区别不同的月薪标准,是主办方对于固定薪金制度进行差异化管理的常用办法。比如销售岗位,根据员工的入职年限、业务技能和业绩表现,分设一、二、三级销售代表。其中,一级最高。此举可在月薪水平上拉开档次,有利于非管理岗位的员工安心本职、争取上进。

3. 日薪制

日薪制,指企业按日为时间单位向员工支付薪金的分配方式。日薪制适应企业短期用工的需要,按受聘人员出勤日数计发薪金。

在展览项目团队中,工作时间在一周至一个月左右的临时性用工采用日薪制。比如通过电话邀约专业观众,或在展会现场从事专业观众接待服务。采用日薪制的人员,其薪金并非按天发放,而是在临时工作任务完成后一次性发放。

(二)非固定收入的分类

展览项目团队成员的非固定收入分为奖金、销售佣金和股权分红三种来源。

1. 奖金

奖金,是企业(机构)对员工实现预定工作目标或提供超额劳动所支付的报酬。与固定薪金相比,奖金对于员工具有更强的激励作用。

展览项目的奖金制度由主办方制定。其主要围绕完成或超额完成展览项目业绩考核指标而设定奖金标准。通常分为集体奖励和个人奖励两类。集体奖励,指主办方向项目团队发放奖金,如奖金用于项目团队的集体活动(组织旅游)。个人奖励,指主办方向项目团队中相关成员发放奖金。其对象既包括采用年薪制的管理人员和不领取销售佣金的员工,也包括业绩优异或工作表现突出的员工。

采用年薪制的管理人员,超额完成业绩考核指标,其奖金一般按年薪的一定比例提取。如某展览项目经理年薪为30万元。超额完成营业收入、营业利润、展会现场专业观众登记人数的三项考核指标,在计算考核指标超额系数基础上加权后,可获其年薪总额比例的35%作为奖励金额,即10.5万元。因此,该项目经理的全年薪酬总额为40.5万元。

不领取销售佣金的员工,其奖金一般按年发放,奖励金额通常是以月薪为基数,在全年12个月基础上增发月薪,如12月+2月,或12月+4月。这种奖金发放被称为14月薪/年或16月薪/年。如项目团队中担任自媒体运维的成员,其月薪为6000元,业绩考核完成工作目标,奖金为2个月的月薪,此人即为14月薪/年;如超额完成业绩考核目标,奖金再增加2个月的月薪,此人即为16月薪/年。

2. 销售佣金

佣金的概念起源甚早,指关系人居间说合生意成功后所获得的酬金。在国内展览界,佣金长期被称为"提成"。

展览项目团队成员薪酬收入中的佣金,一般指销售佣金,即团队成员通过销售展位、广告、赞助、会议、门票等服务性产品获得的酬金,而不是项目团队成员之外的关系人居间介绍销售业务而获得的酬金。展览项目销售佣金的提取比例与服务性产品的销售金额相关。标准展位的售价为12000元/个,如主办方规定提取佣金的比例为3%,则销售人员每销售一个展位将获得360元的销售佣金。

国内不少实行月薪制的民营展览公司,将项目展位销售收入总额的一定比例作为项目经理的"提成"。比如展览项目销售收入总额为500万元,主办方给予项目经理的"提成"比例为2%,即10万元。在二、三线城市的小微型展览公司,这种具有销售佣金性质的"提成"制度十分普遍,往往成为项目经理收入的重要来源。但项目经理所获的这种"提成",并非严格意义的销售佣金,而是主办方以项目销售收入作为业绩指标对于项目经理发放奖金的依据。

3. 股权分红

股权分红,指主办方同意展览项目的经营者在项目所有权中占有一定比例的股权,如项目经营获得利润,经营者可按股权比例获得分红。但这种情况不具有普遍性,在国内多见于民营展览公司的新办展览项目,或是需要吸引目标职业经理人出任项目经理的展览项目。

展览项目采用股权分红方式,有时是主办方为了筹集项目的启动资金。如果是为了吸引并激励经营者,主办方一般不会要求经营者投入相应比例的资金作为股金,而是以"干股"方式配送经营者。对于聘用合同任期较长的职业经理人(如任期为三年),主办方所配送的股权往往以期权形式设计,即该职业经理人在完成合同任期并实现业绩考核指标后,主办方才一次性兑现股权分红。

(三)薪酬标准的确定

主办方聘用员工,在与员工签订劳动合同时,应在合同中明确员工的工作岗位及薪酬待遇。

在劳动合同中约定员工的薪酬待遇,一般是明确员工固定薪金的给付标准。如实行月薪制的员工,劳动合同须明确员工每月应获薪金总额以及个人交付社会保险金的比例(由主办方从员工固定薪金中扣除,并代为缴付社会保险机构)。同时,明确发放固定薪金的时间及方式(银行卡或纸币)。聘用采行日薪制的临时员工,不涉及交付社会保险金的问题。

员工薪酬中非固定收入的来源及分配形式,由主办方根据展览项目的业绩考核指标,与员工另行协议约定。

## 二、项目业绩的考核

业绩考核,是现代企业人力资源管理的重要内容。其英文为 Key Performance Indicator,故而常被简称为 KPI。

业绩考核,也称为业绩考评或"考绩",指企业针对内部组织及其员工所承担的工作,运用定性和定量相结合的方法,考核评价其工作的实际效果及其对于企业贡献的价值。

主办方对于展览项目及其团队的业绩考核,在发达国家尤其是英国、德国的展览公司中历史悠久、方法成熟、制度井然。

中国改革开放以来,主办方对于展览项目及其团队的业绩考核经历了不同的发展阶段。20世纪80年代,基本是国有事业单位办展(以贸促会系统为主)。展览项目及其团队的概念模糊,业绩考核尚在探索之中,员工的薪酬体制缺乏有效激励机制。20世纪90年代后期,民营展览公司大批兴起,展览项目及其团队的概念已经出现,但员工大多与公司没有订立劳动合同,一些公司不发月工资(或仅发生活费),而是在展会结束后给付销售"提成"(佣金)的状况比比皆是。这种个人收入与销售业绩简单挂钩的管理方式,与人力资源管理中业绩考核的理念相去甚远,属于民营企业初创时期在内部推行的激励机制。进入21世纪后,随着跨国展览公司登陆、国企改制深入推进以及民营企业公司化改造,展览项目及其团队概念得以确立,主办方聘用员工的劳动合同与享受社会保险的制度逐步规范,职业经理人受聘担任项目经理日益增多,收入分配与业绩考核的专业化、正规化成为人力资源管理的主流趋势。

（一）考核工作的原则

对于展览项目团队的业绩考核，管理较为规范的主办方所遵循的原则，可以归纳为"四个坚持"。

坚持以经营管理目标为业绩考核导向。展览项目的经营管理目标是业绩考核指标的来源。经营管理目标由财务预算确定，经主办方批准下达。经营管理目标的严肃性和权威性，需要通过业绩考核加以体现。换言之，业绩考核不能游离于经营管理目标之外而单独存在。

坚持业绩考核的管理工作整体覆盖。展览项目的业绩考核既要针对项目，也要针对项目团队所有成员。针对项目的考核，指标具有整体性，这是因为项目的营业收入、营业利润目标须由项目团队集体达成。针对项目团队所有成员，考核指标要分解到主要业务事项，并分解到人，通过细分指标的叠加累积，以达成项目整体的考核指标。

坚持将项目经理作为业绩考核的主要对象。项目经理是展览项目经营管理的第一责任人，其管理工作关乎整个项目的业绩成效和发展水平。对于主办方而言，考核项目经理的业绩就等于是考核整个展览项目的业绩。而项目经理为达成业绩考核指标，就必须强化项目团队成员的业绩考核。因此，主办方应着重抓好项目经理的业绩考核，并督导其做好团队成员的业绩考核工作。

坚持完善业绩考核制度。由于市场、产业政策、人力资源管理法规等外部环境的变化，加之主办方内部管理体制以及业务创新的变化，展览项目的业绩考核制度应及时调整应变。主办方还需要针对考核工作中存在的问题或不足，不断补强短板或弱项，使考核指标更加严密和合理、考核方法更加科学化和人性化，从而提升项目管理的效能。

（二）考核工作的方法

考核展览项目的业绩，工作方法的科学性和规范化十分重要。

一是，全面系统地制定业绩考核指标。

制定展览项目的业绩考核指标，应形成严密体系，要做到"竖到底"和"横到边"。"竖到底"，指考核要从上到下，贯通项目、部门和成员个人三个层次。"横到边"，指不遗漏任何业务事项和团队中任何成员。重要指标要相互关联，具有逻辑关系。比如项目的营业收入指标为1000万元，该指标既是项目整体和销售部门的业绩考核指标，也是销售代表个人承担考核指标的总和。

二是，量化业绩考核指标。

展览项目业绩考核指标的设计要尽可能数据化，即量化。应避免以定性概念表述考核指标，如"圆满完成项目经营任务""营业收入有所增长""展会参观效果良好"等。

量化业绩考核指标，就是将指标定量。一要将各项考核指标数据化。如项目营业利润350万元、专业观众数据库录入信息5万条、自媒体发送新闻16篇/月、现场服务展商满意度90%以上等。二要确定完成指标的基数和提出超额完成指标的幅度，以利激励与奖惩。如某销售代表完成展位收入的考核基数是150万元，其销售佣金提取比例为5%；如超过150万元的10%及其以上，超额部分的销售佣金提取比例为7%。三要在指标设计中采用项目业绩考核指标的数值高于或优于主办方确立的经营管理目标的方法,以确保实现项目的经营管理目标。如主办方下达的项目展位收入考核指标为 1000 万元,项目经理分解到项目销售代表的展位收入指标的总和为 1100 万元。

> **案例 5-4　展览项目业绩考核的思路**

某跨国展览公司考核展览项目业绩的思路如表 5-7 所示。

表 5-7　某跨国展览公司考核展览项目业绩的思路

| 考核对象 | 考核指标设计方向 | 量化考核指标 | 说明 |
| --- | --- | --- | --- |
| 项目整体 | 项目盈利能力与成长性,客户/合作方满意度、团队管理等方面 | 项目财务指标、客户满意度、回头率(复购率)指标、展览范围新板块开发与成长指标、团队创意的流动率、关键岗位的在岗率等方面 | 考核指标设计既要重视财务指标,也要重视客户满意度、回头率满意度、回头率等经营指标。新业务要有专门指标考核 |
| 销售业务 | 涵盖结果、过程与质量三方面指标 | 结果指标包括销售收入、客户数量(大客户数量)、特装展位数量等;过程指标包括销售电话量、客户拜访量、订单回款率等;质量指标包括销售平均单价、展览净面积、人均销售额、新业务成长等 | 过程指标可以促使销售人员养成良好的工作习惯。质量指标可以优化工作效率,促进业务创新 |
| 营销业务 | 通过结果、过程与质量三方面指标,体现整合营销作用 | 观众数据库信息条数、预登记观众/现场登记/特定买家群体数量、观众满意度、保有率、回头率、观众人均邀约成本等;自媒体新闻发布数量、受众点击量等;配套活动费效比;其他 | 为考察营销效力,须追踪监控各种业务事项的实施过程、工作质量与推广效果 |
| 运营业务 | 供应商管理、安全指标、质量控制、成本控制、展馆和政府相关部门维护、项目组服务 | 展商/观众满意度及净推荐值、主场服务商满意度及调研值、供应商承诺完成的相关指标、现场搭建施工安全事故率、项目销售、营销部门对运营服务的投诉率、按时获取政府相关部门关于展会行政许可等 | 运营业务大多依靠供应商完成,在控制运营成本的前提下,考核服务质量就成为重点。此外,运营业务中维护公共关系的事项繁多,需要设计指标考核 |

**说明与评点**

（1）此表所列，系某跨国展览公司有关展览项目业绩考核工作的思路。

（2）表中"量化考核指标"栏下所列各项指标，均可用数值表示，即是量化。营销业务的考核指标，还可以细化。例如，设计电子营销业务事项的考核指标，其过程指标包括每次电子邮件的点击率、打开率，项目网站的访问量、微信公众号的粉丝数量等；结果指标包括配套活动赞助收入、观众通过网络预登记数量及其现场出席率等。

（3）表中在运营业务"量化考核指标"栏所列"净推荐值"，英文为 Net Promoter Score（缩写为 NPS），指商业活动中推荐者所占的百分比减去批评者所占的百分比。对于展会，获取净推荐值的典型性问题是："您是否愿意将这个展会推荐给您的朋友或者同事？"而后按客户的回答进行打分。"供应商承诺完成的相关指标"，指在展会现场承担运营服务的供应商，在与主办方达成的合作协议中，其所承诺的与运营服务质量相关的指标。如主场服务提供商在协议中承诺的服务收费标准、标准展位搭建器材质量标准、公共设施搭建用材的环保品质标准等。

三是，业绩考核须与聘用合同或岗位任职合同挂钩。

对于展览项目团队成员的奖金、佣金或股权分红的收入标准，许多主办方与员工或订有集体协议，或订有单独协议。这种协议既有书面的，也有口头的。因展览项目按年或按届举办，业绩考核指标需根据项目经营管理目标的更新而变化，员工的奖金或佣金收入与业绩考核指标挂钩的协议也会随之调整变化。

员工的奖金或佣金收入须与业绩考核指标紧密挂钩。在奖金政策的设计上，完成指标，员工将获得奖金或佣金；超额完成指标的，奖金数额或佣金提取比例将上浮；未能完成指标或在工作中违反主办方制度并造成严重影响的，员工将受到经济上的处罚，包括扣罚奖金甚至固定薪金。在佣金政策设计上，许多主办方以前是凡实现销售收入就给付佣金，后来升级为销售收入达到规定指标才给付佣金（具体设计方法参看本书第七章销售管理）。

实行年薪制的展览项目经理，在主办方与其签订的任职合同中，业绩考核是其中的重要内容。

### 案例 5-5　展览项目经理的业绩考核

展览项目经理经营责任协议书

甲方：_____公司

乙方：_____（身份证号码：_____）

甲乙双方经协商，达成以下协议：

一、甲方同意聘请乙方担任甲方承办的_____（以下简称展会）项目经理。乙方同意接受甲方安排的工作岗位。

二、展会自____年__月__日至__月__日在_____举行。项目销售工作启动时间为____年__月__日至____年__月__日。

三、甲方职责

（一）负责展会的策划统筹工作；

（二）负责展会重大事项的决策及协调工作；

（三）负责审批展会的财务预算和财务管理；

（四）负责审批展会展位、广告及配套活动的销售底价，监控价格调整和价格优惠措施以及客商享受增值服务的条件；

（五）向乙方下达项目经营指标，并根据本协议向乙方支付佣金或奖金；

（六）负责监管乙方的管理工作以及职业道德行为。

四、乙方职责

（一）根据《展览项目经理岗位职责》要求，在甲方领导下，在公司总部各职能部门指导下，按甲方规章制度和业务流程，负责展会的经营管理工作；

（二）负责领导项目团队实现展会经营管理目标，根据本协议提取佣金或奖金；

（三）兼任国际销售业务，完成国际展位销售指标；

（四）完成甲方布置的与乙方职责有关的其他工作。

五、甲方下达乙方的展会经营指标

1. 展位销售收入总额人民币_____万元。其中，国际展位销售_____人民币万元。（均不包括非展位销售收入）；

2. 展会现场登记专业观众_____人；

3. 展会项目毛利润总额人民币_____万元。

六、乙方的薪金、社会保险及福利和佣金、奖金

（一）在本协议生效期间，乙方的薪金、社会保险及福利见甲方与乙方签订的《劳动合同书》；

(二)乙方的管理性佣金与展位销售收入挂钩,按以下规定提取:

1. 实现本协议确定的展位销售收入指标总额的85%—90%(含90%),即____万元以上,乙方按实际完成金额的1%提取管理性佣金;

2. 实现本协议确定的展位销售收入指标总额____万元以上,乙方按实际完成金额的1.5%提取管理性佣金;

3. 若超额完成本协议确定的展位销售收入指标,则乙方额外提取超额部分的销售收入3%的管理性佣金。

(三)展会现场登记专业观众人数超过本协议规定,乙方可获奖励如下:

1. 若展会现场登记专业观众人数超过本协议规定的指标数5%(含5%),即_____人,则甲方奖励乙方300元;

2. 若展会现场登记专业观众人数超过本协议规定指标数10%(含10%),即_____人,甲方奖励乙方500元。

(四)展会现场登记专业观众人数未达到本协议规定,乙方将受如下处罚:

1. 展会现场登记专业观众人数仅达本协议规定指标数的95%(含95%),即_____人,甲方将一次性扣罚乙方300元;

2. 展会现场登记专业观众人数仅达本协议规定指标数的90%(含90%),即_____人,甲方将一次性扣罚乙方500元。

(五)乙方承担国际展位销售实现本协议规定指标,按销售收入(折算为人民币)的5%提取销售佣金。

七、若乙方未能完成本协议确定的经营指标,则甲方可将此作为乙方不能胜任本协议委托职务的依据。

八、乙方的管理性佣金、销售佣金和奖金,以及未能完成展会现场登记专业观众人数指标的罚金,在展会闭幕后30个工作日内,经甲方核实并经乙方确认无误后,由甲方按照财务管理流程发放给乙方(罚金从乙方佣金或工资中扣除)。

九、本协议中所指佣金、奖金均为个人所得税税前收入。

十、本协议未尽事宜,双方可另行协商。

十一、本协议一式两份,双方签字盖章后生效,双方各执一份。

甲方(盖章)                                  乙方(签字)

法定代表人(签字):
　年　月　日                                  年　月　日

**说明与评点**

（1）此协议系本书编著者在展览项目管理中使用过的，适合于民营公司中小型展览项目的业绩考核。

（2）从协议内容可知，其考核指标主要是展位销售收入，考核杠杆主要是销售佣金。其中，管理性佣金实为完成销售指标的奖金。

（3）此类协议需一届一定，考核指标可以根据需要而调整。

（4）协议中的考核方式存在弊端，表现为偏重销售业绩考核，而对于营销、运营业务的考核则缺乏明确的指标，不利于项目专业化、品质化发展。

四是，有效执行业绩考核工作制度。

落实展览项目业绩考核制度，需要主办方的财务、人力资源管理部门与项目经理的相互配合。业绩考核指标的下达应与项目运行进程协同，一般须定于项目启动之初。在项目经营活动及其各项业务工作的进展中，人力资源和财务管理部门应跟进考察业绩指标的落实情况，发现问题及时处理。要避免指标空置、考核无力或因方案瑕疵而难以实行等状况的发生。每届展会结束，主办方应严格兑现业绩考核协议的约定，切莫失信于员工。

## 第四节　团队建设

团队建设，简称为"团建"，指企业为激励团队实现绩效目标而设计的优化团队成员行为的系列活动。在项目团队的人力资源管理中，"团建"着重于思想引导、情感维系，多以活动形式展开。

### 一、项目价值的导向

展览项目的价值，指主办方及其员工的集体价值取向，反映为项目经营过程中的基本信念和追求目标。

展览项目均有价值观，但价值观并非主办方企业文化精神的广告语，而是主办方的经营理念在项目经营管理过程中的客观反映，具体表现于项目团队人员的日常工作之中。正如美国社会学家菲利浦·塞尔日利克（Philip Selznick）指出："一个组织的建立，是靠决策者对价值观念的执着，也就是决策者在决定企业的性质、特殊目标、经营方式和角色时所做的选择。通常这些价值观并没有形成文字，也可能不是有意形成的。不论如何，组织中的领导者,必须善于推动、保护这些价值,若只注意守成,那是会失败的。总之,组织的生存,其实就是价值观的维系,以及大家对价值观的认同。"由此可见,展览项目的价值观有先进与落后之别、追求与放任之分。

在展览项目团队建设中,价值导向体现于两方面工作:一方面,坚持树立符合社会规范和客户认同的价值观;另一方面,坚持通过经营管理活动和员工行为展现价值取向。

树立符合社会规范和客户认同的展览项目价值观,必以服务价值为核心,同时扩展至服务社会、服务行业、服务客户三个层次。对于商业性展览项目(与政府展览项目区别)而言,其服务价值须体现在项目经营获得利润的基础之上,即追求展览项目的服务价值与经济价值的统一性。如果展览项目经营不能获利,则项目无法存续。如果展览项目无法存续,则提供服务社会、服务行业、服务客户的价值就无处可依。

在经营管理活动中体现展览项目的价值观,是展览项目团队建设的日常功课,而非心血来潮的间歇性"作秀"。主办方对于展览项目价值观的追求,综合反映在管理制度、业务活动和员工训练等方面,而且需要表里如一、一以贯之。

员工行为体现展览项目的价值观,是要求员工的言行举止符合职业规范,并展现专业性。评选先进员工,是展览项目引导员工价值取向的有效方法。评先活动一般由主办方组织。例如,中国与荷兰合资的上海万耀企龙展览有限公司,于2018年从公司先进员工中挑选2人赴阿姆斯特丹,参加荷兰皇家展览集团公司2019年年会,以示褒奖。

### 案例 5-6　展览公司的价值观

**励展博览集团价值观**
客户至上(Customer First)
以人为本(Valuing our People)
力争上游(Progressive)
无间合作(Collaborative)
充满热情(Passionate)

**励展博览集团大中华区的使命**
我们怀揣对会展业的热爱汇聚在一起,
致力打造品质卓越的展会平台。
为客户、合作伙伴创造让他们惊喜的价值,
为员工提供无限的成长机会,
为行业倾力推动可持续的发展。
为此,我们倍感自豪!

**励展博览集团大中华区的愿景**
打造产品展示和信息交流的多元聚合平台,建立行业社群,
为企业与客户建立商业连接,促进贸易机会,助推您的业务成长。

### 说明与评点

励展博览集团是国际著名展览公司。其追求的五大价值均是对企业自身和员工的要求。

根据集团的五大价值，励展博览集团大中华区公司提出的使命和愿景，通过中文表述更加明确，且富有感染力。

励展博览集团所主办的展览项目，均须遵循集团价值观，进而提炼具有项目特色的价值主张。

## 二、项目成员的培训

培训，即培养训练。在职培训，指对具有一定教育背景的从业者进行的职业知识与技能的培养训练。企业或事业单位的培训，是在组织内部对员工进行的培养训练。

展览项目团队的培训，是主办方围绕项目发展需求针对团队成员进行的培养训练。

（一）培训的目的

通过培训，引导团队成员认同并维护展览项目的价值取向，提高执行主办方规章制度的自觉性，丰富专业知识，优化业务技能，从而改善成员素质，增强团队的凝聚力、学习力和战斗力，以促使展览项目实现经营管理目标。

（二）培训的内容

展览项目团队的培训内容可分为三部分。

一是思想教育，包括国家法规、公民道德、展览项目价值观等方面的内容。

二是知识分享，包括经济形势、产业政策、展览项目所服务行业概况以及展览业发展趋势等方面的内容。

三是业务训练，包括岗位规范、业务流程、专业技能等方面的内容。

以上内容可以在培训中交叉融合，如在营销业务训练中融入展览项目价值观的教育，在分享项目所服务行业概况知识的同时融入拓展客户关系的技能训练。

（三）培训的形式

展览项目团队的培训主要分为两种场景：集体培训和"一对一"培训。

集体培训在会议室举行，主要针对项目团队全体成员、项目内部业务部门成员、实习生三种群体。

"一对一"培训在办公室或在展会现场进行，由项目业务部门负责人或资深员工辅导新人或后进成员，具有师傅带徒弟的性质。

展览项目团队的培训还有内训与外训之分。内训指在主办方内部进行的培训，外训指派员外出参训。外训又可分为派员外出参加培训班、研讨会学习交流和外出考察学习两种方式。外出考察学习一般是参观展会、参访同业单位。

 **案例 5-7　　展览项目培训方式分类**

某跨国公司展览项目培训方式分类如表5-8所示。

表5-8　某跨国公司展览项目培训方式分类

| 分类 | 培训方式 | 施教者素质 | 培训内容 | 培训目的 |
| --- | --- | --- | --- | --- |
| 集体授课 | 按计划实施，以"一对多"方式集中授课。教学场景主要是课堂（会议室） | 培训讲师从业经验丰富，并具有授课能力 | 联系项目发展需要，针对项目团队成员业务认知与技能中普遍存在的短板问题，体系化分享知识 | 传播先进理念与经验，改善受训者认知水平，提升业务技能。促进学习型团队建设 |
| 重点培养 | 明确"一对一"师徒关系，因材施教。教学场景以工作状态为主 | 师傅（教练）是从业经验丰富的管理者，能传授专业知识，并可长期训导培养对象 | 针对培养对象的成长需要，传授项目经营管理的经验与方法，提供职业规划引导 | 培养项目管理人才或业务骨干，提升培训对象的管理水平与业务能力，尤其是解决问题的能力 |
| 辅导新人 | 明确"一对一"师徒关系，坚持问题导向，针对性地训练。教学场景主要基于工作过程为主 | 师傅（教练）业务经验丰富，可阶段性辅导新人 | 针对新人的成长需要，传授业务技能 | 帮助新人突破业务技能的瓶颈 |

 **说明与评点**

该公司将培训分为集体授课、重点培养和辅导新人三个层次，具有点面结合、相互促进的作用。其中，重点培养和辅导新人是针对员工个人的培训，由此形成的师生关系类似师徒关系。教练式的重点培养，是培训管理后备人才的好办法。

## (四)培训的组织

(1)项目经理应配合主办方人力资源部门,按年制订培训计划。在计划中要明确培训内容或课程。项目经理按月落实培训计划。

(2)对于"一对一"的培训,应有针对性地安排师徒配对,并提出明确要求。对于作为后备管理人才的教练式培养,要在主办方层次做出安排。

(3)应多途径选聘培训讲师。主办方负责人、项目经理及项目业务部门负责人均应积极担任培训讲师。还应鼓励优秀员工在培训活动中分享工作心得。同时,可以根据项目需要,邀请主办方之外的专家来授课。

(4)应建立评估团队成员参训表现并检测学习成效的制度。

## (五)培训工作需要注意的问题

一是培训内容要有针对性,坚持"问题导向"和"缺什么,补什么"。

二是培训时间安排要紧凑,一般不超过半天。

三是培训授课或分享演讲要使用课件(PPT),按要求备课备讲。

四是利用项目团队会议做培训,将培训内容与会议内容结合起来,即"以会带训"。

五是采用"头脑风暴"方式开展研讨式培训,鼓励团队成员积极参与讨论,发散思维,贡献意见。

### 案例 5-8 展览项目培训计划

2018年机械装备展览项目下半年培训计划如表5-9所示。

表5-9 2018年机械装备展览项目下半年培训计划

| 时间 | 序号 | 培训内容 | 主讲/主持 | 参加人员 | 时间 |
|---|---|---|---|---|---|
| 7月 | 1 | 机器人产业发展趋势 | 省机械工程学会李秘书长 | 项目全体成员 | 120分钟 |
| | 2 | 机器人板块销售话术研讨 | 销售部王经理 | 销售、营销部成员 | 60分钟 |
| 8月 | 3 | 客户微信群维护方法 | 营销部夏经理 | 销售、营销部成员 | 60分钟 |
| 9月 | 4 | 上海机器人展会考察报告 | 项目部林经理 | 项目团队成员 | 30分钟 |
| 10月 | 5 | 展会现场服务实习生培训 | 运营部罗经理 | 运营部成员、实习生 | 30分钟 |
| 11月 | 6 | 展会消防安全知识 | 市消防总队老师 | 项目团队成员 | 60分钟 |
| | 7 | 会展营销新趋势 | 中国会展集训营讲师 | 项目团队成员 | 150分钟 |
| 12月 | 8 | 营销部2人赴上海参加培训 | | | |

**说明与评点**

(1) 这是某展览公司机械装备展览项目2018年下半年的培训计划。该计划由公司人力资源管理部门与项目经理协商制订。具体由项目经理落实。

(2) 从表中可知,该项目的培训基本围绕业务工作需要而展开,且每个月都安排不同的培训内容。

(3) 外请专家或老师的培训,需要支付课酬,以及承担相关差旅和接待费用。

 三、集体活动的组织

除培训之外,展览项目团队还可以组织体育运动、观影观剧、排练文艺节目(参加主办方年会演出)、读书、旅游、聚餐等集体活动。这些活动虽然与项目业务的联系并不紧密,但可以增进成员相互了解,融洽团队人际关系,形成"干在一起、玩在一起"的氛围,从而增强团队的向心力。

主办方将年会与培训以及文体活动结合起来举办,或组织团队成员集体出境旅游,是近年团建的趋势。

 **思考题**

1. 配置展览项目团队成员在控制人力成本的同时,为什么还要保持人员的流动性?

2. 展览新项目团队成员的配置为什么会多于老项目?

3. 为什么说展览项目业务外包既可以减轻人力成本,又可以提高业务工作专业化水平?

4. 试为南京食品展会项目销售业务岗位撰写工作职责和任职条件。

5. 为什么小微型展览公司习惯用"提成"作为项目经理收入的重要来源?一些跨国展览公司却不采用这种分配方式?

6. 调研民营展览公司,了解奖金、佣金收入在展览项目成员薪资总收入中的比例。

7. 围绕在机械装备展会的展览范围中增加机器人展板块,以"头脑风暴"方式设计项目团队会议,研讨如何开展销售业务。

8. 设计展览公司应聘人员登记表。

Chapter

# 6

## 第六章 营销管理

## 思维导图

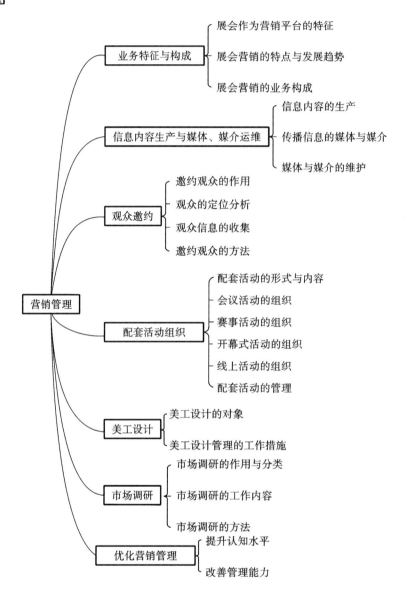

## 本章教学要点

在掌握展览营销概念、了解展会作为营销平台特点的基础上,知晓展览项目市场营销的主要业务操作方法及其管理知识。

# 开篇故事

## "中国食材电商节"数字营销的探索

"中国食材电商节"(以下简称"食材节")实为中餐食材及相关衍生品的专业展会。其创办于2013年,举办地为武汉。第1届展览面积仅0.8万平方米,参展商不到300家。到2019年的第7届,展览面积扩大为10万平方米,参展商达2816家,现场登记专业观众达131066人,跻身于特大型展会的行列。

该项目主办方——武汉食和岛网络科技有限公司,由武汉三良行投资咨询有限公司与食材业多家知名企业共同投资成立。武汉三良行投资咨询有限公司长期从事餐饮食材产业的投资经营,拥有大量食材生产商、物流及经销服务商和酒店、酒楼经营商的数据。这些数据为创办"食材节"提供了主要客户资源信息。

到2015年的第3届,"食材节"展览面积超过3万平方米,专业化发展的战略定位得以明确,"展会+互联网"的数字营销步入探索阶段。

以微信公众号为主体的自媒体形成矩阵,分为行业门户、项目推广、意见领袖三个层次,分别针对食材业、展会客商和食材业经营者。其中,行业门户公众号为"食材品牌观察",粉丝超过20万人;项目推广公众号为"食材电商节",粉丝超过8万人;意见领袖公众号为"陈弘浩的食材互动营销",系"食材节"主办方(武汉食和岛网络科技有限公司)联合创始人/总经理的个人公号,粉丝超过4万人。

利用自媒体粉丝数据和展会专业观众的庞大数据,具有行业特色和项目特色的市场推广，促使展会规模持续扩大，营业收入大幅增加，同时催生"川菜节""湘菜节""徽菜节""鲁菜节""粤菜节"等活动，并相继在成都、长沙、合肥、青岛、广州等地举办。"食材节"专业化、大型化、品牌化的发展，对于武汉三良行投资咨询有限公司在食材食品行业的投资经营产生了反哺作用。

2018年，食和岛网络科技有限公司通过参股的技术开发公司，开发了集观众登记系统、展务管理系统、客商互动营销系统于一体的"易找食材"微信小程序，架构了观众线中邀约、注册、线下扫描登记、现场参观导引、发送电子会刊、展务自助办理与在线营销、展位签单等多功能交互的线上服务平台。在便利展会观众的同时，为公司搭建数据中台奠定了基础。

2020年初，疫情暴发，原定3月举办的"食材节"被迫延期举办。自2月14日起，食和岛网络科技有限公司以"中国食材新战疫"为题组织线上直播活动，每三天一期，连办七期。第一期主题为"食材触网、电商战疫"，在线听讲客商超过2万人。9月，第8届"食材节"迁址长沙恢复举办（与中国国际食品餐饮博览会联合举办），展览面积达8万平方米，为全国食材及餐饮业的复工复产做出了贡献。

 **说明与评点**

（1）创办"食材节"利用了武汉三良行投资咨询有限公司的线上客户数据。展会规模扩大后又对其食材、食品加工的投资业务产生了反哺作用。该案例不但反映了食材展会与食材行业的发展关系，而且凸显了行业的客户数据对于创办展会的基础性作用。

（2）"食材节"在市场营销工作中，充分发挥自媒体作用，通过内容生产的定制化，促进行业信息交流，不断增强客户黏性，从而有效推动展会规模持续扩大。

（3）"食材节"主办方重视包括技术创新在内的业务创新，在数字营销方面借鉴先进，与时俱进，形成了线上线下融合发展的鲜明特色。

营销即市场营销，英文为Marketing。

市场营销，指在创造、沟通、传播和交换产品的过程中，为客户、合作伙伴以及整个社会带来价值的系列活动及其体系。这是美国市场营销协会对于市场营销概念的定义。这一定义获得企业界和学界的普遍认可。

从企业的角度理解营销的概念：营销是一个企业的系列活动及其体系。这一体系即运营与管理营销创意、组织活动的系统。这些活动及其体系服务于企业与客户的交易。在此过程中，这些活动要为客户、合作伙伴以及整个社会带来价值。为带来价值，市场营销工作可以用三个关键词予以概括——创造、沟通、传播。

展览项目的市场营销，指主办方在为客户提供展会这一服务性商品的过程中，通过创造、沟通、传播的系列活动及其体系,为客户、合作伙伴乃至社会带来价值。展览项目的营销管理,指主办方及其项目经理以及项目营销部门负责人对于项目市场营销业务工作实行的控制。

## 第一节　业务特征与构成

市场营销贯穿于展览项目经营活动的全过程,可谓"无时不营销,无处不营销"。市场营销是展览项目管理中充满创意、体现活力的关键元素。

### 一、展会作为营销平台的特征

作为平台型服务产品,展会是客商开展市场营销的重要选择。认识这一点,对于理解展览项目营销及其管理的意义大有帮助。

企业客商参加展会的目的是交流信息。这种交流的意愿来自客商维护和开拓市场的需要。客商通过在展会上展示商品及其服务,希望达成宣传企业、接触用户、获得订单、了解同行等多方面诉求(见表 6-1)。

表 6-1　客商参加展会的诉求

| 诉求分类 | 诉求表达 | 诉求目的 |
| --- | --- | --- |
| 宣传企业 | 展示企业形象、推广产品及其服务 | 宣示企业价值、彰显企业的社会及行业地位 |
| 接触用户 | 会见新老用户,面对面交流 | 了解用户对于企业产品及其服务的需求 |
| 获得订单 | 洽谈贸易,促进交易与经济技术合作 | 售卖企业产品及其服务 |
| 了解同行 | 现场参观、收集资料,相互交流 | 观察行业发展趋势,掌握竞争对手动态 |

表 6-1 中所列客商参展的四方面诉求,可以归总为交流信息。为在展会上有效地交流信息,客商必须在参展内容、展台布置、用户邀约、现场活动组织及其接待以及考察同行等方面预先规划,并具体落实。客商为参展做出的设计及组织工作,就是客商市场营销的行为。虽然客商推广自身及其产品(包括服务)有诸多营销途径,但展会因其功能独特而广受青睐。展会对于客商开展营销的吸引力表现在以下方面。

一是,展会可以满足众多客商在同一时空环境下与大量用户进行信息交流的需求。

二是,在展会期间与客商产生信息交流的用户即观众,系展会主办方邀约而来。这些观众具有跨地域、跨行业、需求多元的特质(与专业市场、商超、商场所吸引的受众有明显不同),而且在展会期间集中汇聚,可与参展客商产生高频次接触。

三是,展会可以同时实现客商宣传企业、接触用户、获得订单和了解同行的多重诉求,其交流信息的密集性、交流活动的丰富性和交流成果的经济性,在综合效应上远胜于客商其他途径的营销。

正因如此,全球每年有上千万家企业参加展会。许多企业每年多地多次参展。广交会作为全球最大规模的货品交易展览(展览面积超过100万平方米),每届有2.6万余家中国企业参展,超过20万境外观众参观。据中国国际贸易促进委员会统计,2018年中国有6.3万家企业出境参加国际展会。这足以证明展会作为市场营销平台,对于企业有着巨大的吸引力。

## 二、展会营销的特点与发展趋势

通过回答以下四个问题,可以有助于我们理解展会营销的特点与发展趋势(见表6-2)。

表6-2　有关展会营销的问答

| 问题 | 答案 |
| --- | --- |
| 展览项目营销什么 | 营销项目自身,即营销展会 |
| 展览项目向谁营销 | 向参展客户(包括参展商与观众)以及合作伙伴营销 |
| 展览项目如何向客户营销 | 通过系列活动为客户提供价值 |
| 展览项目给客户带来的价值是什么 | 客户通过参加展会实现自身的诉求 |

基于展会是客户开展市场营销平台的这一特点,让客户知晓展会、参加展会、借重展会和热衷展会,就是主办方营销展会的系统性追求。让客户知晓展会、参加展会,主要是为了开发新客户。让客户借重展会、热衷展会,主要是为了凝聚老客户。两者相辅相成,连贯一体。前者是展览项目通过拓展市场、创立品牌,扩大展会在客户中的知名度。后者是展览项目通过维护市场、培育品牌,提升展会在客户中的美誉度。

在促使客户知晓、参加、借重和热衷展会的过程中,主办方创造、沟通和传播的系列营销活动,都是围绕推广展会和满足客户对展会的需求而展开的。离开了展会这个平台型服务产品,离开了参展客户的需求,展览项目的营销就没有了立足点和方向性。

促使客户知晓并参加展会,主要依靠信息传播和项目销售人员的沟通。在信息传播中,展览项目的新闻宣传作用突出。这促使客户借重并热衷展会,既要通过持续的信息传播以便客户长期关注,借此保持客户的黏性,更要通过不断提高服务品质,助力客户依托展会平台实现诉求。

现代展览业自20世纪50年代以来的蓬勃发展,推动了展览项目市场营销水平的不断提高。在展览业先进的国家,展览项目的营销业务趋于成熟和规范。中国展览业从20世纪90年代进入快速成长轨道,但展览项目的营销业务长期处于探索阶段。2000年前后,随着跨国展览公司登陆中国市场,国内主办方通过学习先进,展览项目营销业务方法逐步获得改善。目前,国内主办方展览项目的营销业务水平与国际先进水平的差距明显缩小。其中,大中型知名项目(包括中外合资、合作项目)的营销接近或相当于国际先进水平。

2015年以来,在中国经济社会稳定发展和"供给侧"改革的驱动下,中国展览业从量的扩大转入质的提高,展览项目营销业务在两方面的创新引人注目。一方面是"展览＋"的深化,即展览通过"＋会议""＋媒体""＋活动""＋社会团体"等途径,促使营销内容的创造更加多元,进一步增强了展会作为营销平台的包容性。另一方面是"＋互联网"的推进,即展览通过线上营销所产生的新业务、新技术和新载体,推动了展览项目及其管理在互联网时代的数据化、信息化和智能化发展。业内许多专家认为,中国展览业"＋互联网"的水平在国际处于领先水平。

## 三、展会营销的业务构成

在展览项目经营活动中,市场营销业务内容丰富,创意性强,工作量大,对于从业者的岗位技能要求较高。

展览项目的营销业务主要分为信息内容生产与媒体维护、观众邀约、配套活动组织、市场调研和美工设计五个方面(见表6-3)。

表6-3 展览项目营销业务构成

| 分类 | 业务构成 |
|---|---|
| 信息内容生产与媒体维护 | 文案/新闻/视频/图片/广告生产,自媒体/外媒体/媒介维护 |
| 观众邀约 | 信息收集/整理/邀约参观/商务配对/数据库管理 |
| 配套活动组织 | 策划、操作、经营线下会议/节庆/赛事/评奖以及在线会议等 |
| 市场调研 | 行业/新业务/客户满意度/竞争对手等方面调研 |
| 美工设计 | 标识/印刷品/电子图片/展会场景等美术设计 |

## 第二节 信息内容生产与媒体、媒介运维

在展会的信息传播中,文案、新闻及广告均是重要的信息载体。而通过媒体、媒介尤其是自媒体传播展会信息,是展览项目营销的主要途径。以下的介绍着重于展览项目文字性信息生产及其媒体、媒介运维的知识。

### 一、信息内容的生产

在互联网时代,内容生产尤其是媒体内容生产,已成为规模庞大的新兴行业。

展览项目的文案、新闻、图片、视频、广告等内容,均由项目团队营销部门及其人员负责生产。其中,文字性的内容生产主要是文案生产和新闻生产。

(一)文案生产

文案生产包括写作、审核、制作和发送四个环节。

1. 文案种类

与展览项目营销业务有关的文案,多为商业性文案,而非行政性公文。这些文案面向参展与会的客商或应邀出席的嘉宾,发挥推广展会的作用。展览项目营销文案的种类与用途如表6-4所示。

表6-4 展览项目营销文案的种类与用途

| 序号 | 文案种类 | 用途 | 说明 |
| --- | --- | --- | --- |
| 1 | 参展邀请函 | 邀请客商参加展会 | 用于广泛邀请 |
| 2 | 参观邀请函 | 邀请客商或受众参观展会 | 用于广泛邀请 |
| 3 | 礼仪信函 | 邀请嘉宾、感谢客商参展与会 | |
| 4 | 服务手册 | 提供服务指引 | 用于客商参展 |
| 5 | 工作简报 | 反映展会组织工作进展情况 | 应合作方需要提供 |
| 6 | 广告文稿 | 展会广告的文字稿 | |
| 7 | 致辞讲稿 | 出席展会开幕式/活动的嘉宾讲稿 | 代拟稿 |
| 8 | 会议/活动组织方案及服务手册 | 组织展会配套会议/活动 | 方案对内,手册对外 |
| 9 | 会刊/会报 | 汇编展会信息 | 主要汇集展商信息 |
| 10 | 展后报告 | 总结展会效果 | 用于对外公布 |
| 11 | 合作协议 | 用于合作伙伴 | |
| 12 | 其他 | 根据需要撰写 | |

2. 写作方法

在以上文案中,工作简报、致辞讲稿、会议/活动组织方案及服务手册和展后报告的写作难度较高。

3. 呈现形态

以上文案大多采用电子文件形式呈现。比如参展邀请函,可以采用H5方式制作,通过移动端发送;又如展会会刊,原为纸质印刷刊物(图书)形态,而今制成电子读物;再如展后报告,普遍公布于主办方官方网站,或通过电子邮件发送给客商。

4. 生产流程

(1)确定生产时间与撰写人。

文案生产的时间与项目进展的顺序关联,一般由参展邀请函起头,展后报告收尾。具体生产时间应列入展览项目计划表。撰写人由营销部门负责人确定(包括负责人自己)。

(2) 内容审核。

文案文稿必须经过审核。未经审核的文稿,不能对外发送或提供制作。审核文案旨在防止写作中可能出现的错误,以免文案对外公布后损害主办方形象与声誉。文案文稿主要由项目营销部门负责人审核。参展邀请函、展后报告、工作简报、合作协议等重要文案,应由项目经理亲自审核。此外,使用文案的项目成员,在对外发送前应认真审读,把住最后一关。凡发现有问题的文稿,应进行修改。审核文案的内容,通常应注意以下几点。

一是,文案文字是否通顺,有没有错别字,标点符号的使用是否正确。

二是,文案写作是否符合相应文案种类的行文规范。例如,工作简报要符合政府部门内部工作情况报告的格式及文风;又如,针对特定人士的邀请函或感谢信,信函开头要有接收者尊称,结尾要有敬语和致信函机构名称及时间。

三是,文案内容是否符合文案用途的需要。例如,用于广告的文案应为相关要素的短语,而不是写文章;又如,为嘉宾提供的展会开幕式致辞代拟稿,致辞内容及语气应符合嘉宾身份。

四是,文案中使用的概念是否准确、规范。例如,在文案中先将展览项目称为展览会,后又称为博览会,或是项目简称前后不一致;又如,文案中涉及的政府部门或民间社团名称(包括简称)失范(比如自 2018 年 9 月之后,国家卫生和计划生育委员会改称为国家卫生健康委员会,其简称应为"国家卫健委";又比如中国机械工业联合会不能称为中国机械行业协会,可简称为"中机联");再如,香港、澳门、台湾作为地区名称不能与国家名称混淆,只能表述为"参展商来自美国、德国、俄罗斯、日本、澳大利亚等国家及中国香港、台湾地区"。此外,广告文案表述要符合《中华人民共和国民法典》规定,不能使用"国家级""最高级""最佳"等用语。

五是,文案中涉及的年份是否有误。同时,要注意年月日用法的规范和统一,如不能将 2021 年写成 21 年,不能将汉字数字与阿拉伯数字混用。

六是,文案中涉及的人名及其职务(职称)是否准确。如展会开幕式的邀请函或请柬中,被邀请的嘉宾姓名及其职务(职称)不能出错。

此外,合作协议的撰写必须合法、严谨。主办方法务部门或聘请的法律顾问要负责重要协议文稿的审核工作。

(3) 制作督导。

文案制作,指需要经过美术设计、电子文件编制或纸质印刷的过程才能对外发送的文案,如参展邀请函、广告、展后报告等。这些文案的美术设计,或由主办方专业人员承担,或由外包的专业机构或人员承担。展览项目的营销部门要管理这一过程,包括确立设计原则、审核设计稿和监督制作。在此过程中,其仍可对文案文稿进行修改或完善。

(4) 安排发送。

已经定稿或制作的文案,要根据项目进展的需要交由团队成员分别发送。在发送过程中,如发现问题,仍应修改或完善,包括终止发送。

(二) 新闻生产

新闻生产包括策划、写作、审核、编辑和分发五个环节。

1.新闻类型与应用

展会新闻可分为及时性新闻和新闻通稿两类(见表6-5)。其中,及时性新闻用于展览项目自媒体,包括网站、微信公众号、微博或纸媒(如主办方自办的杂志、会刊)等;新闻通稿用于新闻发布会上散发。

展览项目生产的新闻也可以提供外媒体(指其他社会媒体)采用。

展会新闻作用于展会推广,业内许多人称之为"推文"。在展会新闻中,宣传展会及其主办方的新闻占相当比例,这类新闻在广告界称之为"软文"。"软文",广告学名词,英文为Advertorial,指营销人员为宣传企业而撰写的文字广告。广告界将纯粹的广告称为"硬性广告",将文字广告称为"软性广告",简称"软文"。

表6-5 展会新闻的类型、宣传对象与生产方式

| 类型 | 宣传对象 | 生产方式 | 产量 |
| --- | --- | --- | --- |
| 及时性新闻 | 主办方及其展会/参展商/合作机构/与展会主题关联的行业 | 原创/改写/转载 | 数量多 |
| 新闻通稿 | 主办方及其展会/与展会主题关联的行业 | 原创 | 数量少 |

2.生产方法

一般而言,及时性新闻产量虽多但篇幅大多短小,而新闻通稿通常篇幅较大但产量较少。新闻通稿的写作难度高于及时性新闻。展会新闻的生产方式分为原创、改写和转载三种,但应以原创、改写为主。

3.生产流程

(1)确定生产时间与撰写人。

展览项目新闻生产的进度与自媒体的设置有关。按日或按周更新自媒体新闻,已成为展会宣传的常态。因此,新闻生产也就成为项目营销管理的日常性工作。在展览项目营销部门中,应明确专人承担新闻生产工作。即便是小微型展会,项目营销人员配置较少,也须有人负责。否则,展会的新闻宣传就不可能落实。

(2)策划选题。

在互联网时代,展会项目的官方网站、微信公众号、微博已成为主办方发布展会新闻的自媒体。换言之,展会主办方也是媒体主办方。因此,按媒体运作规律组织新闻生产就成为展览项目营销管理的方法。

选题策划是新闻生产管理的重要一环。其方法是,由展览项目营销部门定时(月会和周会)召开新闻选题会议,研讨下月或下周自媒体新闻的采编计划,包括需要提供给外媒体的新闻稿件,明确采编/撰写者。会议由营销部门负责人主持,部门成员参加,邀请销售、运营部门人员列席。项目经理须参加月会。会议须听取项目经理及销售、运营部门对于展会新闻选题的意见或建议。列入选题的新闻,在素材收集方面可以要求项目经理及销售、运营部门提供支持和帮助。

(3)审核内容。

媒体传播新闻,须严格遵守国家相关法律法规。凡用于主办方自媒体或提供外媒体

的新闻稿件,刊载或发送之前均须经过审核。审核展会新闻要树立法治观念,既要重视政治把关,也要注意坚守社会公德和商业道德的底线。主办方自媒体新闻多具"软文"色彩,因此要通过审核去除有欺诈之嫌的夸大宣传。

前述文案稿审核中应该注意的问题,审核新闻稿时同样不应忽视。

及时性新闻稿由项目营销部门负责人审核。新闻通稿要提交项目经理审核,必要时提请主办方负责人审核。

许多特大型展览项目所拥有的具有行业门户性质的自媒体,都设有主编(总编)职位。其负责新闻选题和新闻稿审查两方面的管理工作。

(4)编辑加工。

用于展览项目自媒体的新闻稿,须经编辑加工后才能登载。新闻稿的编辑加工,指根据自媒体新闻传播的要求,对新闻稿进行标题、正文、配图、排版等方面的整体编排工作,使之美化并适应阅读者习惯。在大型展览项目中,新闻稿的编辑加工往往由专人负责。而小微型展览项目则由文稿写作者一并完成。

(5)分发传播。

已完成编辑加工的新闻稿,按规定时间上传到展览项目自媒体。网站、微信公众号、微博也可以同时上传。

**案例 6-1　　展会新闻的推送方法**

### 推送展会新闻 小李是这样工作的

小李是美容美发展会项目的小编,负责项目自媒体新闻的美术编辑和推送。昨天,他为文字编辑小王提供的新闻稿《美妆新品绽放 展会亮点耀目》配图并做好编辑排版,还和小王商议后修改了新闻中的小标题。今天上班后,在10点钟之前,他先将此文在项目微信公众号"美容美发新视点"上发送。同时,将这条新闻转发至项目团队内部的微信群,通知销售人员向客户转发。接着,他将稿件标题改为"美妆新品亮相厦门美容美发展　新客商参展踊跃",然后在项目官方网站上编发(网站发稿与微信公众发稿的编辑方法不同)。下午,他将《美妆新品绽放 展会亮点耀目》一文在项目官方微博上发送。

第二天,小李查看项目微信公众号、官方网站和微博后台,得知这条新闻的点击(阅读)量分别为1256次、56次和2712次。微信公众号、微博留言(评论)共32条。在微信公众号26条留言中,他选择了24条作为精选发出。对于精选留言中参展参观事项的询问,他通过微信公众号后台一一作答;同时提醒销售组、营销组同事注意联系反馈。对于没有被精选的1条批评性留言,小李认为其所反映的信息很重要,遂在项目团队内部微信群中转发,以引起重视。之后,处理微博粉丝留言。这一天下午,小李将这条新闻在自己负责维护的6个客户微信群中转发。同时,督促营销组同事在其负责维护的客户微信群中转发。

第四天,小李和营销组同事将这条新闻在自己负责维护的客户微信群中再次转发。同时,分别转发在微信中建立朋友关系的客户个人。

第五天,小李再次查看项目微信公众号、官方网站和微博的后台,看到这条新闻的点击(阅读)量分别为 4011 次、98 次和 6712 次。微信、微博的转发分别为 52 次和 32 次。

 **说明与评点**

(1)这个案例虽是虚拟的,但介绍的展会新闻推送方法确是根据编者的从业经验归纳的。案例中的小李,是某市美容美发展会项目营销组的成员,负责项目自媒体新闻稿的美术编辑和推送工作。除对新闻稿进行美术编辑外,他的主要精力花在新闻推送上面。

(2)小李的工作并非凭借热情而为,而是主办方及项目管理对此有业务流程规范。点击(阅读)量与小李及其营销组的业绩考核相关。

(3)小李所在的展览项目,在新闻生产岗位上的营销人员不仅他一个人。因此,在展览项目团队中从事新闻生产的营销人员,须根据项目营销工作计划以及自媒体信息更新频次要求配置。从展会自媒体在营销中日益凸显的作用来看,在项目团队中增加新闻生产的人员配置是发展趋势。

### (三)图片生产

传播展览项目信息的图片,分为新闻图片和广告图片两种。新闻图片,指在展会新闻发生的现场拍摄的照片。其主要用于展览项目的新闻报道。广告图片,指用于展览项目广告宣传的图片。

在互联网社交媒体时代,展览项目的自媒体如网站、微信公众号、微博,均需要新闻图片和广告图片配合文字新闻的报道。而以图片为主、文字说明为辅的新闻报道,在自媒体中也不鲜见。

展览项目自媒体所采用的新闻图片,主要反映展会现场以及配套活动的情景,如开幕式、观众入场、嘉宾论坛演讲、展商与客户现场交流等场景。这些图片来源于自行拍摄、委托拍摄或外媒体拍摄。自行拍摄,指主办方及项目工作人员拍摄。这种拍摄往往使用手机,图片质量不高,但现场性强,反映及时。委托拍摄,指项目外聘摄影专业人士拍摄。这种拍摄采用高质量相机,图片质量较好。外媒体拍摄,指前来现场采访的外媒体人员拍摄,并用于外媒体新闻报道中的图片。

展览项目营销中使用的广告图片,或经由美工设计产生,或采用其他来源的图片。

(四)视频生产

作为展览项目新闻信息传播的视频作品,主要分为专题片和短视频两种类型。

视频作品以画面+配音/字幕的形式,在电子媒体上播放。除用于反映展会现场及其相关活动的情况外,也用于宣传新一届展会。

专题片播放时长一般为5—10分钟。制作高质量的专题片,需要事先拟订拍摄计划和配音脚本,后期制作需要技术支撑。因此多是委托专业机构生产。

短视频播放时长一般不超过1分钟。其素材多由项目成员使用手机拍摄。播放前需要进行剪辑、配音、配字幕等方面的制作。

作为传播展会新闻信息的短视频作品,聚焦于展览项目新近发生、且能引起受众关注的事件。其以手机为拍摄制作工具,以展会现场及其配套活动为场景,以公众人物或事件为主角,以年轻受众为传播对象,在展览项目营销中的应用日益普遍。"华夏家博会"是上海华墨展览服务公司主办的连锁性展览项目,2021年在全国63个城市共举办160多场。该项目配置专班常年制作短视频,在抖音、今日头条、微信平台播放。视频内容以报道参展商及其展品为主,用以吸引观众。

(五)广告生产

展览项目的广告生产,主要指项目通过自媒体或外媒体发布的宣传展会广告的制作。此类广告的设计要素包括文字、展会图徽(Logo)、背景图片等。文字内容涉及展会名称、主办方(承办方)、举办地点、时间、相关活动以及广告语等方面。如外包委托设计,展览项目营销部门要提供设计所需的文字稿和展会图徽,并提出设计意图。广告设计方案须符合发布媒体的条件。如发布于户外的灯杆广告,由于广告载体有限,其文字内容必须简明。

此外,登载于百度百科等网络词条检索工具的展会简介文字,发布于微信群、QQ群的电子海报,用于展会及配套活动现场的背景板、指示牌,发放给受众的传单(参观展会的入场券)等,均系展览项目营销部门广告生产的对象。

(六)知识产权管理

展览项目生产的用于公开传播的信息内容,须重视知识产权的管理。一方面,要保护自己原创作品的权益,主要是管理转载授权或处置侵权事件;另一方面,要避免项目自媒体转载其他媒体的新闻或利用网络图片可能产生的侵权问题。一般而言,越是知名的主办方或知名的展会转载新闻或利用图片,越容易引发侵权纠纷。

此外,展会的图徽(Logo)、名称字型等美工设计,也要注意知识产权管理事宜。

## 二、传播信息的媒体与媒介

展览项目传播的信息,分为新闻信息和广告信息两类。其中,传播新闻信息的是新闻媒体,传播广告信息的是广告媒介。新闻媒体通常也是广告媒介,如报纸、期刊、网站等。但广告媒介并非都是新闻媒体,如路牌、橱窗、传单等广告媒介就不是新闻媒体。

(一)常用媒体的分类

展览项目的常用媒体可分为自媒体和外媒体两类(见表6-6)。自媒体,指展览项目自行负责运营维护的媒体。外媒体,指主办方自媒体之外的社会媒体。

表6-6 展览项目新闻报道常用媒体分类

| 媒体分类 | 以文字报道为主的媒体 | 短视频报道的媒体 |
| --- | --- | --- |
| 自媒体 | 网站、微信公众号、微博、APP、头条号、会刊、会报等 | 抖音、快手、微信视频号自有账号等 |
| 外媒体 | 报纸、期刊、电视、电台、网站、头条等 | 抖音、快手、微信视频号等 |

依托互联网的媒体属于新媒体。纸质印刷的会刊、会报、报纸、期刊以及电视、电台,则属于传统媒体。

(二)传播文字性信息的自媒体

展览项目传播文字性新闻的自媒体,主要指依托于互联网、并由展览项目自行负责运营维护的新媒体。纸质印刷的会刊、会报等传统媒体,随着互联网发展以及环境保护趋势,采用者日益减少。因此,本书对于展览项目纸媒的维护方法不做专门介绍。

在国内,展览项目依托于互联网传播文字性新闻的自媒体,主要是网站、微信公众号和微博。其中,微信公众号、微博的社交属性鲜明。从信息传播的功能看,网站、微博属于发散性质,阅读者来源不易追踪;微信公众号属于圈层性质,阅读者来源易于追踪。在展览项目使用的其他自媒体中,App类似微信公众号,而头条号则类似微博。

对于展会营销而言,网站、微信公众号和微博三种自媒体各有功用(见表6-7):通过网站传播展会信息,便于需求者上网查询,而且具有"长尾效应";通过微信公众号传播展会信息,可以针对特定受众精准发送信息,能够及时了解受众反映;通过微博传播展会信息,能够借助事件或话题营销升温宣传热度,适于消费类展览的营销,对青年受众具有吸引力。因此,国内许多展览项目同时运维网站、微信公众号和微博三种自媒体,而且根据不同功用有区别地生产新闻。从使用情况看,专业展的营销偏重网站和微信公众号,消费类展览的营销偏重微博和微信公众号。此外,在网站基础上生成的微网站,是网站从PC端蜕变为移动端的形态,以便于手机阅读。

表6-7 展览项目自媒体功能比较

| 网络媒体 | 属性 | 功能 | 读者黏性/圈粉 |
| --- | --- | --- | --- |
| 网站 | 发散性 | 方便网上查询,具有长尾效应,阅读者不易追踪 | 弱 |
| 微博 | 发散性/适于社交 | 适合事件/话题营销,阅读者不易追踪 | 强 |
| 微信公众号 | 圈层性/适于社交 | 适合特定受众信息需求,阅读者易于追踪 | 强 |

(三)传播视频信息的自媒体

随着移动互联技术的进步,社交媒体上的短视频传播日益活跃,抖音、快手、微信视频号等发布平台应运而生。

目前,展览项目传播短视频,一般需要在抖音、微信视频号、快手、火山视频等平台上开设自用的专号。为吸引关注,展览主办方可开通相关平台的广告账户,付费购买流量。

平台按购买广告的展示次数对广告主的视频作品进行推广。展览主办方通过购买流量，可根据平台设定的标签了解观看者的性别、年龄、所在区域等信息，以利画像、追踪、吸引粉丝，以促使受众转化为客户。

(四)传播文字或图片信息的外媒体

传播展览项目文字或图片信息的外媒体，主要是与展会主题相关联的行业媒体或专业媒体，这些外媒体往往是展会主办方的合作伙伴。展会主办方与外媒体合作，双方可以互惠互利：一方面，展会主办方可以利用合作媒体提供的宣传版面，刊发展会的新闻报道或图片广告；另一方面，合作媒体可以利用展会主办方提供的展位，在展会现场向参展参会客商宣传自己。

 **案例 6-2    与展览项目合作外媒体**

2019 年第 17 届中国畜牧业博览会的合作媒体如表 6-8 所示。

表 6-8　2019 年第 17 届中国畜牧业博览会的合作媒体

| 媒体分类 | 媒体名称 |
| --- | --- |
| 电视 | 中国网络电视台《聚焦三农》《科技苑》栏目 |
| 期刊报纸 | 中国畜牧兽医报、中国动物检疫杂志、中国畜禽种业杂志、南方农村报、饲料与畜牧杂志、国外畜牧学猪与禽杂志、饲料工业杂志、养猪杂志、北方牧业杂志、农财宝典杂志、农村杂志、国际畜牧中国饲料添加剂杂志、兽药市场指南杂志、吉林畜牧兽医杂志、黑龙江畜牧兽医杂志、鲁牧导刊、赛尔兽药与养殖杂志、赛尔饲料工业杂志、赛尔养猪市场杂志 |
| 网站 | 中国农业新闻网、中国畜牧业信息网、中国饲料行业信息网、中国养猪网、畜牧人、猪e网、养鸡网、牧通人才网、赛尔畜牧网、畜牧大集网、新牧网、火爆畜牧招商网 |

 **说明与评点**

(1)中国畜牧业博览会由中国畜牧业协会主办，属于B2B性质的专业展。每年在不同城市巡回举办，展览面积超过10万平方米。

(2)该博览会长期与业内专业媒体保持合作关系。这些合作媒体涵盖电视、期刊杂志和网站三种业态。

(3)与该博览会合作的媒体，既有农业、畜牧业方面的行业综合媒体，也有饲料、兽医、养猪、养鸡、畜牧业人才信息等方面的专业媒体。这些媒体与博览会的受众基本相同。

### (五)传播广告的媒体与媒介

传播广告信息的媒介,又称为传播渠道,如报纸、杂志、电视、广播、霓虹灯、橱窗、路牌、网络媒体等。

展览项目利用媒体及媒介发布广告包括两方面业务,一方面是发布宣传自己的广告,另一方面是对外承接发布客户的广告。展览项目发布广告的常用媒体与媒介如表6-9所示。

表6-9 展览项目发布广告的常用媒体与媒介

| 媒体 | 媒介 |
| --- | --- |
| 自媒体:网站、微信公众号、微博、会刊、传单等 | 展会现场背景板、参观证卡、吊旗、地贴、气球、拱门等 |
| 外媒体:报纸、期刊、电台、网站、头条、抖音等 | 百度竞价排名、网络百科、路牌、公交车体等 |

展览项目承接客户的广告,一般集中于展会举办期间对外发布,主要通过展会现场的背景板、参观证卡、吊旗、地贴、气球、拱门等媒介发布。展览项目为客户发布广告,其中包括为吸引大客户参展而提供的增值服务,或因客户赞助展会而提供的宣传服务。

## 三、媒体与媒介的维护

维护展览项目的媒体与媒介的维护,指展览项目营销部门对于传播信息的媒体与媒介所实施的运营管理以及公共关系维系工作。因与展览项目传播信息相关联的媒体及媒介甚多,且传播信息的功能不尽相同,故而维护方法各有不同。展览项目媒体与媒介维护工作状态的比较如表6-10所示。

表6-10 展览项目媒体与媒介维护工作状态的比较

| 传播功能分类 | 维护工作状态 |
| --- | --- |
| 传播文字新闻的自媒体 | 按营销工作计划进行日常维护,一般按日或按周更新信息 |
| 传播视频新闻的自媒体 | 按营销工作计划进行日常维护,一天内可更新多次 |
| 传播广告的外媒体与媒介 | 根据合作协议的约定进行维护 |

### (一)自媒体维护运营

展览项目依托于互联网的自媒体,是维护工作的重点,一般占据营销部门媒体维护工作的主要时间。其维护方法如下:

1. 设置与更新

展览项目依托于互联网的自媒体,主要是网站、微信公众号、微博。新项目须在启动营销和销售业务之前设置自媒体。已设置自媒体的老项目,应根据发展需要及时对自媒体的设计进行改版。

在网站、微信公众号、微博中,网站的设置一般需要委托专业公司制作,而微信公众号、微博的设置可由展览项目团队自行完成。设置微博无需制作界面和设计栏目,但设置网站、微信公众号需要制作界面和设计栏目。展览项目自媒体常设栏目比较如表 6-11 所示。

表 **6-11** 展览项目自媒体常设栏目比较

| 自媒体名称 | 常设栏目 | 说明 |
|---|---|---|
| 网站 | 首页、资讯、参展、参观、服务、往届回顾、联系我们等 | 一级栏目可设计多个 |
| 微信公众号 | 展会信息、客户邀请、服务等 | 一级栏目一般为三个 |

展览项目的网站、微信公众号的一级栏目下可以设置二级栏目。如网站，一级栏目为"邀请参展"，其二级栏目可分为"参展邀请函""展馆介绍""报名参展指引"三个。如微信公众号，一级栏目为"展会信息"，其二级栏目可分为"新闻报道""合作伙伴""往届回顾"三个。网站栏目设置较多，信息内容全面，便于不同需求的客户上网查询。而微信公众号适合及时传播信息，便于展览项目"圈粉""引流"（"圈粉"，指利用互联网媒体或媒介传播信息，吸引受众并使其成为密切关注者，即成为"粉丝"；"引流"，指通过互联网媒体或媒介传播信息，促使线上的密切关注者转化为线下的客户）。

在创立或更新网站（改版）时，上线同步制作的微网站，是当下展览项目的普遍做法。不少展览项目放弃网站作为自媒体，实乃对其功能认识不足。网站对于展览项目营销的作用非微信公众号或微博可以替代的。

2. 日常维护

一要配置专人维护。大中型项目可以设置网络编辑岗位，专司自媒体尤其是网站维护。小微型项目则可将文字编辑、美术编辑和网络编辑岗位合为一体，从新闻稿写作到美工制作再到网络发稿皆由一人完成。

二要确定考核制度。一般要求按日或按周更新信息。考核指标要量化，如每周更新信息的篇数、阅读数、转发次数、差错率控制等。

三要建立反馈机制。对于读者在留言中提出的问题或意见，要及时认真回复，包括必要时修改文稿、更换图片，甚至作删帖处理。

四要处理安全故障。对于黑客入侵、打开速度缓慢、后台文稿编辑故障等问题，要及时处理，切实保障自媒体安全运行。

五要按法规办理自媒体运营登记、年检手续。

（二）外媒体及媒介维护

展览项目利用外媒体传播信息，主要是发布新闻或广告。其维护方法包括选择适用的外媒体与媒介，以及做好日常维护等工作。

1. 选择适用的外媒体及媒介

展览项目选择传播信息的外媒体，须综合考虑展会辐射范围、观众构成、媒体影响力、投入成本等因素。不同类型的项目选择外媒体和媒介的规律，大体如下。不同类型的展览项目对于外媒体及媒介的选择如表 6-12 所示。

政府展览惯于选择知名官方公众媒体，包括新华社、人民日报、中央电视台以及地方党报、电视台等。为营造展会开幕声势,常选择户外路牌作为广告媒介。

消费类展览适于选择地方性媒体及媒介。其中,受众为老年群体的展会,较多选择电台、公交车体、路牌、传单(入场券)等媒体及媒介。

专业类展览普遍选择与展会主题关联的专业媒体。国际性展会为吸引境外客户,常选择国际知名专业媒体。

新展览选择媒体及媒介的数量通常会多于老展览。

表 6-12  不同类型的展览项目对于外媒体及媒介的选择

| 项目类型 | 媒体选择 | 媒介选择 |
| --- | --- | --- |
| 政府展览 | 官方公众媒体 | 户外广告、网络百科、路牌等 |
| 消费类展览 | 地方性公众媒体、电台 | 公交车体、传单等 |
| 专业类展览 | 与展会主题关联的专业媒体 | 网络排名、网络百科等 |
| 新展览 | 多样化选择 | 多样化选择 |

展览项目选择外媒体及媒介传播信息,必须考虑资金或资源投入规模和投入产出效果两个方面。为优化"费效比"(指投资回报率,英文简称 ROI,用于衡量营销活动的效果),商业性主办方一般会精打细算,以相对小的投入争取较高的回报。例如,国内许多知名专业类展览采取资源互换的方法与专业媒体合作,既可以减少资金投入的数量,又可以减少展会现场展位的空置,丰富参观内容。又如,国内一些区域性专业类展览(如建材展)经常在域内各地建材专业市场悬挂标语并散发传单,以吸引目标客商的关注。这种媒介的投入不会很大。再如,消费类展览根据展会受众的特点选择当地媒体或媒介做宣传,有的选择开车人士习惯收听的电台广告,有的选择公共交通广告(包括车内广播、招贴、车体广告),有的选择在纸媒或网媒上刊登"软文",有的选择在地铁口、超市出口散发传单,有的选择办公楼、住宅楼的电梯广告。上海万耀企龙展览有限公司"亚洲宠物展"选择淘宝宠物频道发布广告,投入成本不但较前大幅减少,而且显著提升了"引流"效果。

2. 日常维护

展览项目利用外媒体传播信息,其维护工作的措施包括制订计划、订立协议、明确专人负责三方面内容。

一是制定计划。要根据展览项目的定位选择适合的外媒体及媒介。外媒体及媒介传播信息的效果须经市场调研评估。确定选用的外媒体及媒介要列入展览项目营销工作计划,并与项目财务预算计划中的投入安排相对应。

二是订立协议。展览项目须与合作的外媒体即媒介订立协议,以约定合作方式、双方权责以及广告费支付方式。

三是明确专人负责。其职责包括:根据合作协议,维护合作关系;落实信息传播事项,如按协议约定发送新闻稿、提供广告文案、跟踪核查广告刊发/播发落实情况、组织人员开展"地推"工作(散发传单,悬挂广告标语)等。

## 第三节　观众邀约

观众邀约,指展览项目通过邀请,预约观众参观展会的业务工作。

展会的观众分为专业观众和普通观众两类。专业观众,指参观专业展会(B2B 性质)的受众,如参观机械装备工业展会的机械装备研发、制造、销售代理等方面的专业人士。普通观众,指参观消费类展会(B2C 性质)的受众,如参观年货展会的民众。在展览业内,有将专业观众称为专业买家或参观商的。本书认为,专业买家指专业观众中具有采购决策权或意愿的人士。因不是所有的专业观众都具有采购决策权或意愿,故而专业买家并不等同于专业观众。而许多非商业人士是展会常客,如行业研究者、高校教师或媒体记者,这些人不宜称为参观商。

### 一、邀约观众的作用

客商参展就是为了见到用户,并通过展会与其面对面交流。对于经贸展会而言,参展客商的用户是观众的主要构成。没有观众或少有观众的展会,或者虽有观众但缺乏用户观众的展会,要么是展览项目的主题背离市场需求,观众不感兴趣;要么是展览项目缺乏营销能力,难以吸引观众。因此,对于邀约观众的工作重要性,许多国际知名展览公司的"金句"是:"第一是观众,第二是观众,第三还是观众"。

邀约观众对于展览项目持续健康发展的重要性,可以从三方面解读。

首先,观众是决定展览项目在市场上成败的关键因素。试想,一个展会开幕了,却观众稀少、门可罗雀,参展客商必将对此严重不满,甚至认为上当受骗,自然不会再次参展。这些客商还会传播信息,形成不利于展会主办方的社会舆论(口碑效应)。如此一来,因为销售困难,项目发展随之陷入困境。故而许多少有观众的项目创办不到三届就停办了(一些政府展览项目缺乏观众仍能长期举办的原因,是其依靠财政资金补贴作为支撑,如果转型为自负盈亏的市场化经营,这样的项目就做不下去了)。因此,没有或失去观众的展会,可以看成是被市场淘汰的项目。而拥有观众并能不断扩容的展会,就是适应市场、占有市场并赢得市场的项目。此外,展会主题不符合市场需求(包括相关行业或相关主题不合适办展),或主办方操作不当,也会造成缺乏观众的结果。

其次,邀约观众到场参观是主办方经营价值的体现。观众参观展会,需要前往举办展会的场所。人们无需事先提示而主动前往展会参观的情况,实为鲜见。展览项目经营活动的实践证明,为吸引观众参观,主办方必须投入大量精力开展邀约工作。对于负责任的主办方而言,邀约观众的重要性不亚于招揽参展客商,甚至更加重要。这些主办方深知,让"衣食父母"即参展客商满意的关键,是具有相应质量与数量的观众来到展会现场参观

（因为，作为用户的观众，恰是参展客商的"衣食父母"）。参展客商如果对此不满意，主办方所提供的展会——这一服务产品的价值必将受到质疑，甚至存在失去客商、丢掉市场的危险。在展览项目经营成本中，邀约观众是主要开支之一。主办方的投入水平与邀约效果一般成正相关关系。

第三，邀约观众是展览项目营销工作的基础性业务。邀约观众工作涉及展会的服务对象定位、信息收集、约请联系、保持黏性直至现场接待等多个环节，业务的系统性强，技术要求高，是营销管理的重要领域。随着市场变化及项目调整，邀约观众工作必须与时俱进、持续升级，不可能一成不变、一劳永逸。因此，只有不断加强邀约观众工作的业务建设，努力提升专业化水平和保持先进性，才能使展会价值保值增值，从而增强展会在市场上的影响力和竞争力。

## 二、观众的定位分析

观众的定位分析，指通过分析观众与展会主题及其参展客商的相互关系，以确定展会观众的来源、构成及其信息收集的方法。

（一）分析工作

观众的定位分析一般从构成、来源和数量三个维度展开。

1. 构成分析

当今展会多种多样，观众由不同类别的人群组成。对于参观人群进行分类，就是从参展客商的需求出发，将其希望通过展会见到的观众（用户）梳理出来，并进行分析。这种分析就是展会观众的构成分析。一般而言，分类越细越有利于观众邀约。

2. 来源分析

在观众分类的基础上，再分析来源。其包含两个方面：一是观众来自何处，二是观众来源地所涉及的范围。观众来源的范围，指观众所在的区域，如国际（境内外）、国内、省内（外）、市内（外）等。

以乘用车展会为例，此类展会在国内基本是消费类展览，观众主要是爱车或购车的普通消费者。目前的情况是，展览面积超过10万平方米、隔年分别在北京、上海举办的国际车展，观众来自全国，但北京、上海以外的观众不会超过观众总数的10%，其中境外观众极少；各地的车展则主要是本地观众，如武汉每年的车展有十多个，其中展览面积最大的武汉国际车展（10万平方米左右），以武汉当地观众为主，省内其他地方的观众不会超过总数的15%，一般不会有境外观众。

以机械工业装备展会为例，如果是全国性展会，其观众来源范围会遍及国内各个省（区、市），但以机械工业集中地如上海、辽宁、广东、浙江、江苏、山东、湖北、湖南、四川、重庆、陕西的观众居多。如果是地方性展会（如在重庆举办），其观众除主要来自本地外，还可能来自四川、陕西或湖北。

3. 数量分析

分析观众数量，指在明确观众构成和来源的前提下，对于潜在观众总量的预测。一般而言,潜在观众总量越大,前往展会现场参观的人数就会越多。如重庆机床工业展会的潜在专业观众总量预测为15万人,其汇集于展览项目数据库的专业观众信息为7万条(人),前往展会现场参观的专业观众预测为1.5万至2万人。

 **案例 6-3    展览项目观众构成分类**

机械工业装备展览会参展商/专业观众分类如表6-13所示。

表6-13  机械工业装备展览会参展商/专业观众分类

| 参展客商分类 | 专业观众分类 |
| --- | --- |
| 机床制造商/代理商 | 机械产品制造商 |
| 机床附件制造商/代理商 | 机床附件制造商 |
| 机械加工机器人制造商/代理商 | 机床产品代理商 |
| 机械工业自动化设施制造商/代理商 | 机械工业研发机构 |
| 机械工业技术开发机构 | 其他 |
| 机械工业媒体 | |

 **说明与评点**

(1)机械工业装备展会属于专业展(B2B),参观者是专业观众。此表的左边是参展客商的分类,右边是专业观众的分类。

(2)机械工业装备展会的展品是通用机械产品及技术,机床是其中的主要展品。机床是用来制造其他机械产品的机器,被称为机械产品的工作母机和工具机。因此,专业观众主要来自机械产品的制造商,参展客商与专业观众是供求关系。如汽车零部件制造商是数控机床的重要需求方,在展出数控机床产品较多的展会,往往将汽车零部件制造商作为专业观众邀约的重点对象。

(3)收集机械工业装备展会专业观众的信息,须在观众分类的基础上,逐一核实观众姓名、所在单位(公司)及其职务,如某汽车零部件制造公司的总经理、副总经理、总工程师、设备部经理、技术员等。如此,才能有目标的展开"一对一"的邀约。

(4)在机械工业装备展会的专业观众中,具有采购意愿的买家主要是机械设备制造商。此类观众即为买家,是观众邀约的重点。从表6-13中分类可知,观众与参展客商互有交叉。如机床附件制造商既可以是参展商,也可以是观众。

(5) 机械工业装备展会的其他专业观众,包括政府工业主管部门、机械行业协会、学会、高校机械专业以及机械工业媒体等方面人员。

(6) 从案例可知,展会对于参展客商与观众的分类,应符合相关行业的分类习惯。

(7) 该项目在分析观众构成后,就可以进行观众来源和数量分析了。

(二)工作步骤

展览项目观众的定位分析工作具有阶段性和动态性,一般分为三个阶段。

展览项目立项之前的调研分析,是第一阶段。凡不能明确观众定位的展览项目,主办方不应将其提上立项决策议程。凡经决策立项的展览项目,其组织方案或工作计划中应对该项目的观众数量做出预测。这一指标的测算来自观众的定位分析。

展览新项目启动后的深入分析,是第二阶段。此时的分析已与邀约观众的实际工作相结合,成为收集观众信息、明晰邀约途径的指引。此阶段邀约工作的进展情况,可以验证展览项目立项之前的调研结论是否正确。

展览项目发展过程中的持续分析,是第三阶段。一方面是,由于展会规模扩大,拓展观众来源和增加观众数量的需求促使进一步分析;另一方面是,随着项目主题扩充(扩大展览范围),新的参展客商需要与此对应的新的观众群体,促使新的观众定位分析。如长期在广东东莞举办机械工业设备展会的香港讯通展览公司,为适应粤港澳大湾区发展需要,2019 年将展会移址深圳举办,展会更名为大湾区工业博览会。展览范围在已有的金属加工、机器人与自动化、铸造、塑胶及包装、3D 打印、五金等主题之外,新增汽车零部件、物流设备和工业互联网三个主题,展览面积扩大至 30 万平方米。新增展会主题(展览范围)的观众既包括老观众,同时需要邀约新观众。而邀约新观众之前,讯通公司须做定位分析。

## 三、观众信息的收集

收集展览项目的观众信息,旨在为邀约工作提供依据。根据观众定位分析,精确到人的观众信息,并达到预期数量,是衡量展览项目信息收集工作水平的标志。

(一)问题导向与数据概念

1.四个问题的导向

以展览项目观众的定位分析为基础,可用"他是谁""他在哪""怎样联系他"和"他需要(关心)什么"四个问题,导引信息收集工作的思路。

"他是谁"——要求确定观众的姓名及身份。比如机械工业装备展会的专业观众,最受参展客商欢迎的是采购商即专业买家。这些采购商就是一个个具体的人。在采购商中，机械设备制造企业中具有采购决策权和建议权的人，主要是企业中从事经营、技术或采购工作的高中层管理者，包括董事长、总经理、总工程师、设备管理部门负责人等。因此，从观众的身份（职业、职务）入手弄清楚"他是谁"（姓名），是展览项目收集观众信息工作从抽象的群体具体到每一个人的落脚点。

"他在哪"——要求确定观众的所在地、所在单位，以便获取观众的联系方式。

"怎样联系他"——要求确定联系观众的方法。

"他需要（关心）什么"——要求在解决以上三个问题的基础上，通过"一对一"的沟通，了解观众参观展会的意愿、兴趣和关注点。

以上四个问题相互关联，层层递进。前两个问题用于导引信息数据构成的思路，第三个问题用于导引邀约途径的思路，第四个问题用于导引迎合观众诉求的思路。

专业类展展览（B2B）收集的观众信息必须精准到具体人。消费类展览（B2C）收集的观众信息是否需要具体到人，应根据项目观众的构成与参展客商的需求而定。以中老年观众为主、现场售卖食品、快销日用品的展会，一般不需要收集观众信息。而观众中的特殊性消费群体，或是观众中指标性群体的意见领袖人士，则需要精准到人地收集此类观众的信息，业内将这些观众称为"大C"。比如汽车展观众中具有购车意向的群体，电子游戏展观众中具有市场影响力的社团及玩家，旅游展观众中具有影响力的旅行家或评论者。对于B2B2C性质的展会（如宠物展、乐器展）中的专业观众，收集信息同样需要精准到人。

2.数据是信息载体

在互联网及大数据时代，以数据概念理解观众信息，对于主办方及展览项目团队提升认知、深化营销、扩展业务具有重要意义。

何为数据？数据就是数值，即人们通过观察、实验或计算得出的结果。数字是最为直观的数据。数据是信息的表现形式和载体，除数字外，还可以是符号、文字、语音、图像、视频等。数据可通过计算机为算法提供依据，可广泛用于科学研究、设计创意、轨迹查证等方面。数据本身并无意义，但当其影响实体行为时就成了信息。换言之，没有数据支撑的信息及不能对实体行为产生作用的信息，可以认作缺乏价值或价值不高的信息。

展览项目精准到人的观众信息，由姓名、职务、所在单位及地址、联系方式等数据（要素）构成。其既可用于主办方邀约展会的观众，也可用于主办方发展其他业务，如线上媒体的广告销售。广州光亚法兰克福展览有限公司是广州国际照明展览会的主办方，其创办的"阿拉丁"网就依托了自身掌握的参展商和专业观众信息。

(二)信息收集方法

展览项目观众信息来源宽泛，收集方法虽不具一格，但应务实有效。根据观众定位分析，框定信息来源，而后开展收集工作，并核实相关数据达至精准到人，是展览项目观众信息收集工作的基本方法。

1.信息分类与收集途径

展览项目的观众信息可分为原始信息和精准信息两类（见表6-14）。

表 6-14　展览项目观众信息收集及数据质量分类

| 类别 | 信息来源 | 数据状况 | 收集方法 | 使用效果 |
| --- | --- | --- | --- | --- |
| 原始信息 | 公开,易于获得 | 主要数据不完整、粗略 | 简单 | 较差 |
| 精准信息 | 不公开,不易获得 | 主要数据翔实、准确 | 复杂 | 较好 |

原始信息,指数据不完整的信息,如只有观众所在的单位名称、办公室电话。这种信息难以用于展会观众"一对一"的邀约。

精准信息,指数据完整、真实、准确的信息,一般包括观众姓名、所在的单位名称、职务、个人联系方式(手机、微信、QQ)四个要素,可以用于展会观众"一对一"的邀约。

原始信息和精准信息的来源并不相同。原始信息可以通过公开的媒介查询。2005 年之前常用的公开媒介主要是纸质印制的黄页(电话号码簿),包括邮政、电信、工商黄页以及行业协会汇编的企业(会员)名录等。其后演变为电子黄页。比如,可以通过"企查查""天眼查"网站搜寻目标观众所在的公司名称、联系电话、法人代表姓名及其相关工商登记的基本情况,但仍无法据此精准地邀约某个具体的目标观众参观展会。精准信息来源于细分途径。不同途径获取信息的方式各有不同(见表 6-15)。

表 6-15　展览项目观众精准信息的收集途径与方式

| 序号 | 途径 | 方式 | 获取数据效果 |
| --- | --- | --- | --- |
| 1 | 通过社团获取会员信息 | 主办方与社团联合办展或举办配套活动 | 数量多,可扩邀 |
| 2 | 通过会议获取与会者信息 | 参加会议接触与会者,或为会议提供赞助 | 数量多,质量高 |
| 3 | 通过外媒体获取读者信息 | 主办方与外媒体联合办展或举办配套活动 | 数量多,可扩邀 |
| 4 | 通过电商平台获取用户信息 | 主办方与电商平台合作 | 数量多,质量高 |
| 5 | 通过参展商获取用户信息 | 动员参展商邀约用户参观展会 | 数量多,质量高 |
| 6 | 通过拜访获取受访者信息 | 扫楼、扫街、扫专业市场、扫园区 | 数量多,质量高 |
| 7 | 通过电话获取受访者信息 | 根据原始信息进行电话访问 | 成功率偏低 |
| 8 | 通过展会现场获取观众信息 | 观众入场登记 | 数量多,质量高 |
| 9 | 通过自媒体获取读者信息 | 圈粉、引流、追踪 | 数量多,质量高 |
| 10 | 其他 | 因信息拥有者的需求而定 | |

表 6-15 中所列十种收集观众精准信息的途径及其获取方式,为展览项目所常用,而且是混合使用。展览项目之所以需要从不同途径获取观众的精准信息,是因为展览项目的展览主题以及观众构成各不相同,也因不同途径所提供的数据各有侧重。正因如此,不同途径获取观众信息的数量与质量不尽相同。

2.信息收集工作措施

一是,明确数据标签,用以完整、翔实地收集观众信息。除观众姓名、所在单位名称、职务和个人联系方式四个基本要素之外,还可添加性别、年龄、所在单位地址、业务范围、主要产品、过往参展/参观情况,以及主办方认为需要了解的数据等标签。包含以上数据的信息,在用于"一对一"邀约参观的同时,还可用作观众"画像",以便有针对性地开展营销,加深联系,或用于主办方的其他经营活动。

二是,收集原始信息与精准信息的工作相互结合,用以扩大观众信息总量。原始信息反映展会潜在观众的状况,是加工精准信息的基础。展览新项目一般应从收集原始信息入手,并在原始信息的基础上过渡到精准信息的提炼。展览老项目应经常汇集新的原始信息,或用作发掘新观众的精准信息,或为展会主题扩张而增加新的观众群体。

三是,选择精准信息的收集途径及方式,用以增加精准信息的数量。展会观众的邀约工作依托于精准信息,而非原始信息。一般规律是,5条精准信息可能邀约到1.5个观众到展会现场参观。因此,精准信息数量越大,接受邀约到展会现场参观的观众可能越多。选择收集精准信息的途径应考虑"费效比",以求达到获取数据多、质量高和成本低的综合效果。

四是,利用电话呼叫中心,用以提升收集精准信息的工作效率,并同时开展电话邀约参观工作。电话呼叫中心(英文为Call Center),也称客户服务中心,指在办公场所集中服务人员(从事电话呼叫业务的人员,称之为"坐席"),利用电话与客户沟通,批量处理信息的组织。展会主办方通过电话呼叫中心与沟通客户、处理信息,多用于核实观众信息并邀约观众,也有用于客户销售的。主办方采用电话呼叫中心处理信息,分为自建经营和委托经营两种情况。自建电话呼叫中心的主办方,主要是拥有大型专业展项目且观众信息量巨大的展览公司(展览面积达10万平方米以上的特大型项目,专业观众信息数量往往多达数十万条)。委托经营即主办方将电话呼叫业务外包。接受委托的机构,一般为从事会展信息服务的企业,如北京昆仑亿发科技股份有限公司、上海同高信息技术有限公司、上海汇展信息科技有限公司。这些公司长期从事展会现场观众登记服务,并通过自有的电话呼叫中心承接展会主办方委托的观众信息核实及扩大邀约(简称为扩邀)业务。

五是,建立观众信息数据库,用于邀约观众及其数据分析工作。数据库,指用于电子化文件存储的处所(可理解为"仓库"或"文件柜")。数据库除存储信息数据外,用户可对其中的信息数据进行查询、新增、更新或删除等处理工作。数据库可保存于计算机硬盘、U盘或云平台。展览项目观众信息数据库,指存储观众信息数据的电子文件。该文件为电子表格形式,多采用Excel格式。输入表中的观众信息一般按姓名、工作单位、职务、联系地址、联系方式等数据标签排列。

3.信息整理

从观众的原始信息到精准信息,其整理过程一般需要经过9个环节(见图6-1)。

展览项目观众信息的整理过程是往复循环的过程。一般是每届展会完成现场登记环节后,这一过程就进入新一轮的循环阶段。展览项目观众信息整理过程各环节的概念及其工作解释如下。

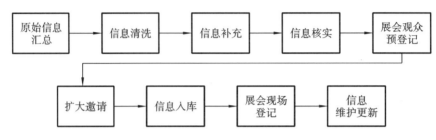

图 6-1　展览项目观众信息的整理环节

原始信息汇总,指收集得到所有原始信息,包括主要数据不完整的信息,以及没有经过整理的信息。

信息清洗,指将汇集的原始信息录入电子表格后,剔除错误信息(如判定为不是目标观众对象)和重复信息(同一个人有多条信息,称之为"查重")。

信息补充,指将原始信息中缺乏的主要数据补充完整,如原始信息中没有观众的个人联系方式,就需要补充。

信息核实,指核对原始信息中数据的真实性,如观众的所在工作单位及职务是否确实,个人联系方式是否有误。此外,在信息收集过程中获得的相对准确的信息资料,如观众名片,在该信息录入数据库时仍然需要核实相关数据,以防有误。

展前观众预登记,指观众通过展览项目的自媒体在线扫描预先填表登记,接受主办方邀请参观展会的预约。

扩大邀请,指利用已核实的观众信息,通过目标观众本人获得其他目标观众的信息。例如,已核实信息的某位观众因故不能前来参观机械工业装备展会,电话呼叫中心工作人员可以商请该观众推荐其同事或业内好友前来参观,并提供被推荐者的相应信息资料。电话呼叫中心工作人员据此邀约成功,即为扩大邀请。

信息入库,指将核实的观众信息上传并存储于观众信息数据库。

信息维护更新,指新一轮的观众信息整理过程,包括清洗、补充、核实、扩邀和入库等环节。

在以上环节中,信息的补充、核实和扩邀,主要是联系观众本人,通过沟通征询获得反馈。

## 四、邀约观众的方法

展览项目的观众定位分析和信息收集,旨在服务观众邀约工作。展会参观的效果可以检验邀约工作乃至观众定位分析和信息收集工作的水平和质量。

(一)邀约途径

展览项目邀约观众参观的途径很多,各种途径的邀约方式与内容各有不同(见表6-16)。

表 6-16 展览项目观众邀约途径

| 序号 | 邀约途径 | 邀约方式与内容 |
| --- | --- | --- |
| 1 | 邮寄信函 | 纸质邀请函、入场券、展会配套活动预告 |
| 2 | 发送电子邮件 | 电子邀请函、展会配套活动预告、入场登记码 |
| 3 | 自媒体预约登记 | 观众填写资料,主办方发送电子邀请函 |
| 4 | 派员"地推" | 散发入场券、登门送纸质邀请函、在受众密集场所悬挂标语、派车接送 |
| 5 | 电话预约 | 通过电话呼叫中心联系沟通 |
| 6 | 网上社群预约 | 通过微信群、QQ群发布展会信息 |
| 7 | 发送手机短信 | 提醒参观展会 |
| 8 | 展会活动引流 | 配套活动吸引关注,带动参观 |
| 9 | 媒体广告推广 | 外媒体及媒介广告吸引关注,带动参观 |
| 10 | 印发通知 | 政府、民间社团发文,通知参观 |
| 11 | 其他 | |

以上所列均为展览项目邀约观众的常用途径。其中,1—9种途径"操之在我",即可由主办方自行选择利用。而政府、社团(协会、学会)发文通知参观属于"操之于人",即由发文机构决定。比如民间社团系展览项目合作单位,展览公司需要其发文通知参观,就应在合作协议中约定。

专业类展览(B2B)与消费类展览(B2C)选择邀约观众的途径有所不同。依托于观众信息数据库开展邀约的专业类展览,为追求精准邀约效果,越来越重视直达观众个人的邀约途径,如电话、电子邮件、信函、登门拜访、网络社群等。其中,网络邀约逐渐成为主流,邮寄信函偏重快递。消费类展览则多利用外媒体及媒介发布广告。其中,中老年观众参观的展会,在超市、地铁站口、街头散发入场券较为有效。

表6-16的邀约途径中所列"地推",系地面推广的简称,指推广人员沿街或进入商铺、楼宇、园区开展商品宣传。采用"地推"方式邀约观众的展会以消费类展览居多。而采用这一方式的专业类展览,一般为地方性展会(观众来源于本省或本市),观众中的买家多为小微型经营者。推广人员通过上门访询,以达成收集信息和邀请参观的双重目的。

(二)邀约内容

提请关注、增进兴趣,是展览项目设计邀约观众内容的基本原则。除告知展会举办时间、地点外,还应包括宣介展会特色、展会日程、服务措施三方面内容。

宣介展会特色,一般指举办历史、本届规模、知名展商、重点展区等方面的情况。

宣介展会日程,重点介绍同期配套举办的各类活动。其中包括根据观众的诉求,有针对性地推荐相关活动,以及告知与观众需求相对应的展商或展品。

宣介服务措施,如前往展馆的交通线路、观众驾车到馆的停车指引、便捷入馆参观的方式等。

以上内容,如通过户外广告、电子图片广告以及"地推"散发入场券等途径宣介,只能是展会举办时间、地点以及高度浓缩的展会特点介绍,如"华东超大规模的建材展、云集3000家展商"。而展会日程安排、新增展区、方便参观的服务措施等详细内容,则需要通过文本宣介。此类文本只能通过信函、电子邮件、微信、QQ等途径发送。

(三)邀约工作措施

工作措施反映工作深度和业务技巧。制定展览项目观众邀约的工作措施可用以下"七个结合"作为思路。

一是,将观众定位分析、信息收集和邀约参观三方面工作相互结合。此三方面工作具有系统性、关联性和互促性,应统筹计划,分阶段实施并贯通协同。展会参观效果是检验此三方面工作得失的"结果导向"。

二是,将邀约参观与观众信息收集、整理工作互相结合。在核实观众信息数据的同时进行参观邀约,自然而为,有礼有效。电话呼叫中心"一对一"核实观众信息数据时,邀约参观要有完整的话术脚本,其中要包括回答观众有关参观事宜询问的内容。

三是,将邀约参观与展会新闻宣传工作相互结合。不断报道展会进展情况的新闻宣传可以持续吸引受众,并可累积受众参观展会的兴趣。而能够发挥这种作用的媒体,主要是具有社交属性的自媒体。

四是,将多种途径的邀约工作相互结合。不同的观众群体需要通过不同的途径进行邀约,如青年观众适宜通过社交媒体邀约,老年观众习惯于纸质入场券,学习型观众希望参加配套举办的技术交流会。

五是,将普泛邀约和重点邀约工作相互结合。根据参展客商的需求定向邀约观众,或为重要合作伙伴如行业协会邀约特定观众,既是主办方对客户的增值服务,又可以密切合作关系,同时起到增加参观人数、获取观众信息数据的作用(此类邀约的信息往往由需求者提供)。

六是,将邀约参观与改善参观体验工作相互结合。将展会现场服务的改进或升级措施告知观众,如增设老观众快捷入场通道、提供无线网络服务、免费停车、设置手机充电处、洽谈区(咖啡茶饮区)等,对于增加参观预期颇有助益。派大巴赴观众集中地免费接送观众(如长沙建材展派车赴邻近城市建材市场接送商户参观),或为外地观众免费提供住宿(国内汽车后市场用品展会大都如此),则是国内许多展会吸引参观、把控观众质量的通行做法。

七是,将邀约工作的经验总结与方法创新相互结合。随着时代变迁和技术升级,展会观众邀约的方式方法须与时俱进,如信函邮寄纸质资料基本为网络发送电子资料所代替,圈层性社交媒体的信息触达率和费效比远胜于发散性广告。通过电话或微信、QQ与观众的"一对一"沟通效果明显优于其他方式。然则电话呼叫中心的号码易被电信管理部门视为骚扰电话而招致标记或拉入黑名单,这是电话邀约方式受到制约而必须创新的一个课题。

(四)邀约工作管理

1.确立业务流程,制订工作计划

邀约观众的业务流程与信息整理过程密切关联。邀约观众必须依托观众信息数据库而展开,而数据库的建立需要经过信息收集、清洗、补充、核实、扩邀和入库等业务流程。要在确立业务流程的基础上编制邀约观众的工作计划。该计划要明确邀约途径、操作措施、考核指标和成本预算。其中,不同途径的邀约工作进度要有时间安排。

2.确定业务团队与考核指标,落实工作计划

在展览项目营销部门中,要有专人负责观众邀约工作。专业展项目须配备专司邀约工作的业务团队。该团队的业绩考核包括观众信息数据库的信息数量(指经过整理的观众信息)、展会现场登记观众数量、特定邀约观众数量等指标。项目经理及营销部门负责人要督促指导邀约工作按计划落实。

3.分阶段推进,把握工作节奏

观众邀约工作贯穿于展览项目经营管理的全过程。在这一过程中,观众邀约工作具有自身的时段性,且每个时段各有工作重点。展览项目观众邀约工作的时段、方式与内容如表6-17所示。

表6-17　展览项目观众邀约工作的时段、方式与内容

| 工作时段 | 工作方式 | 工作内容 |
| --- | --- | --- |
| 第一阶段:上届展会结束后的一个月之内 | "一对一"访问观众、传播信息 | 核实数据/询问意见、发送展后报告 |
| 第二阶段:上届展会结束至本届前开幕前一个月 | 网上预约、"一对一"/"地推"/团组邀约、传播信息 | 数据库维护、多途径邀约参观、发送展会信息 |
| 第三阶段:本届展会开幕前一个月 | "一对一"邀约、传播信息 | 提醒参观、告知展会最新信息 |

表6-17中所列的三个工作时段及其方式和内容,是多数专业类展览项目邀约观众的基本做法。其中,第一阶段的工作主要针对现场登记的观众,即一方面核实新观众的信息数据,另一方面询问参观意见;第二阶段的工作是多途径、大规模地开展邀约,同时维护更新数据库;第三阶段的工作是进行邀约冲刺,需要密集邀约,一般需要通过电话、微信或QQ等即时通信方式,与每一位观众沟通,提醒参观。

4.把好展会现场登记关口,夯实数据分析基础

展会现场的观众登记是检验邀约工作成效的重要关口,对于专业类展览项目(包括B2B2C项目)尤其重要。观众抵达展会现场,通过线下或线上两种登记方式,主办方可以获得观众较为完整的信息数据,而且可以随机进行问询调查(如您来参观的信息从哪里获得)。智能化的登记系统(如扫描观众名片、扫描二维码登记等),可以解决观众信息数据自动录入数据库的问题。

展会现场观众登记所产生的数据,是邀约工作统计分析的根据。展会现场观众登记数据统计分析的指标如表6-18所示。

表6-18 展会现场观众登记数据统计分析的指标

| 分类 | 统计指标 |
| --- | --- |
| 现场统计 | 登记参观总数、总人次数、每天观众人次数、每天上/下午观众人次数、国内外/省内外/市内外观众人次数,等等 |
| 展后统计 | 登记参观总数中无效观众比例、登记参观总数占数据库信息总数比例、新观众占登记参观总数比例、观众构成比例,等等 |

现场统计,指在展会现场通过观众登记提供的统计数据,用于主办方及展览项目管理层及时了解参观情况,也可用于展会期间的新闻报道。展会结束后的统计,用于展览项目观众邀约工作成效的分析与评估。同时,用于主办方对于项目营销业绩的考核。

5.严格数据库管理,确保信息安全

展会观众数据库所收录的观众信息资料,不但是展会观众邀约工作的依据,更是主办方经营展览业的重要资产,加之观众数据中包含观众个人的私密信息(如观众个人不愿意公开的手机号码、微信号、QQ号、电子邮箱等),因此保密工作十分重要。

在展览项目团队中,须有专人管理观众数据库。此人一般是营销部门中观众邀约工作的负责人。主办方应与此人签订保密协议。保存数据库的计算机要专用。数据库信息须备份,并及时维护更新。采用计算机客户管理系统(CRM)管理数据库的主办方,须有防控拷贝、控制端口使用范围等技术措施,还须订立定期更换登录密码的制度。

### 案例 6-4　展览项目邀约观众工作计划

展览项目专业观众邀约工作计划一览(见表6-19)。

表6-19 展览项目专业观众邀约工作计划一览

| 序号 | 计划细分 | 计划内容 |
| --- | --- | --- |
| 1 | 展会新闻生产计划 | 根据自媒体与外媒体信息更新频次确定选题、产量 |
| 2 | 自媒体推广计划 | 自媒体选择及其设立/维护/更新 |
| 3 | 外媒体合作计划 | 外媒体选择及其合作方式 |
| 4 | 外媒介广告计划 | 外媒介选择及其广告发布安排 |
| 5 | 电话呼叫中心计划 | 观众数据库信息整理与电话邀约安排 |
| 6 | 电子邮件推广计划 | 发送频次、内容安排 |
| 7 | 配套活动计划 | 与吸引观众相关的会议及活动策划组织 |
| 8 | 观众需求配对计划 | 根据特定需求邀约特定观众的安排 |
| 9 | "地推"计划 | "地推"方式选择及其邀约安排 |
| 10 | 移动应用推广计划 | 小程序开发应用 |
| 11 | 其他 | |

**说明与评点**

（1）这是某知名展览公司展览项目专业观众邀约工作计划的细分。这些计划需要逐一编制，然后合成于 Excel 格式的一张总表之中，以便项目经理、营销部门经理和团队成员知晓，并按计划执行（包括管理者以此监控执行过程）。

（2）表中 1—4 的计划，同时是该项目信息内容生产及其媒体/媒介维护的计划，这些计划与观众邀约中的信息传播有关。

（3）这些计划的编制，需要营销团队全体成员参与其中。项目经理及营销部门经理需要统筹细分计划，避免相互脱节，合力不彰。

（4）按月编制计划，从相关工作启动到展会开幕。计划表格的标签须具体，相关指标要量化。比如展会新闻生产计划，其标签为月报道选题、报道篇数、原创报道篇数、发稿时间、自媒体阅读次数、责任人等。

（5）各项计划均须衔接项目经营工作计划。凡涉及资金投入的计划内容，须与财务预算计划中的营业支出相吻合。

## 第四节　配套活动组织

展会的配套活动，指主办方在展会筹备或举办期间组织的与展会主题具有关联性，发挥配合和辅助作用的活动。主办方组织配套活动，旨在丰富展会内容，吸引受众并改善受众体验，提升展会的服务价值。配套活动是"展览＋"的重要构成。2020 年以来，线上活动逐渐增多，展会配套活动双线融合发展成为趋势。

 **一、配套活动的形式与内容**

展会配套活动的形式与内容主要有会议、节庆、赛事、演艺、其他等形式（见表 6-20），其呈现样貌丰富多彩。

表 6-20　展会配套活动的形式与内容

| 分类 | 活动形式与内容说明 |
| --- | --- |
| 会议 | 与展会主题关联的新闻发布会、论坛、社团会议、技术交流会、推介会、洽谈会、培训会议、酒会、宴会、餐会等活动 |

续表

| 分类 | 活动形式与内容说明 |
|---|---|
| 节庆 | 与展会主题关联并具有娱乐氛围的商品及服务推广活动 |
| 赛事 | 与展会主题关联的竞赛活动，包括颁奖活动 |
| 演艺 | 与展会主题关联的文艺或技艺表演活动 |
| 其他 | 与展会主题关联的其他活动，包括开幕式、商务考察等 |

会议活动，是展会配套活动中的主流活动。为参展参会者提供信息交流的会议，在议题上可分为高峰会议和一般会议。高峰会议，简称为峰会，多以论坛、研讨会名义举办，出席者尤其是演讲者地位显要，言论权威。如国家领导人出席演讲。一般会议，指社团会议、技术交流会、培训会议等。出席者主要是参展商或专业观众的代表。如以会议场景区别，可大致分为在会场（会议厅、会议室）或在餐厅举办两种。在展会期间举办的餐会、宴会和酒会，因具有信息交流功能，也可归为会议活动。

节庆活动，多见于消费类展览（B2C）或需要营造现场氛围的展览。例如，家装展常有建材采购节配套，用现场优惠价吸引观众购置家装建材产品；餐饮展以举办美食节配套，通过展会现场制作食品吸引观众品尝。一些主办方将展会称为节庆，如在武汉举办的"中国电商食材节"，项目实质为B2B性质的食材展。主办方虽设计有品菜、烹饪比赛等配套活动，但节庆只是配套活动，项目主体仍是展览。

赛事活动，分为竞技和评比两种形式。在展会现场举行的竞技活动通常是展示参赛者的某种技能，如上海国际酒店用品与餐饮业博览会期间举办的调酒大师赛、咖啡拉花比赛，参赛者分别是调酒师和咖啡师。展会的评比活动一般针对参展商及其展品，如广交会的出口产品设计评奖活动举办多年。其由参展商自愿报名参加，并须提前半年提供参评资料。广交会联合中国工业设计协会特聘国内外知名专家负责评选，在广交会现场公布获奖结果，并向获奖者颁发证书。

演艺活动，多见于服装、文化艺术、娱乐、旅游为主题的展会现场。例如，服装展中安排的时装走秀活动，游戏展中安排的动漫人物真人秀活动，文化产业博览会或旅游展中安排的文艺表演，等等。

除以上活动外，开幕式也是展会常见的配套活动。开幕式又称为开幕典礼，用以营造展会开幕氛围，同时作为权威人士出席展会并发表演说的重要场合。

## 二、会议活动的组织

展览与会议的关系十分密切。其共同点是通过聚会增加人们的接触，促进人际交流。不同的是，展览主要是通过商品展示服务于人们的经贸交流，尤其是货品贸易交流；会议主要是通过内容传播服务于人们的信息交流，包括政策、科技、投资、管理等方面的信息交流。

在会展界，有展览型会议和会议型展览的项目区分。展览型会议俗称"展带会"，即项目由展览驱动,会议作为配套活动。会议型展览俗称"会带展",即项目由会议驱动,展览作为配套活动。"会带展"项目的会议,一般为大型学术会议,如口腔医学会议暨口腔医疗器械展览会。

以下有关会议活动的知识介绍,偏重"展带会"项目,兼顾"会带展"项目。

(一)会议活动的分类

展会配套活动中的会议,可大体分为内容传播、商务洽谈和社会交往三类(见表6-21)。

表6-21 展会期间会议活动形式与场景的比较

| 会议分类 | 会议形式 | 会议场所 |
| --- | --- | --- |
| 内容传播 | 论坛、研讨会、新闻发布会、技术交流会、社团会议、培训会议等 | 会议厅(室) |
| 商务交流 | 洽谈会、推介会、餐会等 | 会议厅(室)/餐厅 |
| 社会交往 | 宴会、酒会等 | 餐厅 |

在展会期间举办、以内容传播为功能的会议活动,指经由主持人、演讲人/报告人通过公开发言以及散发相关文字资料、传播会议主题内容的会议活动。例如,在中国国际进口博览会期间举办的虹桥国际经济论坛。

在展会期间举办、以商务交流为目的的会议活动,指交流投资、贸易信息、推荐企业及产品的会议活动。与会者主要是参展与参观客商。例如,中国(南京)软件谷专题推介会作为中国国际服务贸易交易会(简称服贸会)配套的商务会议,2020年9月在服贸会期间于北京举办。其主题是推介"南京软件谷",为南京雨花台高新技术产业开发区招商引资。

在展会期间举办、以促进社会交往为目的的会议活动,一般指宴会、酒会。聚会者主要是参展客商,通过这种聚会,他们可以自由、分散地交流信息。例如,"中国电商食材节"2013—2015年连续三届在开幕当天举办答谢晚宴,邀请参展客商和展会合作伙伴机构的代表赴宴聚会。

此外,在展会期间配套举办的会议,还有公开会议与闭门会议、收费会议与免费会议之分(见表6-22)。

表6-22 公开会议与闭门会议、收费会议与免费会议的区别

| 分类 | 说明 |
| --- | --- |
| 公开会议 | 对于与会者(听众)资格不设限制条件的会议 |
| 闭门会议 | 对于与会者(听众)资格设有限制条件的会议 |
| 收费会议 | 向赞助商或向与会者(听众)收取费用的会议 |
| 免费会议 | 不向与会者(听众)收取费用的会议 |

对于与会者(听众)是否设置条件(包括是否收费),由会议组织者确定。

(二)内容传播会议的组织

1. 确定会议主题与形式

会议主题,即会议议题。会议主题与会议形式密切关联。会议形式,指会议活动是论坛、研讨会、技术交流会、民间社团会议、培训会议,还是新闻发布会。

论坛、研讨会、技术交流会的主题,可以从两方面确定:一是由会议名称确定,如第2届中国国际进口博览会期间举办的国际邮轮服务贸易高峰论坛;又如第4届深圳国际无人机展览会期间举办的国际无人机系统开源开发者大会;再如第21届中国国际工业博览会期间举办的嵌入式机器视觉人工智能技术论坛。二是由会议主办方特别设定,如在贵阳举办的中国国际大数据产业博览会高峰论坛的总主题为"数据创造价值 创新驱动未来"。其2019年度主题为"创新发展·数说未来",下分技术创新、数字经济、数据安全、融合发展和合作交流五个分论坛。

社团会议的主题,一般通过会议通知明确。在展会期间举办的社团会议,通常有年会(如机械行业协会在机械工业展会期间召开会员大会或理事会)、工作会议(如各省市商业联合会秘书长工作座谈会)或专题会议(如纺织技术学会在服装面料展会期间召开技术标准和质量管理工作会议)。

培训会议的主题,一般通过会议名称或培训课程明确,如汽车后市场产品展览会期间举办的汽车音响升级改造技术培训班。

新闻发布会的主题,主要是向新闻界介绍展会组织工作进展情况。如每届广交会开幕之前,广交会的承办方——中国外贸中心(集团)均要在中国进出口商品交易会展馆(广交会举办场馆)召开新闻发布会,向新闻界通报广交会的组织工作情况。此外,为维护展会声誉,应对展会组织工作中的突发事件,召开新闻发布会也是主办方引导舆情、处理公共关系的重要选择。

2. 确定会议规模与举办场地

会议规模,指出席会议的人数。一般认为,100人以下为小型会议,100人以上至500人以下为中型会议,500人以上至1000人为大型会议。超过1000人的会议,对于展会配套会议而言,已是特大型会议。能以特大型会议配套的展会,只是少数。

会议规模决定会议场地的选择。100人以下的小型会议选择在会议室召开,300人以上的中大型会议选择在会议厅召开。

会议场地的设计与布置,与会议形式和会议规模有关(见表6-23)。展会期间的配套会议,一般选择在举办展会的展馆(会展中心)所属会议厅(室)举办。也可以选择在临近展馆的酒店会议厅(室)举办。

表 6-23 会议形式、规模与场地布置

| 会议形式 | 会议规模 | 会场选择 | 会场布置 | 说明 |
| --- | --- | --- | --- | --- |
| 论坛 | 500人 | 会议厅 | 剧院式 | 设置讲台,听众席配置会议桌 |
| 论坛 | 1000人 | 会议厅 | 剧院式 | 设置讲台,听众席不配置会议桌 |
| 研讨会 | 30人 | 会议室 | 圆桌式 | 不设置讲台 |

续表

| 会议形式 | 会议规模 | 会场选择 | 会场布置 | 说明 |
|---|---|---|---|---|
| 技术交流会 | 50人 | 会议室 | 讲堂式 | 设置讲台 |
| 培训会议 | 150人 | 会议室 | 讲堂式 | 设置讲台 |
| 新闻发布会 | 30人 | 会议室 | 讲堂式 | 设置讲台 |

2015年以来，国内新建的会展场馆均称为会展中心，其建筑功能包括展览和会议两方面用途。如2020年完成第一期建设的深圳国际会展中心，其室内可供展览面积达40万平方米，系国内一次性建成的最大展览面积的单层展馆建筑。其可供会议使用的面积约3万平方米，分为140个不同规模的会议厅（室）。3个大型会议厅的面积分别为6600平方米、3600平方米和2200平方米。其中，2200平方米会议厅为国际报告厅，采用剧院式设计，可用作文艺表演。新建会展中心的功能变化，旨在适应主办方在办展期间的办会需求，反映了展览与会议融合发展的趋势。

3.邀请会议演讲者

会议演讲者，指论坛、研讨会、技术交流会的演讲人或报告人以及主持人。他们是会议主题所设定会议内容的生产者与传播者。

高峰会议（峰会）或论坛中，演讲人或报告人以及主持人的地位显要，其演讲或报告及主持的内容一般具有权威性。

研讨会、技术交流会中，会议内容围绕某一研究性、专业性或技术性的主题展开，演讲人或报告人一般是该领域的知名人士或专家学者。研讨会、技术交流会需要与会者互动。研讨会的发言者可各抒己见，相互切磋。

为保证会议内容传播的效果，邀请演讲者或报告人以及主持人是论坛、研讨会、技术交流会等会议活动组织工作的重要环节。地位显要的演讲者，如党政机关领导多由政府及其部门出面邀请。其前提一般是，该展会由政府及其部门主办。出席研讨会、技术交流会的知名人士或专家学者，或由展会主办方邀请，或由合作举办展会的机构邀请（如中国机械工程学会为机械工业装备展览会举办的"十四五机械工业发展规划研讨会"邀请行业专家）。

邀请演讲者、报告人及主持人的工作，包括与应邀者确定出席时间、演讲内容（讲题）、演讲时长、演讲PPT、接待安排等具体事宜，还需要演讲者提供照片、简历等资料，以便用作宣传。

4.邀约与会者

邀约与会者一般使用邀请函或会议通知。一般而言，由主办会议的政府部门或民间社团制发的通知更具影响力。邀约途径包括电子邮件、信函邮寄、电话。邀约与会者犹如邀约专业观众。但被邀者的条件高于一般专业观众。其针对性有三点。

一是，邀约会议的目标受众。要邀约对会议主题有兴趣的听众。例如，人工智能嵌入式机器视觉技术论坛，对此有兴趣的主要是已经采用或准备采用人工智能技术的企业和相关设备制造商的高中级技术管理者，以及人工智能科研机构的高管和高校相关专业的教师及研究者。

二是,邀约具有管理者身份的人士。演讲者为党和国家领导人的论坛,受邀与会者基本是各级党政官员、知名企业高管和专家学者。研讨会、技术交流会的听众也是管理者居多。

三是,邀约与会人数要有规划。与会者人数与会议规格、主题、形式和举办场地等要素相关。论坛、大会一般要求与会者人数多,规模大。而研讨会、技术交流会、培训会议的与会者人数多在30—200人,并不追求规模大型。先设定人数再确定场地,或先确定场地再设定人数,都是规划会议人数的常用方法。

此外,新闻发布会的听众是媒体记者。媒体机构在国内分为央级(国家层级)、地方和境外三类,还有纸媒、网媒、电视、电台等媒体业态之分。央级媒体指人民日报、新华社、中央电视台、光明日报、经济日报等。冠以"中国"字号的专业媒体,如中国教育报(教育部主管)、中国矿业报(自然资源部主管)、中国贸易报(中国贸促会主管)、国际商报(商务部主管)、农民日报(农业农村部主管)等国务院相关部门主管的媒体,也属于央级媒体。

展会举办新闻发布会多在展会开幕之前。展览新项目举办新闻发布会,一般选择在展开大规模销售之时。展会邀请媒体记者参加新闻发布会,人数根据受邀媒体机构确定。

**案例 6-5　展会期间的会议活动**

此处以中国国际进口博览会——虹桥国际经济论坛会议活动为例(见表6-24)。

表6-24　中国国际进口博览会——虹桥国际经济论坛的会议活动

| 年份/届数 | 主题 | 会议活动构成 | 主办 | 承办 |
| --- | --- | --- | --- | --- |
| 2018年/第1届 | 激发全球贸易新活力 共创开放共赢新格局 | 主论坛1场/平行论坛3场 | 商务部、上海市政府 | 中国进口博览局国家会展中心(上海) |
| 2019年/第2届 | 开放创新　合作共赢 | 主论坛1场/分论坛5场 | 商务部、上海市政府 | 中国进口博览局国家会展中心(上海) |

**说明与评点**

虹桥国际经济论坛是与中国国际进口博览会(简称进博会)配套的高级别会议活动。该论坛与进博会同期在上海举行。与会者主要是进博会的客商代表,与会人数在1000人左右。应邀出席演讲的嘉宾包括各国政要、企业家和专家学者三方人士。

(三)商务交流会议的组织

1.洽谈会的组织

洽谈会,指与会者在会场因各自需要配对洽商合作事宜。这种配对既可由会议主办者事先安排,也可由与会者在会议现场自行对接。

洽谈会的主办者有三种:一是展会主办方;二是展会合作方,如联合主办展会的政府机构、行业协会;三是参展或参观的客商。

洽谈会的主题由主办者设计。例如,2019年中国国际投资贸易洽谈会(简称投洽会,在厦门举办)期间举办的"一带一路"沿线国家和地区投资贸易对接交流会,即由投洽会主办方策划组织。与会者为应邀参加投洽会的"一带一路"沿线国家、地区的政府、民间社团、企业代表和中国企业代表。

参加洽谈会的主要是参展商和专业观众中的买家。其由主办者提前邀约,告知举办时间和地点。洽谈会的举办场地可以选择在展会现场(在展馆中专门划定区域,并进行搭建),也可以安排在会议厅/室。

洽谈会的会场一般不设主席台或讲台,洽谈桌按"小岛式"分散摆放,以便客商相互交流。为方便客商配对洽谈,主办者应在洽谈桌上摆放显示客商名称的席卡。

2.推介会的组织

推介会,常被称为"路演"或"会销"。"路演"(英文为 Road Show),原指证券发行的推广活动,现指通过现场演示以引起目标受众关注并促成销售的活动。在公共场所发表演说、演示产品、宣介公司或团体以及某种市场理念,是"路演"的主要方式。"会销",指通过会议活动推销产品。在展会期间举办的推介会,以推介经贸投资合作项目(招商引资)和企业及产品(吸引买家或代理商)的内容居多。

组织推介会首先要确定推介者及其推介内容(包括"路演"的方式),同时要确定目标受众。选择推介会的举办场地,同时要根据目标受众邀约与会者。

3. 餐会的组织

餐会是商务会议的一种便捷形式,分为早餐会、午餐会和晚餐会,用于组织者(邀请方)在进餐时间与客户进行集体交流。

餐会主题由组织者(邀请方)确定,如某知名国际品牌制造商在展会期间邀请中国政府有关部门、行业协会和大型用户企业负责人出席早餐会,就其产品进入中国市场进行宣介,并结识出席者。

餐会的与会者一般不超过20人。餐会交流可以安排主宾双方简短致辞,也可通过投影仪播放 PPT 或短片,用以介绍组织者(邀请方)。

餐会时间一般不超过一小时。其中,早餐会时间一般为半小时左右。餐会举办地点一般在小型餐厅,也可以安排在会议室。餐会多采用条形餐桌,主宾分别对坐,以便交谈。餐会用餐为分餐形式,餐食不宜过于丰盛,但应具有特色。

(四)社会交往性质的会议活动组织

展会期间举办的宴会、酒会,是主办者以餐饮形式为聚会者提供交流的场合。宴会一般是展会主办方及赞助方为答谢参展客商而举办的。举办时间多在晚上，故称晚宴。如德国汉诺威工业博览会的欢迎晚宴已成惯例，其在开幕前一天举办，受邀者为莅临展会的国内外政要和重要客户及合作伙伴代表。

展会期间的宴会分为中餐和西餐两种。国内展会以中餐宴会居多。宴会安排在酒店或会展中心的餐厅/宴会厅举行。宴会规模按应邀出席人数确定。中餐宴会以桌数计算出席者人数，如每桌（圆桌）10 人，50 桌计为 500 人。通常要设置接待领导与嘉宾的主桌，以示尊重。宴会开始前，可安排展会主办方及赞助方负责人致辞。席间，可以安排与展会相关的颁奖活动或文艺表演。西餐宴会主要为自助餐（冷餐）形式。其不为聚会者固定餐桌，菜肴、主食、酒水由聚会者自行选取。聚会者可自由走动与其他人交流。如有必要，西餐宴会可安排主办方负责人致辞。西餐宴会的聚会人数不宜过多，规模在 300 人以上的较为少见。举办场地可以是酒店或会展中心餐厅，也可以安排在室外的花园。场地大小与聚会者规模有关。

酒会是展会主办方及赞助方为答谢重要客商（主宾）而举办的。举办时间多在晚上，聚会时间长于宴会。酒会一般安排在酒吧举办，只提供酒水和点心，不提供菜肴和主食，也不为聚会者固定座位。其规模一般不超过百人，出席者可自由走动与其他人交流。应邀出席者或与主宾关系密切（包括主宾需要拓展的关系），或是酒会主办方的重要合作伙伴。

为遏制奢靡之风，国内的政府展览自 2012 年之后极少举办宴会。在商业展览中，消费类展览一般不举办宴会，大型专业类展览较少举办大型宴会。举办大型宴会较多的展览，其主办方多为社团，以及一些举办答谢宴已成为惯例的展会。

无论是宴会还是酒会，组织者邀请客人出席一般采用请柬（分为纸质请柬和电子请柬两种）。请柬上要写明被邀者姓名（邀请个人），告知举办时间及地点。以发送餐券方式给出席者的情况，也非鲜见。

(五)"会带展"项目的组织

基于"会带展"项目的驱动力量是会议，故而此类项目须首先做优、做强、做大会议。所谓做优，指会议定位明晰、市场需求持续、目标受众明确、会议操作专业规范。所谓做强，指会议在相关领域具有知名度、美誉度，在竞品中富有特点。所谓做大，指会议规模大型化，与会人数稳定并保持增长。如此，才能发挥会议带动展览发展的作用。

"会带展"项目的场地选择，须首先考虑会议需求，一般需要会场大（能够容纳大型会议）、会议室多（可以同时举办多个平行会议）、供餐、住宿方便。与会议配套的展览，举办场地不宜距离会议地点太远。

"会带展"项目中的会议和展览，均为收费业务。其中，会议收费来自赞助方提供的赞助费和与会代表交付的注册费（参会费）。在"会带展"项目团队中，会议与展览往往各有专班、分别操作、相互配合。会议业务募集赞助、邀约参会者，可视为销售业务。

(六)会议活动的管理工作措施

1.制定组织工作方案

举办会议活动应制定组织工作方案,举办论坛、研讨会、洽谈会、新闻发布会、餐会、宴会、酒会,或300人以上的中大型会议,需要分项目制定组织工作方案。档次较高的政府展,因配套的会议活动往往是高层官员现身展会的重要场合,要求制定文本性方案。商业展中的大型专业类展览,配套的会议活动较多,其总体方案及具体项目计划多采用表格形式。

会议活动的组织工作方案包括会议的主题、类型、规模、合作机构、举办时间、地点(场地)、议程、拟邀请出席演讲者、嘉宾、经费预算、工作措施等内容。

2.设立专班落实组织工作

配套举办会议活动较多的展会,在展览项目营销部门中要配备专班负责会议活动的组织工作。其工作包括制定方案、协调关系(与合作机构)、邀约与会者(包括演讲者、嘉宾、参会代表)、落实场地(布置会场)、印制资料、现场服务等。如是收费会议项目,还要募集赞助、收取注册费。因此,一些大型展会的项目团队中设有会议经理一职,专司会议活动的管理。

## 三、赛事活动的组织

赛事,指经过有序组织,参赛者在统一规则下进行的竞技比赛活动。

展会的赛事活动围绕推广展会主题和宣传关联行业而策划。其活动形式除竞技之外,还包括评比。展会主办方通过现场评选,向参展商及其展品颁奖的活动由来已久。最远可追溯至1851年在英国伦敦举办的世界博览会。当时,经英国皇家艺术协会评选,向参展商(机构)颁发金银铜三种奖项。中国商人徐荣村自费赴英参展,其"荣记湖丝"展品获得大会颁发的金牌。中国自办的商品展会诞生于晚清,是"洋务运动"中的创新之举。当时,清政府通过评选,向参展商家及展品颁奖发证,并将展会称为"赛会"。新中国成立后,广交会率先设立奖项表彰组团参展机构。最佳展商、优质展品、优秀展台的评比活动,曾在国内展会中流行一时。

(一)赛事活动的分类

在展会举办的赛事中,评比类活动针对展品品质和展品设计,竞赛类活动针对展品加工(见表6-25)。赛事活动的进程分为展前、展期两个时段。

表6-25 展会赛事活动的内容设计与进程比较

| 比赛内容 | 赛事类型 | 参赛对象 | 比赛进程 | 比赛场景 |
| --- | --- | --- | --- | --- |
| 展品品质 | 评比 | 企业产品 | 报名、送样、评选、展期公榜颁奖 | 会议/网络评选、现场展示 |

续表

| 比赛内容 | 赛事类型 | 参赛对象 | 比赛进程 | 比赛场景 |
|---|---|---|---|---|
| 展品设计 | 评比 | 企业/设计师作品 | 报名、送样、评选、展期公榜颁奖 | 会议/网络评选、现场展示 |
| 展品加工 | 竞技 | 企业/技师 | 报名、预赛、展期决赛、颁奖 | 网络初选、展会现场竞技、评定 |

可以在短时间完成的展品加工,其加工技能方可在展会现场通过竞赛展示。展品设计虽是技能,但一般不能在短时间完成,故而无法在展会现场展示。

在展会举办的赛事中,评比活动多于竞技活动。一般而言,前者投入小于后者,且带动展商参展作用明显。后者的现场组织较为复杂,操作难度高,但观赏性、参与性优于前者。

(二)赛事活动的创意原则

与展会配套的赛事活动,竞赛内容、规则、形式及组织方法都需要创意。激发创新力、凝聚吸引力和保证公信力,是保障赛事活动品质的基本要求。

1. 创新力

展会创办赛事活动应体现独特性、专业性和现场性。所谓独特,指活动为丰富展会内容而创办,以体现营销展会的意图。所谓专业,指活动必须围绕展会主题及其关联行业而设计,以发挥推广客商展品及服务的作用。所谓现场,指活动呈现于展会现场,以活跃展会气氛。展会赛事活动的创新还表现为竞赛内容、组织方法的推陈出新、与时俱进。

2. 吸引力

赛事内容的设计要从三方面凝聚吸引力:吸引客商参加比赛,吸引合作伙伴参与举办赛事,吸引关联行业、媒体关注赛事。只有一举三得,方可体现赛事活动对于营销展会的价值。此外,在展会现场举办的竞技比赛、颁奖或获奖展品(作品)展示活动,应具有仪式感和观赏性,以利吸引关注,渲染现场气氛。

3. 公信力

规范规则、公正评选和公开信息,是赛事活动公信力的保障。与专业机构合作,请知名专家把关,切实做到程序公正,是展会主办方组织赛事活动并提升公信力的基本经验。

 案例 6-6　**展会赛事活动的组织**

**上海国际酒店及餐饮业展览会上的咖啡师大赛**

上海博华国际展览有限公司(简称"博华公司")创办于 1992 年的上海国际酒店及餐饮业博览会(简称"上海酒店展"),经多年经营,已成为拥有餐饮设备、烘焙设备及物料、桌布用品、烹饪食材、食品饮品、咖啡与茶、冰淇淋、葡萄酒与烈酒、连锁加盟及餐饮投资等 12 个类别产品的综合性特大型展会。

为丰富现场体验,博华公司经世界咖啡与活动组织(World Coffee Events,简称WCE)授权,于2003年将世界咖啡师大赛引进中国,在展会期间举办中国区选拔赛。其比赛场地由"上海酒店展"提供,但竞赛规则遵循WCE统一的国际规范,亲临现场的评委会专家均为通过WCE考试的裁判。自愿报名参赛的选手来自国内咖啡店、咖啡连锁品牌生产商/代理商及相关培训机构。该项赛事举办的头五六年,虽然每次参赛者只有数十人,但精彩的现场竞技都会成为展会亮点。

赛事持续并成功的举办,令中国咖啡界对"上海酒店展"的热情不断升温。WCE的世界拉花艺术大赛、世界咖啡杯测大赛、世界咖啡冲煮大赛以及世界咖啡烘焙大赛的中国区选拔赛相继于2014、2015、2016年落户上海,"上海酒店展"一举成为国际咖啡业"奥林匹克"系列赛事的中国主场。2020年虽有疫情作祟,WCE的中国区选拔赛仍在25个城市举办了35场分区赛,超过1000名选手在各地赴赛竞技。

2003年以来,在"上海酒店展"赛场上累计诞生了44位中国赛区的冠军咖啡师,他们分别参加了每年的世界咖啡大赛。2015年、2016年世界拉花艺术大赛的亚军、2019年世界咖啡冲煮大赛的冠军头衔由中国选手获得。

##  说明与评点

(1)上海博华国际展览有限公司系中外合资企业,成立于1998年。外方为英富曼会展集团。该公司2019年举办展览项目超过60个,展览总面积超过130万平方米,是国内大型展览公司。

(2)该公司主办的"上海酒店展",原称为上海国际酒店用品博览会,后不断扩大展览范围,于2018年改用现名。2021年的展览面积超过40万平方米,专业观众超过16万人次。

(3)世界咖啡师大赛等五项赛事的中国区选拔赛是"上海酒店展"的配套活动。此项赛事虽非博华公司创意,但由博华公司引进,并与世界咖啡与活动组织联合主办。

(4)为扩大赛事影响,从2018年起,中国区选拔赛的预选赛分散到上海以外的城市举办。除安排在"上海酒店展"子展的所办地广州、成都以外,也安排在报名选手较多的城市举办。

(5)博华公司对此项赛事投入巨大。既要负责选手报名、资质确认的工作(不收取报名费),还要组织国内业者参加WCE的裁判资格考试;既要提供比赛场地(在展会现场专门搭建,一般占地为200平方米),还要负责参赛选手、裁判人员接待以及赛场服务,包括根据赛事规则统一提供比赛使用的咖啡机、磨豆机、咖啡豆和牛奶等设备与原料。经过近20年的经营和推广,此项赛事通过商业赞助已经可以充抵大部分成本。

(6)据悉,"上海酒店展"项目团队约有90人。其中,营销业务团队20余人。在营销团队中,有1人负责咖啡赛事,另有4—5人协助(这些人还要参与项目的其他营销业务工作)。

(7)除咖啡赛事外,"上海酒店展"在现场还举办有西点制作、烹饪等方面的赛事活动。

(三)赛事活动的管理工作措施

1. 制定组织工作方案

赛事活动组织工作的复杂程度远高于会议活动,故而必须预先制定工作方案。方案中的细项工作可按时间顺序列表,明确具体工作要求、相关责任人。

2. 明确合作伙伴

为体现赛事活动的权威性和公信力,需要借助相关社团或知名企业的资源,联合举办的组织体制就成为必然。主办方在赛事创意时选择合作伙伴,既是创意调研的重要内容,也是实现创意的有效支撑。

3. 设立专班操作赛事活动

在展览项目营销部门中,要设立专班负责赛事活动。其工作包括制订计划、筹措经费(来源包括主办方提供的投入、商业赞助和收取参赛费等方面)、组织报名、协调公共关系(包括联合主办方、特聘专家和赞助方等方面)、确定赛事规则、安排评选或比赛等内容。其中,竞赛或评比活动的规则应由社团或专家主持制定。需要在展会现场举办的竞技比赛或颁奖活动,要落实并布置场地、拟定竞赛或颁奖流程、印制资料,并在活动举办过程中提供现场服务。

## 四、开幕式活动的组织

展会开幕式,是标志开启展会的仪式,又称为开幕典礼。开幕式是展会较为常见的配套活动,但并非必备活动。从营销角度看,展览新项目举办开幕式的作用大于老项目。

(一)开幕式活动的创意

显示仪式感和礼仪性,是策划展会开幕式活动的要旨。因此,创意开幕式活动的重点不是内容而是形式。其形式上的创意集中于场地布置、气氛营造、剪彩形式三方面。

场地布置,主要是典礼台搭建和背景板制作。在设计上通常强调大气、庄重或热烈。

气氛营造,指采用搭建拱门、施放气球标语、安排乐队演奏或鼓乐表演、燃放烟花以及组织观众观看等方式,用以渲染开幕式活动的热烈气氛。

剪彩形式,除请出席嘉宾用剪刀剪断彩带、以示展会开幕之外,还可有多种创意方式。如 2012 年 9 月 25 日开幕的第 9 届中国—东盟博览会,习近平与东盟各国领导人等 14 位嘉宾在典礼台上共同拉开系在画卷上的红绸,一幅描绘中国与东盟合作成果和前景的电子图画徐徐展现,瞬间就吸引了全场的目光。

开幕式活动的创意应符合展会主办方的意图,审美应切合展会主题。一般而言,创意越新颖且技术手段运用越复杂的开幕式活动,投入就越大。

(二)开幕式活动的组织工作措施

1. 制定组织工作方案

开幕式活动基本是在展会开幕的当天上午举行,而且是在展会开馆之前举行,由于邀约出席典礼的嘉宾较多、现场观礼的人群聚集,加之诸多议程需要在短时间完成,组织工作并不轻松。因此,需要预先制定方案,以避免工作不落实或"打乱仗"。开幕式的组织工作方案包括举办时间、场地及布置要求、邀约嘉宾、活动议程等内容。开幕式场地一般选择在参观者进入展馆正门的室外广场,也有选择在展馆之内的序厅。举办开幕式的时间不宜太长,一般控制在 30 分钟左右。时间若超过一小时,就会对观众进馆参观造成不利影响。

2. 抓住重点工作

开幕式活动组织工作方案确定后,须明确专人负责抓落实。其重点工作包括五个方面。

一是,邀请嘉宾。要根据展会礼仪或宣传需要,拟定出席嘉宾名单。可以通过电话、信函甚至登门发出邀请。接受邀请的嘉宾,应发送请柬。邀请高级别嘉宾的工作,须按规定程序提前进行(如邀请国家级领导人,须按相关规定逐级请示)。对于外地或境外的嘉宾,要在对方接受邀请后落实接待安排。

二是,确定开幕式议程。一般包括主持人介绍出席嘉宾、主办方代表致辞、嘉宾代表致辞、参展商代表致辞、嘉宾宣布展会开幕、嘉宾剪彩等议程。议程设置可根据主办方的需要而增加,如播放宣传展会的视频短片;也可以简化,如致辞只安排一位嘉宾。在确定议程时,要确定主持人。

三是,对接服务商。对接搭建公司,提出典礼台及背景板的制作要求,审查设计效果图,督促其按时搭建,监督工程质量。对接礼仪公司,确定开幕式气氛营造、礼宾接待事宜。

四是,代拟致辞稿和主持稿。为致辞的主办方代表或嘉宾代表代拟讲稿,为主持人提供主持稿,在开幕式的组织工作中比较多见。

五是,把控服务嘉宾的导引环节。在开幕式活动中,导引嘉宾有两个重要环节:一个是嘉宾登临典礼台,一个是开幕式结束嘉宾进馆参观。前者要导引嘉宾及时登台,并站位无误;后者要导引嘉宾分流参观,并导引高级别嘉宾参观需要推广的展区/展台。此两个环节的导引须事先计划,安排人手负责导引。高级别嘉宾参观环节的导引,应由主办方负责人担任(陪同)。其需在陪同参观过程中向嘉宾介绍展会、引见知名参展商代表。在高级别嘉宾参观展会后,主办方负责人应亲送嘉宾离开展馆。

此外,开幕式现场的影像摄制也不能忽略。

3.做好现场调度与服务

(1)设置开幕式活动总调度(类似文艺演出的舞台总监),下设嘉宾接待、典礼音响、气氛营造、媒体接待等各项工作的负责人,根据开幕式组织工作表的安排,各司其职开展工作。开幕式组织工作表由总调度提前编制,并组织参与人员讨论细节,明确职责。

(2)高级别嘉宾出席的开幕式,须提前组织彩排。彩排应请相关政府部门领导审看,以确认相关工作流程,查找存在的问题。彩排中,要重点演练嘉宾到达展会现场、临时休息、登上典礼台、典礼台站位、开幕式结束后进馆参观、离开展馆以及维安工作等环节。

(3)针对开幕式中易于突发问题的环节,如音响、电子屏幕、典礼台嘉宾站位、礼宾人员服务、天气变化(下雨)、宣布开幕后观众涌入展馆等,应制定应急预案,防止关键时刻"掉链子"导致的尴尬或失礼场面。

在中国展览界,长期存在"开幕式举办成功,展会就成功了一半"的说法。本书不同意这种观点。本书认为,开幕式并非展会必须的配套活动。举办开幕式对观众的正常参观有一定影响,而且耗费主办方投入。展会成功的标准是客商满意,而不是盛大热闹的开幕式。在国际展览界,热衷于举办开幕式活动的主要是中国主办方,尤其是政府展会。国外经贸展会很少举办开幕式,即便举办也非常简朴。因遏制奢靡之风和反对形式主义,国内政府展会的开幕式活动在2010年之后受到限制。将展会开幕式与同期举办的大型、高级别会议开幕式合并举办,是一些政府展会的应变举措。这种开幕式在会场举办,其议程作为会议议程的一部分,组织工作较单独举办展会开幕式大为简化。

### 五、线上活动的组织

由于2020年的疫情影响,为减少人群聚集,以及发展网络营销的需要,在线上举办展会配套活动成为主办方的重要选择。开幕式、会议和产品推广直播,是展会线上活动的主要形式。

(一)线上活动的形式

线上举办展会。搭建大型网络平台,邀请参展商入驻,主办方在规定的时间内组织观众在线与参展商交流。如网上广交会由腾讯公司搭建平台,2020—2022年连续举办6届,上线参展企业超过2万家。

展会开幕式上线举办,或因展会本身就是线上展览,或因重要嘉宾因故不能抵达线下展会现场,只能异地在线出席。

线上会议可分为三种。一是主办方为参展商举办的线上"会销"活动。如"会带展"性质的斯迈夫国际体育产业展览会的主办方(北京斯迈夫品牌管理有限公司),在2020年上半年为参展商举办了40余场线上推介会。这些会议均为"少对多"形式,即一个体育产品制造商或代理商与众多买家在同一时间上线交流,每次会议时长2至3个小时。二是主办方为预热线下展会而举办的线上推介会议。比如中国国际进口博览局与上海外商投资协会于 2021 年 1 月 27 日共同举办的第四届中国国际进口博览会专场网上推介会。数百家外商会员企业在线与会。三是主办方在举办线下会议的同时开通线上会议。如 2020 年 9 月在中国国际服务贸易交易会上举办的"5G 新兴服务贸易发展论坛",就是在同一时间线下线上相结合举办的会议。

线上直播较为多见的场景是,主办方在线下展会现场搭建直播间,以供参展商在展会期间通过直播宣介展品。也有主办方在办公室搭建直播间,除了用于自身宣传,还提供参展商直播,包括培训参展商的直播工作人员。

(二)线上活动的组织工作措施

线上活动的组织工作措施与线下活动的不同,具体表现在以下几方面。

第一是须搭建线上平台。腾讯、讯飞、华为、ZOOM 等会议软件(App)均可选择使用。

第二是进行人员对接。如同线下活动一样,主办方须提前做好参与开幕式、会议、直播活动的人员对接。

第三是完成测试。要提前进行线上平台的技术测试,包括安排主持人、演讲人、直播代言人的彩排。

第四是布置活动现场。如线上活动的场景是实地而非虚拟,就需要进行场地布置。

第五是活动上线过程中的总体调度。这一过程如同电视台现场直播节目的调度,包括视频、音频、场景、镜头、背景音乐等要素的导播,以及处理可能发生的故障。

## 六、配套活动的管理

展会配套活动的管理,由展览项目团队的营销部门负责。其管理工作体现在计划、预算、协调、督导等方面。

(一)总体构思,统一计划

展会配套活动形式多样、内容丰富、诉求多元,但主办方无需全套上架、花样纷繁,更不能不惜工本、大操大办。配套活动应围绕展会主题和服务营销,因展制宜、适需而办、量力而行。为此,组织配套活动须总体构思,坚持展览主体、活动配套的原则,宜会则会、宜赛则赛、宜节则节、宜演则演,防止本末倒置、喧宾夺主,避免过多占用管理者及项目团队的精力。

一般而言,新项目配套活动多于老项目,政府展配套活动多于商业展,大型项目配套活动多于中小型项目,专业类展项目会议活动多于消费类展览项目。原因是,新项目较之老项目需要加大营销力度尽快打开市场;政府展服务中心工作需要通过峰会、投资推介等活动营造声势;大型项目的投入能力强于中小型项目;消费类展览中尤其是展销类项目的受众热衷采购并无兴趣交流信息。

展览项目应将配套活动计划纳入项目的营销工作计划。其中,举办重大或重要的配套活动,应由项目经理报请展会主办方批准。实际上,重大或重要的配套活动由主办方提出创办的情况较为多见。

统筹并合理配置资源,是计划工作的内容。展会举办配套活动需要动用主办方外部的大量资源。这些资源主要来自政府部门、民间社团、媒体和参展观展的客户。一般而言,动用资源的成本与资源拥有方的权威性和影响力成正比关系。因此,展览项目要注意资源拥有方与相关活动的适配性,还要顾及配置资源的成本。举办配套活动所需利用的外部资源,应由展览项目及营销部门予以统筹。

各项配套活动的组织工作方案须与营销工作的总体计划衔接,以利各项活动相互借势,通盘体现项目的营销意图。

 **案例 6-7　展览配套活动计划**

### 首届中国国际进口博览会配套现场活动方案

为做好首届中国国际进口博览会(以下简称进口博览会)配套现场活动有关工作,提升展会成效,制定如下方案。

一、基本思路

以习近平新时代中国特色社会主义思想为指导,聚焦"不一般",紧扣首届进口博览会目标定位,对标国际一流展会的经验做法,着眼于丰富展会功能、提升展会价值、促进展会成交,充分利用博览会资源,发挥各方积极性,组织开展高层次、高水准、高质量的配套现场活动,努力将进口博览会办成国际一流博览会,促进持续健康发展。

二、主要原则

紧扣大会定位,凸显国际化特色。紧扣进口博览会开放型合作平台、国际公共产品、对外开放标志性工程的定位,结合展商展品"双境外"特点,在活动筛选、嘉宾观众邀请、政策支持等方面体现国际化要求。

兼顾各方需求,突出重点活动。既要合理满足参展商、采购商、中介组织等各方需求,又要兼顾活动的政策性、公益性和商业性,兼顾活动容量与硬件承载、安保要求的平衡。围绕进口博览会的主题定位,重点安排政策解读、交易促进、新品发布等直接提升展会价值的活动。

积极探索创新,打造亮点活动。积极利用新理念、新业态、新模式,促进现场活动设计创新、实施创新、管理创新。充分利用现代信息技术和科技手段,推动组织、实施、宣传等环节的信息化智能化,优化活动体验,提升活动成效。

分类组织报批,统一排期实施。结合博览会筹办工作实际,筹委会办公室秘书处、招商指导组、进口博览局分工筛选报批确定相关活动;进口博览局和国家会展中心(上海)统一排期,对接落地实施工作。

加强活动审查,明确相关责任。按照"谁主办、谁负责""谁报批、谁负责"的原则,明确现场活动责任。加强对现场活动主办方、承办方、活动内容、观点言行的提前审查和现场监测,制定完善应急预案。上海市要加强监控,严厉打击场馆外假借进口博览会名义开展活动等不法行为。

### 三、总体安排

#### (一)控制总量

为体现进口博览会的目标定位,确保现场活动的质量,坚持优中选优、重点突出、防止活动过多过滥等原则,结合场馆内可使用的场地资源,将活动总量控制在一定规模。相关场地资源主要包括6类56处,总体特点是数量不少、但适合大型活动的场地不多,与现实活动需求存在结构错配。可举办300人以上大型活动的只有8处:中央广场、主论坛场地、平行论坛4个场地、东厅/虹馆、洲际酒店大宴会厅。另有可用会议室48间,其中场馆内30间,配套办公楼18间;按每2平方米1个人计算,48间会议室中,可容纳50至120人的40间,可容纳180至270人的8间。

#### (二)优化结构

对标国际一流展会的经验做法,以满足展商客商需求、增进国际交流、扩大展会成交为导向,优先安排服务于推进新一轮高水平对外开放和扩大进口的政策解读类活动;优先安排促进博览会成交的供需对接、签约仪式、世界500强和行业龙头企业新产品新技术新概念发布等活动;优先安排在招展招商工作中发挥重要作用的境内外机构和企业、博览会合作伙伴和赞助商主办的活动;优先安排展览行业相关活动。以上活动总量占比不低于80%。一般的公益性论坛、招商引资等活动,总量从严控制。对相关单位借势主办的商业性盈利活动,原则上不予安排。

#### (三)主要类型

根据调研,首届进口博览会配套现场活动可分为六大类:一是餐会酒会活动,包括工商界开幕晚宴,早餐会,午餐会,商业酒会等形式;二是发布互动类活动,包括参展企业新产品、新技术、新概念发布会,品牌推介会,时装走秀,专业比赛,产品体验等形式;三是论坛活动,包括政策解读、权威发布等形式;四是对接签约活动,包括供需对接会、采购签约等形式;五是国别主题活动,包括国别商品、服务、文化推介等形式;六是线上购物活动,由知名电商等渠道配合开展首届进口博览会同款产品线上同步发售活动,提升场外消费者的参与感和获得感。

#### (四)工作分工

(1)国家展参展国(地区)、参展国际机构、有重要影响力的国际组织、筹委会成员单位主办的配套活动,由筹委会办公室秘书处汇总,会同进口博览局提出安排意见后报批。

(2)各省、自治区、直辖市、计划单列市人民政府和新疆生产建设兵团(各地方交易团),中央企业交易团及各分团,在采购商组织工作中发挥重要作用的行业组织和企业主办的配套活动,由招商指导组汇总,会同进口博览局提出安排意见后报批。

(3)世界500强或行业龙头参展企业、在招展招商工作中作出重要贡献的机构和企业、进口博览会合作伙伴和赞助商主办的活动以及其他重要活动由进口博览局汇总、确定。

### (五)收费原则

原则上所有活动均按市场化原则收费,可视情对部分活动减免费用。

(1)对与进口博览会密切相关的、纯公益性质的政策解读等类别活动,国家展参展国(地区)、参展国际机构、有重要影响力的国际组织、筹委会成员单位主办的活动,以及最不发达国家和部分发展中国家主办的活动,从严控制视情减免费用。由筹委会办公室秘书处征集,会同进口博览局提出安排意见后报批。

(2)各省、自治区、直辖市、计划单列市人民政府和新疆生产建设兵团(各地方交易团),中央企业交易团及各分团、行业组织主办的活动(不含采购签约类活动),一般按市场化原则定价收费;但属于贸易对接、签约仪式等类别活动以及与进口博览会密切相关的、纯公益性质且本身不对外收取任何赞助费、入场费等费用的活动,可视情减免费用。由招商指导组征集,会同进口博览局提出安排意见后报批。

(3)世界500强或行业龙头企业、为进口博览会招展招商工作作出重要贡献的境内外机构和企业、进口博览会合作伙伴和赞助商主办的活动,以及其他重要活动,由进口博览局视情确定收费原则。

### (六)工作计划

(1)筹委会办公室秘书处、招商指导组、进口博览局按照分工征集报批确定相关活动,2018年6月底前完成。

(2)进口博览局牵头,确定现场活动排期及场地分配,2018年7月底前统一对外公布。

(3)进口博览局设立专门的现场活动工作组,具体指导各主办方做好现场活动的实施工作。

### 说明与评点

(1)2018年创办的中国国际进口博览会(进博会),是目前国内最高规格的政府展会。配套活动是进博会的重要组成部分。该方案由进博会组委会提出。

(2)该方案将进博会的配套活动分为六类,即餐会酒会、信息发布、论坛、对接签约、国别主题活动和线上购物活动。

(3)该方案明确,进博会的配套活动为收费活动。

(4)该方案结构完整,条理清晰,文字规范,是写作此类操作方案的范本,尤其是政府展会配套活动组织工作方案的写作范本。

(5)进博会的组织者每届都会制订配套活动计划(方案)。有兴趣者可以通过进博会官方网站查询。

## (二)安排投入,控制成本

举办配套活动需要展会主办方投入人力、财力和物力。配套活动项目多、档次高、规模大,主办方的投入就越大。将投入控制在项目预算能够承受的范围以内,并达至合理的"费效比",是营销管理体现经济效益的原则要求。

配套活动的资金投入要纳入展览项目的财务预算计划。也就是说,配套活动设立之时就要测算清楚投入的成本。如果项目启动之前难以确定配套活动计划,可采取在项目财务预算中预留一定数额资金的方法,以备订立计划后使用。

展会的配套活动分为免费和收费两种。商业赞助是收入的主要来源。收费的配套活动可以减轻主办方投入成本,并增加营业收入,好处明显。但较之免费的配套活动,收费的配套活动须对受众更具吸引力。

## (三)三重协调,内部配合

一是协调配套活动的宣传,使之成为展会亮点。配套活动的新闻报道集中于展会开幕前三个月,不但对有利于活动推广,而且有利于观众邀约,还可以带动展位销售。

二是协调配套活动的场地,尽可能做到集约而有效使用,减轻租赁与布置成本。比如将活动安排在已经租赁的展馆内举办,并使场地适应多个配套活动的用途。

三是协调投入配套活动的人力资源,提高工作效率。配套活动配备专人或专班操作,但因进入满负荷状态的时间可能较晚(一般是距离展会开幕的前半年),且越临近展会开幕用人就越多(多招募临时性人员),故需把控工作节奏,合理配置人员,避免人手短缺或人浮于事。

## (四)及时督导,聚焦现场

展会配套活动的组织工作头绪繁杂,不确定因素很多。在管理工作上,一方面要督导及时,另一方面要突出抓好重点活动。在督导工作中,既要按计划调度活动进展状况,也要针对困难研商解决方案。配套活动中的重点活动,指规格高、规模大的活动,也包括新创办的活动。重点活动的管理,项目营销部门负责人要全程参与,项目经理也要付出精力。有些特别重要活动的组织工作,要列入主办方管理议事日程。

展会的配套活动举办于展会期间,多数举办于展会现场。涉及活动的场地布置、嘉宾接待、受众聚集、程序执行、现场服务等工作环节都要呈现于现场,任何环节出现问题都会影响活动的效果。因此在展会期间,展览项目经理及营销部门负责人的主要精力往往会投入配套活动,不敢掉以轻心。主办方负责人也会亲临重要活动现场,参与接待高级别嘉宾,或参与活动进程之中。

## 第五节 美工设计

美工设计,指用美术方法进行图画、造型、色彩创意的工作。展览项目的美工设计,指用于展会营销的美术创意作品。

### 一、美工设计的对象

展览项目的美工设计,服务于展会整体形象尤其是外在形象的塑造。

展览项目美工设计的对象包括展会标识、自媒体页面、广告招贴、邀请函、背景板等(见表6-26)。

表6-26  展览项目美工设计作品的细分

| 设计对象 | 对象细分 |
| --- | --- |
| 展会标识 | 图徽(Logo)、名称字型、主色调、信封信纸、课件模板、名片、场馆现场地毯颜色等 |
| 自媒体页面 | 网站、微信公众号、微博、会刊等 |
| 广告招贴 | 纸质招贴(壁贴、地贴)、电子海报等 |
| 邀请函 | 参展/参观/参会邀请函、嘉宾请柬等 |
| 背景板 | 开幕式、配套活动、展会现场布置所用的背景板 |
| 其他 | 入场券、手提袋、现场工作服、纪念品、奖牌奖品、吉祥物等 |

展览项目美工设计的作品,可分为相对固定和经常变动两种状态。除展会图徽(Logo)、名称字型、主色调、现场工作服样式等设计相对固定外,其他作品的设计如邀请函、广告招贴、背景板等,一般会隔段时间有所更新。

展览项目的美工设计主要是平面设计。但部分涉及造型设计,如现场工作服样式、纪念品中台式日历的装帧、赛事奖杯、吉祥物等。

### 二、美工设计管理的工作措施

要统筹规划。展览项目营销部门要在明确美工设计对象的基础上,依循创意审美、要素构成、设计交底、设计审定等环节统筹管理工作。美工设计应避免零打碎敲,不成体系,更不能随意放任、管理悬空。

要统一审美。展会的审美,指展览项目特意为受众营造的具有营销意图的展会外在形象,同时是受众可以感知的展会形象。美工设计应根据展览项目营销意图提炼的要素而进行创作。展览项目美工设计在审美上的统一性,主要体现在相对固定的图形和色彩上。一般认为,展会图徽(Logo)是展会特定图形和色彩的集中体现。其他反映展览项目外在形象的美工设计,均应依据图徽的构成元素而演化。

要专人负责。一般分为两种情况:大中型项目(包括大中型主办方)可配备专职美工人员从事设计工作;小微型项目(包括小微型主办方)应在项目团队中确定分管美工设计工作的员工。实际上,无论是大中型还是小微型项目,外包美工设计业务的情况较为普遍。追求高品质的专业设计,是大中型主办方外包业务的原因。小微型主办方外包业务,则是因为无力雇佣美工设计的专职人员。因此，大多数主办方或展览项目配置专人负责美工设计工作，主要是从事这方面的管理工作。

## 第六节 市场调研

市场调研即市场调查研究，指运用科学的方法，系统地收集、整理目标市场的信息，通过分析研究提出预测性意见，供决策者参考。展览项目的市场调研工作服务于项目的经营管理。

### 一、市场调研的作用与分类

为保持展览项目的市场竞争力和服务品质，展会主办方及其管理者在经营管理过程中，既需要适时了解外部市场的变化，也需要及时评估项目内部的经营状况，以便针对发展需求和存在问题采取相应的战略和策略。为此，预测市场变化、分析市场需求和评价项目经营状况，就要通过市场调研工作提供依据、意见或资料。

本书所介绍的市场调研工作，局限于展览项目即老项目的管理，不涉及独立创办的新项目市场调研。展览项目市场调研的对象与目的如表6-27所示。

表 6-27　展览项目市场调研的对象与目的

| 分类 | 调查对象 | 调查目的 |
|---|---|---|
| 行业态势 | 与展会主题关联的产业/行业 | 掌握发展趋势，分析展会前景，拓展客户资源 |
| 展会满意度 | 参展客商、观众 | 了解受众反映，查找存在问题 |
| 广告效果 | 用于展会宣传的媒体/媒介 | 评估推广效果，分析投入"费效比" |
| 竞争对手 | 竞品展会及其主办方 | 了解竞品经营管理情况，对比经营数据，查找差距 |
| 新市场 | 展会举办地 | 了解市场需求/展览场馆状况/政府扶持政策 |
| 新业务 | 新拓展板块所涉及行业 | 了解新增板块的市场需求 |
| 新技术 | 拟定目标工具 | 了解业务新技术的应用状况 |

### 二、市场调研的工作内容

展览项目的市场调研对象可以分为常规性和指定性两类。其中，行业态势、展会满意度、广告效果、竞争对手属于常规性调研，即每年都需要调研。新市场、新业务、新技术属于指定性调研，其根据项目发展或经营需要而进行，并非每年都做。展览项目市场调研的工作内容如表6-28所示。

表 6-28　展览项目市场调研的工作内容

| 分项 | 调研工作内容 |
|---|---|
| 行业态势 | 与展会主题关联产业/行业的经营规模、企业数量/分布、产品产量、知名企业、技术进步、民间社团、专业媒体以及国家产业政策等情况 |
| 展会满意度 | 参展客商、观众对于展会服务品质、参观效果的评价,其所反映的问题和改进建议 |
| 广告效果 | 评测已合作媒体/媒介广告推广展会的效果,评估拟合作媒体/媒介的影响力 |
| 竞争对手 | 竞品展会规模、展商构成、展位售价、参观效果、现场服务措施;竞品展会主办方的发展动向 |
| 新市场 | 项目复制举办地的市场需求、展场馆状况、政府扶持政策等情况 |
| 新业务 | 拟新增展览板块的市场需求、客商来源 |
| 新技术 | 拟采用技术性工具的应用状况、性价比分析 |

## 三、市场调研的方法

(一)收集资料的方法

收集资料是展览项目市场调研的基础工作。没有资料就无从分析研究。收集资料的方法较多,常用的有文献法、询问法和观察法。

1. 文献法

文献法,也称"历史文献法",指通过收集现有的文献资料,从中获取所需信息以供研究(见表 6-29)。在展览项目的市场调研中,行业态势、新市场、新业务等方面调研的资料收集工作适用此法。

表 6-29　展览项目市场调研采用"文献法"收集资料的来源

| 资料分类 | 资料来源 |
|---|---|
| 统计/分析报告 | 国内外行业协会/商会/学会、信息咨询/金融机构、智库定期或不定期发布 |
| 经济技术政策/规划 | 国内政府定期发布 |
| "皮书"[①] | 国内外机构定期发布 |
| 学术论文/专业著述 | 研究机构、高等学府及个人发表 |
| 企业年度经营报告 | 上市或非上市公司公开披露 |
| 企业介绍 | 出版物或网络登载 |
| 展商介绍 | 同主题展会自媒体登载 |

---

① 说明:"皮书"原指政府机构发布的文告。后来,非政府机构也参与发布,并逐步形成按封面颜色的分类。"白皮书"一般为政府文告;"蓝皮书"通常为学术研究机构文告;"绿皮书"观察研究领域与农业、旅游、环境有关;"黄皮书"观察研究对象与世界经济、国际问题有关。

2.询问法

询问法,指通过询问被调查者以获得所需信息的方法。当面询问、电话询问或书面询问,是施行此法的三种具体形式。在展览项目的市场调研中,展会满意度、广告效果、新技术等调研项目的资料收集适合此法。

3.观察法

观察法,指通过调研者的实地察看、亲身体验及访谈而获得所需信息的方法。在展览项目的市场调研中,竞争对手、新市场、新技术等调研课题的资料收集工作适合此法。

(二)分析研究的方法

一是,分析研究与收集资料相结合。从收集的资料中提炼调研所需信息,根据梳理信息的逻辑形成观点,再由论证观点的需要而补充资料。这种边收集资料边分析研究的工作状态,是展览项目市场调研工作的常态。

二是,客观分析所获信息。一方面,综合运用文献、询问、观察等方法收集资料,丰富信息来源,印证信息质量,避免信息失真而误导分析研究;另一方面,以客观态度分析研究信息,避免主观臆断扭曲调研结论。

三是,通过数据分析反映调研观点。要高度重视数据信息,做到"三个坚持",即坚持汇集有价值的数据资料,坚持定量分析为主、定性分析为辅,坚持定性分析的结论来源于定量分析。

(三)调研工作的管理措施

在展览项目的经营管理中,市场调研工作服务于项目的战略管理。其工作方向和业务成果不仅服务于项目自身,往往为主办方管理层高度关注。为做好此项工作,可采取以下四项措施。

一是,常规性市场调研工作要形成规范。在明晰调研课题和工作流程的同时,要明确完成工作的责任人。

二是,指定性市场调研工作要根据主办方或项目发展需要而适时展开。其工作班子由主办方相关部门(如市场部)和项目经理及营销部门负责人组成,以利调研工作符合主办方的战略发展需求。

三是,调研成果要考评。要建立调研工作成果的考核评价制度,通过会议听取汇报,了解工作进展和工作质量,并研讨调研提出的意见或建议。重要事项的调研成果要有书面报告。

四是,调研工作要为经营管理决策服务。要根据调研提供的意见或建议,谋划项目发展,改进项目管理。

## 第七节 优化营销管理

截至2019年,国内展会的主办机构超过4000家,展览项目数量超过1.1万个。按专业化水平分析展览项目营销业务的经营状况,可分为先进、一般和落后三类。其中,营销水平先进的展览项目不足10%,水平落后的不少于30%。本书认为,有营销业务部门(小型项目要配有专人)、有自媒体并保持运维、有观众邀约和有配套活动的"四有",是展览项目营销业务摆脱落后状态的标志。而先进的营销管理水平主要体现在两方面:营销技术和管理在展览业或者同主题项目中居于领先地位;项目竞争力和影响力持续提升,在客户中享有品牌声誉。

为摆脱落后,争取进步,营销管理水平一般或后进的主办方及其展览项目,除需要掌握信息内容生产与媒体、媒介运维、观众邀约、配套活动组织、美工设计和市场调研等营销业务的管理常识和操作方法之外,还需要在管理上进一步提升认知,优化工作方法。

### 一、提升认知水平

提高展览项目营销管理水平的前提,是提升认知水平。

要明白,为展会创造价值,是项目营销业务工作的出发点、落脚点和归宿点。无论是信息内容生产与媒体、媒介运维,还是观众邀约、配套活动组织、美工设计,都要体现价值创造。营销为项目所创造的价值,应该是参展参会的客户(受众)可以分享或体验的价值。只有拥有创造价值的意识,才能做好、做实、创新展览项目的营销工作。

要知晓,展览项目营销业务的价值是可以检验的。比如调查客户对展会的满意度,就是一种检验方法。但对于项目经营而言,通过销售业绩检验最为实在。这是因为,主办方的营业收入来自销售,如销售稳定且业绩保持增长,则表明参展客商认可展会,即客商认可项目价值。为保障展会经济收益的不断增长,就需要不断提升项目价值,以求持续扩大参展客商群体,并吸引客商长期参展。换言之,不能促进销售的营销,在主办方看来就不具价值。

要理解,营销与销售两者之间相辅相成的密切关系。"营销是让产品好卖,销售是把产品卖好"。这句话通俗而形象地说明了营销服务销售的作用。

基于上述,展览项目的营销管理应树立服务销售的观念,并促使营销工作贴近销售业务的需要,以积极创造主办方所期待、客商所共享的价值。

## 二、改善管理能力

营销管理落后的展览项目,可以从以下六方面改进管理工作。

一是,从解决"四有"(有营销业务部门或配有专人、有自媒体并保持运维、有观众邀约和有配套活动)问题入手,建立健全营销业务部门,明确工作职责,达至"从无到有",再实现"从有到优"的进步。

二是,以自媒体内容生产和邀约观众作为工作重点,梳理营销业务流程,建立业务规范,进而带动其他营销业务工作。

三是,以业绩考核为激励。要全面细致地制定适合不同营销业务的考核指标和考评方法。

四是,与销售部门保持密切沟通,通过了解销售业务进展情况,收集展商对于展会的批评性、建设性意见,针对销售业务中的痛点、难点和盲点,积极改善营销工作。配合销售部门为展商中的"头部"企业(指在某一行业中经济实力及竞争力、影响力领先的企业)、大客户(指购买展位面积较大的展商)或组团参展的机构定制营销服务,促进重点客户参展。

五是,学习先进展览项目开展营销业务的经验,结合本项目的实际化为己用,保持营销业务的创新活力。

六是,加强内部培训,为营销人员赋能,培养业务骨干。

## 思考题

1. 市场营销为客户、合作伙伴乃至社会带来的价值,除经济价值外,有没有其他价值?
2. 除展会外,企业开展市场营销还有哪些途径?比较这些途径开展营销与展会区别。
3. 如何理解展会交流信息的密集性、交流活动的丰富性和交流成果的经济性?
4. 通过实例,谈谈你对"展览+"和"+互联网"的认识。
5. 尝试为"动漫展"撰写参观邀请函和户外灯杆广告文稿,比较两者区别。
6. 为什么将展会新闻称之为"推文"? 如何界定展会新闻中的"软文"?
7. 参阅《会展文案写作》(华中科技大学出版社出版,张凡、杨荫稚编著),选择你所熟悉的展会写作及时性新闻或用于展会开幕的新闻通稿。
8. 展会新闻生产如何坚守社会公德和商业道德的底线?
9. 了解"中国国际进口博览会"的专业观众邀约观众情况,说明展会主题与参展客商、专业观众之间的相辅相成关系。

10.尝试通过网络为食品展会收集专业观众信息,理解原始信息与精准信息的区别。

11.专业观众信息数据库的保密工作为什么重要?

12.接受展会主办方委托、从事电话呼叫业务的服务机构,为什么不能发展组展业务?

13.如何将微信群中的粉丝转化成展览项目观众信息数据库中的精准信息?

14.在展会同期举办配套活动有什么作用?

15.展会期间举办的餐会与宴会有什么不同?

16.通过实地或网络考察北京国际家居展览会暨智能生活节的举办情况,分析节事在展会中作为配套活动的操作及其发挥的作用。

17.分析展会举办开幕式的意义。为什么许多展会不举办开幕式?为什么政府展会有"开幕式成功举办展会就成功了一半"的说法?

18.设计展会图徽(Logo)需要考虑哪些要素?

19.如何在市场调研中用观察法调研竞品展会的情况?

20.调研展览项目营销管理现状,就解决"四有"问题提出建议。

Chapter

# 7

## 第七章 销售管理

## 思维导图

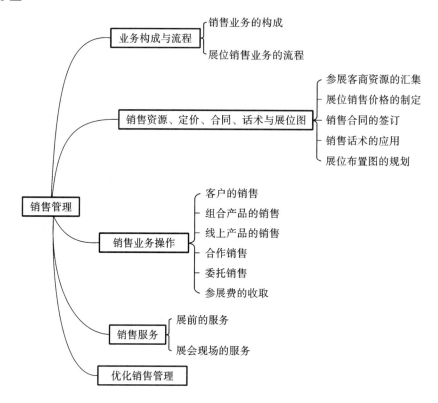

## 本章教学要点

在了解展览项目销售业务构成和业务流程的基础上,掌握售前准备工作、开展客商销售、交付展会并提供相关服务的业务知识与操作技能,了解展览项目销售管理的要点与基本方法。

# 开篇故事

## 从销售员到董事长的董明珠

出身于1954年的董明珠,是南京人。她毕业于安徽芜湖干部教育学院,学的是统计专业。毕业后在南京某化工研究所做行政管理工作。1990年,36岁的董明珠因故南下广东打工,找寻新的人生。一次偶然的机会她来到珠海,觉得环境宜人,便决定留下来找工作。董明珠应聘海利空调器厂当了销售业务员。海利厂就是格力电器公司的前身。

入职后,董明珠跟着一名老业务员,跑北京和东北市场学做空调机的销售。她学得很快,没多久就独立上手,通过拜访各大商场,半年时间竟然拿到了300多万元的订单。之后,董明珠根据公司安排,接手安徽市场的销售。她碰到的第一个麻烦是追讨前任留下的42万元货款。虽然欠款单位负责人使出各种招数赖账,但董明珠凭着一股犟劲连续40天每天到该单位催讨,迫使对方不得不以货抵债,挽回了公司损失。两年后(1992年),董明珠依靠勤奋和诚信,在安徽的销售额突破1600万元,占了全厂销售收入的八分之一。她又被调到南京市场。一年内个人销售额上升到3650万元,一举成为公司的金牌销售。在销售中,董明珠从不与客户喝酒。在那个"酒量等于销量"的年代,她的业务能力令公司上下刮目相看。

1994年,公司调整销售人员的提成比例导致销售人员集体"出走",企业经营顿时陷入严重困境。董明珠临危受命，出任经营部部长。她带领 26 名员工组成新的销售团队，在激烈的市场竞争中，坚持不降价销售、不赊账销售，以热情周到的服务赢得客户信赖，促使格力在空调行业中的销售收入由全国第 8 位晋升为第 2 位，并在 1997 年实现了应收货款为零的良性循环。在推行大客户代理制后（每个省会城市的代理商不超过 5 家），董明珠又探索以股份制方式建立区域销售公司，从而健全了"以我为主"的销售管理体制，抢占了市场竞争的制高点。

2001 年，47 岁的董明珠出任格力电器公司的总经理。次年（2002 年），格力公司营业收入超过 1000 亿元，净利润达 74.46 亿元。2016 年，董明珠出任格力集团董事长、格力电器公司董事长，并兼任总经理，正式开启格力电器的"董明珠时代"。此时，已是董明珠入职格力的第 26 年。

董明珠走上企业管理岗位后，先后就读中南财经政法大学 EMBA、中欧国际工商学院 EMBA 和中国社会科学院经济学研究生班，获得硕士学位。格力公司 2019 年报披露，董明珠当年薪酬为 865 万元，同时持有上市公司股票 4448.85 万股。

销售，意为卖出商品。销售管理，指企业对于报价、洽商、订立合同、发货（退货）、开具发票、售后服务以及维护客户关系等业务过程进行控制，以实现产品销售目标。

展览项目的销售管理，指为销售展会及其相关服务性产品而进行的管理工作。

长期以来，国内不少主办方习惯将展览销售称为招商。本书认为值得讨论。在中国，"招商"一词兴起于晚清"洋务运动"的后期。其时，一些官办企业（类似于国有企业）改由商办（承包经营）。政府为此而招募商家，称为招商承办。如著名的湖北汉阳铁厂，经湖广总督府招商，在 1893 年交由盛宣怀（"洋务派"代表人物，政治家、企业家）设立的私营公司承办。改革开放以来，招商引资成为热词。在相当长的一段时间里，招商引资特指政府为吸引建设投资而招揽境外客商（2010 年后，招商引资对象扩大至国内企业）。由此可见，"招商"一词源于政府行为，行招者是政府，被招者是企业。展览销售被称为招商，乃因中国改革开放初期的展会全部是政府主办，加之许多地方政府的展览项目创始于经济贸易投资洽谈会，招揽客商参展参会成为招商引资的组成部分，故致招商与招展融为一体。直至今天，在政府办展的文件中，招商指招募参展商，招展指组织观众。本书认为，招商与销售虽然都是面对客商的行销之举，但前者凸显行政运作色彩，后者强调商业服务态度。而今，在商业展项目主导中国展览业发展的大环境中，非政府展会的销售业务工作不宜称为招商。

## 第一节 业务构成与流程

展会是服务性产品。展览项目向客户销售的是服务。正因如此,展览业被世界贸易组织(WTO)划属服务贸易范畴。

### 一、销售业务的构成

展览项目所销售的展会服务,由展位、线下广告、配套活动、线上产品等具体服务性产品构成(见表7-1)。

表7-1 展览项目销售产品的构成

| 服务产品分类 | 销售内容 | 销售对象 |
| --- | --- | --- |
| 展位 | 展览场地 | 参展商 |
| 线下广告 | 媒体广告、商业赞助 | 参展商、相关客商 |
| 配套活动 | 会议、赛事、演艺等活动 | 参展商、观众 |
| 线上产品 | 网展展位、门户网站广告位、网络会议、线上广告等 | 参展商 |
| 其他 | 门票、会刊、纪念品等 | 观众 |

表7-1中所列销售产品中,展位销售是展览项目销售业务的"重头戏"。其销售收入一般占项目营业收入总额的九成以上(知名或大型展会因其他收入较多,展位收入占比稍低)。将商业赞助列入广告销售之中,乃因赞助者俱为宣传所需。线上服务所销售的产品应为主办方所创设,如主办方创办的线上展会、门户网站等自媒体的广告位等。

### 二、展位销售业务的流程

展位销售,按客商向主办方租赁的展览面积计算,分为标准展位和光地两种。

标准展位,也称为国际标准展位(指国际展览业通行标准的展位),可简称标展。其面积为9平方米(3米×3米)的正方形,配设展架(包括显示参展商名称的楣板1块)、展具(一般为1桌2椅,2盏射灯)。6平方米(3米×2米)和12平方米(3米×4米)的展位也常见于展会。

光地,又称为空地或净地,指不配设展架、展具的展览场地。

主办方为举办展会,需向展览场馆经营方租赁展览场地。其租赁时间的长短,依据展会使用场馆的时间而定(包括布展、开展和撤展所用的时间)。主办方在租赁的展览场地上设计的展位布置图即展位平面图。此图是展览项目销售展位的依据。客商依据主办方提供的展位平面图预订展位,并与主办方签订参展合同。在布展期间,客商依据展位图在自己租赁的展位上放置展品或搭建展台。展会开幕后,客商在自己的展位上接待观众。因此,展览项目的展位销售,实际是主办方向客商销售展览场地及其围绕展览项目而提供的系列服务。

展览项目销售人员销售展位的业务流程,通常从获取参展客商信息资源开始,直至接待客户参展结束。展览项目展位销售业务流程如图7-1所示。

图 7-1　展览项目展位销售业务流程

展位销售业务流程中各个环节的工作内容说明如下。

获取客商信息,指销售人员获得参展客商的名称、参展产品、联系方式等信息,并据此展开销售。销售人员所获信息,或由项目管理者分配,或由自己发掘。所获信息分为老客户和新客户两类。老客户即已经参展的客商,尤其是连续参展的客商;新客户即尚未参展但可能参展的客商。

联系客商,指销售人员依据信息联系客商。联系方式主要包括电话、邮件、微信、QQ沟通和登门拜访。

与客商洽谈,指销售人员联系客商后说服其参展,与客商就展位价格、展位面积、展位位置及其相关事项进行沟通商洽。

与客商订立参展合同,指销售人员在与客商就参展事项达成一致后,代表主办方与客商签署客商参展合同。

收取客商参展费,指销售人员或财务人员依据主办方与客商订立的参展合同,向客商收取展位费以及合同约定收取的其他费用。

为客商提供参展服务,指销售人员依据主办方与客商订立参展合同约定的服务事项,以及主办方公布的服务要约和主办方内部规定的服务标准,为客商提供从订立合同后到展会举办期间的系列服务。

在此流程中,获取信息是从事销售的资源,联系客商并与其洽谈是展开销售的方式,订立合同是达成销售目标的关键,提供参展服务是兑现合同即实现产品(展会)交付的过程。

## 第二节　销售资源、定价、合同、话术与展位图

展览项目在启动销售业务之前,除了配置销售人员,还需做好汇集客商资源、确定销

售价格、制定销售合同、规范销售话术和规划展位图等方面的准备工作。

## 一、参展客商资源的汇集

展览项目销售的对象是参展客商。由展会目标参展客商形成的客户群体,就是项目的参展客商资源。一般而言,客商资源的多少将决定展会规模的大小。汇集参展客商资源应以定位分析为基础,以增加信息数量、提高信息质量为目标,以建设信息数据库为"抓手",以求客商资源发挥支撑销售业务持续成长的作用。

(一)客商定位分析

展会参展客商的定位分析方法与观众定位分析方法相同。参展客商的定位应围绕展会主题及其展览范围,同样需要从构成、来源、数量三方面展开分析。

比如机械工业装备展会的参展客商,由机床、机床附件、机械加工机器人、机械工业自动化设施的制造商/代理商以及机械工业技术开发机构、机械工业媒体构成(参看本书第六章案例6-3)。根据这一构成,再进行客商的来源和数量分析。分析参展商的来源和数量,主要依据统计数据。在来源上,可以分析产地。比如机床行业,全球性生产大国有德国、日本、中国、美国、俄罗斯、意大利等。其中,中国的沈阳、大连、齐齐哈尔、济南、上海、武汉、重庆、西安以及台湾地区是生产基地。在数量上,全球机床制造商约2500家,中国制造商超过1200家。

又如建筑装饰材料展会的参展客商,由包括门窗、吊顶、铺地、涂料、壁纸、工艺玻璃、厨卫设施、布艺、建筑五金等产品制造商/代理商构成。从产地来源分析,中国制造商占绝大多数,分别集中于广东、浙江、湖南、四川、河北、山东等地。建筑装饰材料行业细分产品众多,中小型企业密集,国内制造商的数量有数十万之多。

再如"北上广深"以外城市服务于制造业的展会,参展商多为代理商。代理商数量甚多:或按大区分布,如东北区、西南区、华中区;或按省区分布,但集中于大城市。比如医疗器械行业,知名制造商在一个省(自治区、直辖市)往往只确定一个总经销商。该经销商可以在这个省(自治区、直辖市)内发展若干个分销商。

(二)客商信息收集与整理

收集与整理参展客商的信息资料,同样需以"他是谁""他在哪里""怎样联系他"和"他需要(关心)什么"四个问题作为导向。

收集参展商信息与收集观众信息的途径并无明显差别,按获取信息的数量、质量并考虑"费效比",派员到同主题或关联主题的展会现场收集无疑是其中的较优途径。展览项目参展客商信息的收集途径、方式与效果比较如表7-2所示。

表 7-2　展览项目参展客商信息的收集途径、方式与效果比较

| 序号 | 途径 | 方式 | 效果 |
| --- | --- | --- | --- |
| 1 | 通过展会/会刊 | 在同主题或相关主题展会现场收集参展商名片/资料,查阅展会会刊名录 | 数量多,质量高 |
| 2 | 通过社团 | 与社团联合办展或举办配套活动/参加社团活动 | 数量多,质量高 |
| 3 | 通过专业媒体 | 与媒体联合办展或举办配套活动/刊登广告 | 数量多,质量高 |
| 4 | 通过电商平台 | 在电商平台上发布广告 | 数量多,质量高 |
| 5 | 通过网络 | 网络关键词搜索 | 数量多,质量低 |
| 6 | 通过参展商 | 参展商提供同行业企业信息 | 数量有限,质量高 |
| 7 | 通过地推 | "扫街""扫楼""扫园区" | 数量有限,质量高 |
| 8 | 通过自媒体 | "圈粉"＋"引流" | 数量多,质量高 |

高质量的信息即精准信息,应包括客商机构名称、地址、经营范围、主要产品、生产规模、参展情况、联系人姓名及其联系方式等翔实数据。而缺乏这些数据的信息,属于低质量信息。

在参展客商资源中,已经参展的属于主办方用户,没有参展的则为主办方潜在用户。无论是已经参展,还是没有参展的客商,其资料均应录入展览项目参展客商信息数据库。数据库中,参展客商的标签一般包括机构名称、地址、国别、所有制性质、是否上市、主营范围、主要产品、企业规模与行业地位、历史参展情况、联系人信息(姓名、职务及联系方式)等内容。在标签中,所有制性质,用于注明企业是外商独资、中外合资、国资或是民营的等不同性质;是否上市,用于注明企业是否在证券市场上市(包括在境内外主板、创业板、科技板、新三板、地方股权交易系统等市场上市);企业规模与行业地位,用于注明企业大中小微型类别,如是否为行业的头部企业;历史参展情况,用于注明过往是否参展(包括参加其他展会)以及参展规模(展位面积)。参展客商如果是代理商,也应明确标签。

(三)汇集客商资源工作措施

一是,参展商定位分析应与观众分析相结合。

参展商与观众都是展会的客户,两者在展会上是供求关系,但角色可以转化。如某企业先是展会的观众,后成为参展商;又如某企业是国内展会的参展商,但又是境外展会的观众。因此,展览项目对于参展商与观众的定位分析应一并进行。这种基于供求双方的分析,既有利于招揽参展客商的销售业务工作,也有利于邀约观众的营销业务工作。

二是,批量获取信息的工作要有计划。

集中批量的获取参展客商信息的方式有两种:一种是派员到同主题或相关主题展会以及与展会主题关联的会议现场收集信息,如郑州医疗器械展的主办方派员到"北上广"大型知名医疗器械展现场收集参展商信息,或派员到国家级医疗器械行业协会、学会、商会举办的会议现场收集会议代表信息;另一种是安排人手汇集国内外相关展会、会议的参展参会者名录信息。集中批量的收集信息工作,一般按年安排。派员赴展或赴会收集信

息,要有针对性,既可以去"北上广"的展会,也可以去其他城市甚至国外的展会。收集客商信息应与竞品展会的市场调研工作结合进行。派出的人员要考虑适配能力,如不宜派遣项目团队中的普通员工参加高规格的专业会议。到特大型展会(如展览面积超过10万平方米)收集参展商信息,可以临聘人员参与工作。汇集参展参会者的名录信息,需要依托数据库查重。老项目可以采取随时随补(即及时补充收集到的名录信息)或隔两三年集中做一次的方法。新项目应在销售启动前组织人手收集,并与建立数据库工作一并实施。

三是,拓展资源要与销售业务相结合。

拓展参展客商资源就是为了扩大销售。通过销售扩充参展客商群体规模并核实相关信息,是展览项目拓展参展客商资源、提升信息质量的有效方法。应要求并激励项目团队的销售人员广泛收集潜在客户信息,在开发新客户和维护老客户过程中不断补充相关数据,以利拓展参展客商资源与扩大销售业务相互促进。

四是,要在项目团队内部共享数据库信息。

参展客商数据库一般由项目经理或项目销售部门负责人管理。销售、营销以及财务人员应共享库中信息。销售人员可以据此了解报名参展客商情况,避免重复销售。营销人员可以据此了解参展客商需求以配合宣传,并联系客商获取买家信息或组织配套活动。财务人员可以据此了解销售进度,跟进销售合同管理。

## 二、展位销售价格的制定

产品的销售价格是产品价值的重要体现。展位的销售价格是展会价值的外在反映。制定展位销售价格,是销售管理中与展览项目经营战略有关的一项工作。

(一)销售定价因素

展位的销售价格由展会主办方确定。主办方定价时主要考虑以下四个因素。

一是成本因素。成本是考虑产品定价的基础性因素。销价低于成本,是亏本销售。销价与成本持平,是保本销售。销价高于成本,是盈利销售。展览项目的经营成本可以通过财务预算提前知晓,并可以通过项目结束后的财务决算及其分析予以验证。测算展位的单位成本(展览项目营业成本总额÷展会销售净面积总和或标准展位总数)是制定展位销价的重要依据。而成本+利润,是主办方定价的基本方法。

二是市场因素。对展位销价产生影响的市场因素来自以下方面:其一,展会主题所涉及的行业及其企业对于展位价格的承受力有所不同。一般而言,对于较高的展位销价,大型企业聚集的行业如能源、汽车、房地产、金融等易于接受,而小微型企业密集的行业如农业、零售、餐饮等则难以接受。其二,展会举办地经济发展及消费水平的差异致使展位销价不同。目前,国内展会的展位销价普遍低于国外展会,尤其大大低于发达经济体的展位销价。而在国内,"上广北深"(即上海、广州、北京、深圳)的展位销售价格明显高于其他城市。在"上广北深",上海的展位销价整体高于北京、广州和深圳。"上广北深"展览项目运营成本明显高于国内其他城市(其大型展览场馆的租金一般为其他城市的1—3倍),是销价高定的重要原因。其三,在同一城市以及同一展馆举办的展会,销售定价时可以相互参照。其四,同主题展会因竞争而制定不同的销售价格。一种情况是,因影响力不同(国际性、全国性或区域性），同主题展会展位的销价会有明显差别；另一种情况是，当同一城市举办同主题的展会在两个及以上时，展位销价往往会成为不同主办方相互竞争的武器之一。

三是价值因素。品牌展会的价值表现为客户的忠诚与眷顾，一般而言，参观效果好、展览规模大和服务品质优的展会，才能为客户所青睐。品牌展会的展位销价明显高于非品牌展会，正是价值的体现，国内外莫不如此。

四是展位位置因素。处于展览场馆内"好位置"的展位，其销售定价可高于其他展位。"好位置"一般指在展馆主要入口或观众必经之地，以及主通道两边的展位。而位置较差的展位，一般是指位于展馆内靠边、靠后的展位。为促进销售，其定价可低于其他位置的展位。

(二)销售价格制定方法

制定展位销售价格，在方法上要体现计划性、综合性、动态性和灵活性。

计划性，指销售价格须在销售业务启动之前制定。

综合性，指制定销售价格须综合考虑成本、市场、价值、展位位置等因素。其中，成本是基础性因素；市场与价值因素有赖于定价决策者的判断。新项目的展位定价，应基于成本和市场两方面的预测。

动态性，指销售价格的变动。在经济发展和市场竞争中，展位销售价格不可能长期不变，由低向高势为必然。

灵活性，在价格管理实践中分为两种情况：一种是，主办方在制定价格时就针对不同客户、不同位置确立了价格差异及优惠的统一标准，销售时不再变动；另一种是，在销售过程中根据客户需求（一般是大客户）和销售进展情况进行价格调整。一般而言，知名大型公司属于前者，其灵活性体现在售前，反映为洞察客户需求的能力以及对于价格管理的预见性。后者多见于中小型主办方。

在展览项目的销售策略中，销售价格是重要工具。展览项目在制定展位销售的基准价格（基准价格一般指销售的最低限价，又称为"底价"）后，会根据客商情况制定相应的销售策略（见表 7-3）。

表 7-3　展位销售价格调整策略

| 销售分类 | 价格调整内容 | 说明 |
| --- | --- | --- |
| 委托销售 | 按基准价格，代销方获得销售佣金 | 属于渠道销售或销售代理性质 |
| 团组客商 | 在基准价格上予以优惠 | 折扣给予组团者 |
| 知名客商/品牌 | 在基准价格上予以优惠 | 享受优惠的客商极少 |
| 预订大型特装展位的客商 | 在基准价格上予以优惠 | 大型展位标准依不同展会而定 |
| 展位+定制增值服务的客商 | 展位价格优惠，增值服务收费 | 获得增加销售收入的效果 |
| 展位+配套活动"打包"的客商 | 展位价格优惠，配套活动收费 | 获得增加销售收入的效果 |
| 重点展馆/展区/展位 | 基准价格上浮 | 品牌展会采用 |
| 展会现场位置较差的展位 | 基准价格下浮 | 促进展览场地利用 |

续表

| 销售分类 | 价格调整内容 | 说明 |
|---|---|---|
| 其他 | | 根据需要而定 |

必须指出,展位销售价格偏低,是国内许多展会面临的窘境。一些展会举办多年,但销价长期徘徊于低位水平(标准展位的价格约为3000元/个)。究其原因:一是项目创办时定价过低,后虽提价,但涨幅偏小未能摆脱低价销售状态;二是参展商集体抵制调价,尤其是遭遇产品代理商的联合抵制,致使以代理商参展为主的项目难以调价;三是展会参观效果与服务品质长期未能改善,如提高销价就会增加销售业务的困难。破解展位销价偏低难题的关键,是切实改善展会的参观效果与服务品质。

免费参展对于展览项目形成定价机制并获得销售收入十分不利。一些政府展项目在创办时为追求展览规模,常常采用展位免费方式吸引客商参展。此举致使客商不珍惜参展机会,而且严重影响项目形成收费参展的机制。因此,主办方应慎用免费参展措施。

### 三、销售合同的签订

展览项目的销售合同即客商参展合同。销售人员应熟悉参展合同的格式、内容以及签订合同的法律知识和主办方的制度规定。

(一)销售合同样式

展览项目与客商签订的参展合同,基本由展会主办方提供,分为格式条款合同和非格式条款合同两种。

1.格式条款合同

在参展合同中,主办方普遍使用格式条款合同。格式条款合同,即当事人为了重复使用而预先拟订,但合同中的条款在订立合同时未与对方协商。展会主办方作为参展合同的当事人,为让销售合同能够反复使用,都会预先拟定合同。这种参展合同在订立前未与参展客商协商,因此属于格式条款合同。

在国内,参展合同中的格式条款合同多为表格形式(见案例7-1合同1)。表格形式的格式条款合同,条款简明扼要,篇幅往往不超过两张A4的纸。展会主办方与客商只需在表格上预订的栏目中填写双方约定的事项即可。这种合同条款简明、易于填写,老客户都非常熟悉。

除表格形式的格式条款合同外,也有增加文本形式的格式条款合同(见案例7-1合同2)。在文本形式的格式条款合同中,条款内容全面,事项表述详细,合同文字篇幅往往在数千字以上。在这种合同中,展会主办方与客商对于双方各自权利主张、违约处罚要求的表述占据合同的主要篇幅。

展会主办方在使用格式条款合同过程中,常会遇到客商要求增加条款的情况。客商要求增加的条款,基本是为了保障自己的权益,并对主办方予以制约。在这种情况下,大多数客商不会要求改变格式条款合同的样式,而是在格式条款合同内增加条款。

## 案例 7-1　　展会参展合同

### 合同1　第18届CS市广告技术与设备展览会参展合同
**(2017年4月9—11日在CS国际会展中心举办)**

| 参展单位 | 单位名称 | | | | |
|---|---|---|---|---|---|
| | 地　　址 | | | 邮　编 | |
| | 电　　话 | | 传　真 | | |
| | 联 系 人 | | 职　务 | 手　机 | |
| | 网　　址 | | E-mail | QQ/微信 | |
| | 参展产品 | | | | |

| 参展形式 | ☐ 标准展位＿＿＿个，展位号＿＿＿＿＿＿＿，费用＿＿＿元； |
|---|---|
| | ☐ 光地＿＿＿平方米，展位号＿＿＿＿＿＿，费用＿＿＿元； |
| | ☐ 会刊广告＿＿＿版，版面位置＿＿＿＿，费用＿＿＿元； |
| | ☐ 其他广告位＿＿＿＿＿＿＿，费用＿＿＿元； |
| | ☐ 技术讲座＿＿＿场，场次＿＿＿＿＿＿＿＿，费用＿＿＿元。 |

| 展位费支付 | 合计(大写) | |
|---|---|---|
| | 指定收款账户 | 户　　名：CS奇祥展览有限公司<br>开户行：建行CS市省直支行<br>账　　号：4100××××××××××××××× |
| | 备注 | 1.自合同签订一周内支付参展费用总额的50%作为定金；<br>2.余款必须在3月1日前付清。 |

**合同约定**

1. 本单位同意参加本届展览会，并保证按时支付各项参展费用，服从承办方统一管理；
2. 未按本合同支付参展费用的单位，承办方有权调整或取消其预订的展位；
3. 参展单位签署本合同后无故退展，承办方将不退还其已交付的参展费用；
4. 参展单位发生的物流运输费、临时接电费、展具租赁费，由参展单位自行支付；
5. 参展单位搭建特装展位，高度限制为5米，特装展位(桁架)搭建四面2.5米以下必须通透；
6. 参展单位的展位搭建与展品摆放，不得占用展馆通道；
7. 承办方为参展单位提供的服务，详见承办方《参展服务手册》；
8. 参展单位在展会现场展示的展品，须与合同填写的内容一致，否则主办方有权在展会现场中止参展单位展览资格，并不退还参展费；
9. 本合同经承办方、参展单位双方签字盖章后即具法律效力，传真件与原件效力等同。

| CS奇祥展览有限公司(合同章) | 参展单位(公章) |
|---|---|
| 销售代表(签字) | 授权代表(签字) |
| 手机： | 手机： |
| 地址： | 地址： |
| 电话：　　　　传真： | 电话：　　　　传真： |
| E-mail:＿＿＿QQ:＿＿＿微信:＿＿＿ | E-mail:＿＿＿QQ:＿＿＿微信:＿＿＿ |
| ＿＿＿年＿月＿日 | ＿＿＿年＿月＿日 |

## 合同2　2016年中国(上海)国际乐器展览会参展合同

| 单位中文名称 | (参展商若单位名称最近一年有变更,请注明原公司名称) | | |
|---|---|---|---|
| 单位英文名称 | | | |
| 单位地址 | | 邮　编 | |
| 邮寄地址 | (此地址若与单位地址相同,可不填写) | 邮　编 | |
| 联系人 | | 职　务 | |
| 电　话 | | 传　真 | |
| 电子邮件 | | 手　机 | |
| 公司主要负责人 | | 职　务　　　　手机／电话 | |
| 展品类别(请贵公司勾选本公司参展展品,这将影响展位位置安排) | □钢琴和键盘乐器　□弦乐器　□乐谱　□民族乐器<br>□铜管乐器　□木管乐器　□打击乐器　□手风琴／口琴<br>□电声乐器　□乐器配件　□音乐相关电脑硬件软件　□其他 | | |
| 参展展品 | | 参展品牌 | |
| 企业类别 | □生产商　□代理商　□进出口商<br>□零售商　□协会／媒体　□其他(请注明)＿＿＿＿ | | |

本公司申请 上海新国际博览中心：
_____号展馆 □标准展位 □光地 _____平方米 展位号：_____
我司应付展位费人民币_____元。
本公司向主办单位申请以下展会现场服务内容(可单选或全选)：
□展台演出申请 □展会广告申请
对于申请以上内容的展商，主办单位将另外传真合同附件进行确认。凡有展台演出的展商须进行展台演出申请，未申请者将禁止进行展台表演。
我已阅读并同意参展合同、参展合同有关规定的约定，本参展合同及附件自上海国际展览中心有限公司确认之日起生效。

授权签署：_____

签署日期：_____

加盖公章：_____

参展确认

以下由主办单位填写

兹确认贵单位申请位于上海新国际博览中心 _____号展馆 □标准展位
□光地 _____平方米 展位号：_____

授权签署：_____

签署日期：_____

加盖公章：_____

注：
(1) 参展商若私自转让展位、展示的产品与合同上不符或与乐器不相关，主办单位有权取消其展位。
(2) 展会禁止拼展，对于拼展展商，主办单位将采取禁止参展等措施。
(3) 在关于本展览会其他任何资料中，若由参展商提供的包括单位名称在内的各项信息与本合同不符或未能按时提交《展商手册》中相关表格时(会刊登记、展品分类、公司楣板等)，主办单位将以本合同中信息为准。
(4) 中国(上海)国际乐器展览会参展合同的有关规定《展商手册》等都作为本合同附件，具有与合同同等法律效力。

### 中国(上海)国际乐器展览会参展合同的有关规定

一、关于展位申请

(1) 各参展商需将企业营业执照副本传真至主办单位，以便主办单位审核参展商参展资格。

(2)请各参展商在确认的展位图上签字并回传至主办单位,作为合同附件。

(3)二胡厂家或营销企业需传真"定点生产企业证明文件及二胡收藏证"作为合同附件。

二、关于展位价格、付款及发票

(1)展位价格计算方法以招展书以及展会官网的公布为准。

(2)参展公司自签订参展合同之日起15日内支付占合同金额50%的第一笔款项,在收到主办单位确认通知后,方可有效。所有余款需在2016年7月30日前付清,否则主办单位将有权变更参展公司的申请内容,或将视其放弃展位。

(3)2016年3月30日前签订参展合同,并在合同规定期内支付了50%展位费者所享受的优惠金额将在支付的余款中扣除。所有的费用必须在规定日期内缴付。不能按期缴付者将按较高费率支付,这适用于那些签订参展合同较早,却不能按期支付的参展商,其签订参展合同时的优惠展位费将自动地恢复到没有折扣的费率。

(4)展商如在4月30日之后退出参展,第一笔付款不退回;如在7月30日之后退出参展,全额展费不退回。

(5)由主办单位所开具的展位费发票抬头以参展单位在银行汇款的单位名称或汇款人名称为准。

(6)参展商所付展位费以及其他付给主办单位的相关费用,主办单位将开具增值税普通发票。参展商若需开具增值税专用发票,请提前向主办单位申请并提供税务登记证及开票资料。参展商收到增值税专用发票后,请即仔细核对,若有疑义,请速联系主办单位,发票隔月无法修改重开。以个人名义付款展商无法开具增值税专用发票。

三、其他相关规定

(1)条款中的词语含义如下:"展览会"指于2016年10月8日至11日在上海新国际博览中心展出的中国(上海)国际乐器展览会。"主办单位"指上海国际展览中心有限公司。"参展商"指任何已根据合同获得展位的人员或单位。"展品"指参展单位展位上的参展物品。"展位"指分配给参展单位的场地和在上面搭建的展台。"展馆"指展厅以及与展览有关的场地或房间。"指定服务商"指在展览期间,被主办单位或展馆经营者雇用,对展位进行搭建、装配或其他工作的个人或公司。

(2)展览会布展时间为:10月6—7日。展览会开馆时间为:10月8—11日。在此期间,每个展位必须有展品展出,并且必须有参展单位人员在场。

(3)参展商如果想要取消其预订展位,必须以书面形式通知主办单位,同时须按参展合同中列出的缴款日期,缴纳取消日之前的全部费用。参展商在签约后要求缩小其展位的,仍需支付原来预订时的全部金额。未经主办单位同意,参展商不得将其展位转租或分租给第三方。主办单位有权因展览会整体需要调整参展商的展位位置或面积,如调整后的面积小于原来申请的,主办单位将按面积缩小的比例退款给参展商。参展商不能按照本参展合同规定撤去不符合本合同规定的任何展品,包括器材、器械及其他东西,主办单位有权将之从展位或者展馆中拖走,其风险和费用由参展商承担。

(4)主办单位将向参展商提供包括展览会各项安排的详细的《展商手册》。参展商应遵守《展商手册》中的各项规定。

(5)主办单位将向各参展商提供展览会比例平面图和标准展位的详细资料。参展商不得在主办单位认为遮挡光线,或者有碍观瞻的公共场所,或者在出入口通路,或者其他影响到别的参展商的地方陈列展品。光地参展商必须在开展前6周,向主办单位提交其特装展位搭建的图纸(尤其是结构图)以及可能聘用的搭建服务商,以便主办单位批准施工。

(6)所有搭建、装饰或遮挡展位的材料必须是不可燃的。参展商须遵守主办单位、展馆或者有关部门的规定。

(7)展馆提供一般的照明。主办单位指定正式搭建承包商,将电气线路连接到各展位以备展品陈列之需。展厅内不允许其他电气承包商工作,所有设施均由授权单位进行检查。参展商不能安装使用也不允许其安装或使用任何附加的发电、供电装置,或者其他人造光源、发电方法,或者任何主办单位认为破坏展馆规定的装置。

(8)危险材料不得展出,也不能带入展厅。只可展出申请展位时提出的展品。没有征得主办单位的事先同意,不得在展厅内的任何部位树立或张贴任何标志、印刷品或者宣传品。参展商不得展出和宣传主办单位或展馆认为属于诲淫的,或者有异议的展品、宣传材料或其他东西。

(9)参展商应在闭馆期间撤走其展品、展位及搭建商的材料,在闭馆期间若将展品弃置在展馆或者展览大楼内,将材料或者展品随意丢弃,清除或处理这些东西的费用将由参展商承担。

(10)展览会布展、撤展期间,展会开展期间的前两日,12岁以下儿童不得进入展馆。

(11)展位上允许的最大音量为70分贝,若展商有展台表演须在签订参展合同的同时提出申请。

(12)所有的展品、零配件和所有其他由参展商及其代理人、搭建商、其他由参展商邀请者带进展览会的物品,均由参展商独家承担风险。主办单位不负责这些展品、零配件或物品的任何损失或损坏。主办单位不负责非主办单位的疏忽而造成的参展商或代理承建商或参展商邀请的其他人员的生命及人身伤害。参展商有责任承担并赔偿因安装和拆除展位不当而造成主办单位的利益蒙受损失或损害,以及直接或间接由参展商或任何承包商、分承包商或参展商邀请者,或由于任何展品或机器等,对展位所造成的损失和损害。

(13)如果主办单位因不可抗力而取消展览会,参展商同意接受统一解决和清算所有对主办单位的索赔,根据主办单位收到的所有参展商交付给展览会总金额,扣除主办单位在联系展览会中已交付的所有费用,根据主办单位的决定包括保留以备将来可能产生的展览会索赔和各项费用后,再按比例分摊。如果主办单位是出于商业原因取消展览会,包括(但不限于)展览会缺少支持时,主办单位将退回所有参展商已付给主办单位的费用,参展商应同意并确认不再对主办单位取消展览会提出进一步的索赔。

(14)所有参展的展品都必须具有自己的知识产权或有效授权证明,所有展品、展品外包装、宣传资料等没有侵犯他人的知识产权,并于展会期间准备好参展的展品的知识产权或有效授权证明。展会现场将会设立知识产权办公室处理相关纠纷,一旦由知识产权办公室认定展品有侵权嫌疑,主办单位有权要求参展商撤下相关展品。

(15)在特殊情况下,主办单位有权对这些条款或其中任何条款进行适当的修改、增加、改进或撤销。但这些修改、增加、改进或撤销并不免除任何本合同中规定的参展单位所需承担的义务。

(16)本合同适用于中华人民共和国的法律管辖。合同双方如在解释或执行本合同条款的过程中产生争议,都同意由上海国际经济贸易仲裁委员会仲裁。

### 说明与评点

(1)本案例收录的两份参展合同均为格式条款合同。两份合同都采用了表格形式。合同2在表格后附加了与合同有关的规定。此规定是该合同的组成部分。

(2)在表格中,两份合同均分栏目列明参展客商的单位名称、地址、联系方式、负责人或联系人、约定展位数量、应付参展费用、展品等合同约定内容,以便客户填写。"中国(上海)国际乐器展览会"的参展合同,在表格中"参展类别(请贵公司勾选本公司参展展品,这将影响展位位置安排)"一栏详细列明展品分类,要求客户注明。而"广告技术与设备展览会"参展合同中的"参展产品"一栏,未进行展品分类。

(3)两份合同约定的条款,基本是针对参展客商的。合同2附加的《中国(上海)国际乐器展览会参展合同的有关规定》,除说明主办方提供的服务外,更多的是规范客商的参展行为。之所以附加规定,一方面是主办方认为将如此多的规定放在表格式的合同中占用太大篇幅不太合适;另一方面是主办方认为明确本方提供的服务事项和规范客商参展的行为非常必要。

### 2.非格式条款合同

参展合同中的非格式条款合同,往往是根据"大牌"或支付大额参展费客商(包括主办方为客商提供组合销售服务产品)的要求而设立的。在国内展会销售中,非格式条款合同应用不多。但凡采用,该合同一般是与重要客商订立的合同。

非格式条款合同采用文本形式,不会采用表格形式。客商重视保障自身权益,必会详细约定主办方的责任与义务,以及违约后对于主办方的处罚,非格式条款合同的篇幅数倍于格式条款合同。参展商是展会主办方的客户,而且要求订立非格式条款合同的参展商多具强势地位。因此,参展客商在非格式条款合同中约定主办方责任、义务以及违约处罚的条款较多。

草拟非格式条款合同的文本,仍以展会主办方为多。但参展客商会在订立合同的过程中会提出意见,包括修改主办方提供的合同草案。非格式条款合同的文本草案往往需要在双方当事人之间多次协商方能定案。参展客商的法务专家一般会参与合同草案的协商。

### (二)销售合同制定方法

制定合同须符合《中华人民共和国民法典》中关于合同的规定。

展览项目用于展位销售的格式条款合同,由主办方统一制定。主办方的法务部门或聘请的法律顾问要参与展位销售合同范本的制定与审查。

格式条款合同因反复使用,应形成相对固定的范本。表格式格式条款合同的栏目,应以简明扼要、方便填写为设计原则。格式条款合同的内容调整,基本上是按展会的届数而进行,主要是变更展会举办时间、地点、届数等条款。

非格式条款合同的设立或应客商要求,或因合同内容复杂而无法用格式条款合同处理。因合同多由展会主办方提供草案,故主办方应准备范本作为草拟合同的模板。在草拟合同时,须将经由双方(展会主办方与参展客商)达成一致的意见写入合同草案之中。非格式条款合同的文本,或由主办方法务部门提供,或由负责此项销售业务的销售人员依据主办方的统一范本而撰写。

非格式条款合同草案形成后,展览项目经理及销售业务部门负责人须进行审查。主办方的财务、法务(法律顾问)部门也要参与审查。

## 四、销售话术的应用

企业销售产品,卖家需要洽商买家,并达成交易。洽商就是"谈生意"。洽商是销售人员通过语言沟通推介产品,并获得客户订单的过程。销售人员促请客户购买产品的推销用语,即为销售话术。

在国内,展览项目销售人员销售展位,主要通过电话与客商进行语言交流。规范销售人员与客商电话交流的用语,是展览项目销售管理的基础工作之一。

### (一)编写销售话术脚本

经过统一加工而形成的电话销售用语的范本资料,称之为销售话术脚本。销售话术脚本一般由开场白、与客商对话、意向确认、结束语四部分组成。

展览项目针对参展客商尤其是新客户的电话销售话术脚本,在内容设计上要做到"三个明确":一要明确需要告知客商的信息,包括展会的主题、展览范围、举办时间、地点以及主办方等基本情况;二要介绍展会价值(说明参展对于客商的意义),并明确发出参展邀请;三要明确回应客商的提问。销售话术脚本在语言组织上,应在注意礼貌亲切的同时,具有针对性和代入感。针对性,指根据客商类型设计话术,如大客户的参展诉求与小客户不同,需要区别应对。代入感,指话术要在吸引客商兴趣上下功夫,以利营造良好的沟通氛围。

编写销售话术脚本不能闭门造车,而应来自销售实践,并且集思广益。可先以有经验的销售骨干员工的话术为基础,经提炼形成脚本初稿;再经销售团队集体讨论产生定稿。项目经理、营销人员应参与集体讨论。脚本确定后,要通过销售实践进行检验,并根据应用情况及时补充完善。

 **案例 7-2　　展览项目销售话术脚本的编制要点**

从《全新销售》一书中获得的启示

《全新销售:说服他人,从改变自己开始》(以下简称《全新销售》)是美国著名未来学家、财经畅销书作家丹尼尔·平克的著作。他指出,当今已是全新销售时代,每个人都要用销售打动他人,说服他们放弃自己的某样东西,交换自己拥有的某样东西。他认为,在全新销售时代,服务型销售已成为必然趋势。

本教材编著者根据从业经验,借助《全新销售》一书的观念,对编制展览销售话术的要点进行了归纳,具体见表 7-4。

表 7-4　展览销售话术要点

| | |
|---|---|
| 资料准备 | 1. 展会主题所服务行业的状况,参展商在行业中的地位以及与对手竞争情况<br>2. 观众构成情况,尤其是买家参观和展会现场订货情况,参展商品需求趋势<br>3. 分析并归纳展会特色,尤其是与竞品展会的区别<br>4. 上届展会的数据,包括展览面积、参展商数、观众数、现场配套活动效果等 |
| 沟通要则 | 1. 开场白要有吸引力,有客商参与沟通的代入感<br>2. 进入对话环节后,要根据客户类型有针对性地宣介展会,重视三个"关注"<br>关注老客户:下届展会的新变化、行业内竞争对手的新动向<br>关注新客户:展会特色,行业内企业尤其是竞争对手参展情况,观众构成及买家到会情况<br>关注流失客户:了解流失的原因,尤其要了解客商不满意展会的原因。针对原因,说明展会的改进情况<br>3. 耐心倾听客商意见,而不急于销售展会,从中寻获客商感兴趣的话题,并与之交流,增进客商好感 |

续表

| | |
|---|---|
| 在交流中提问 | 如客户愿意,可以学习的态度通过提问向客商了解以下情况<br>1. 公司今年/明年产品销售的增长目标<br>2. 公司产品销售的目标市场<br>3. 公司产品销售的理想客户<br>4. 公司的竞争对手<br>5. 公司市场营销的方式,经常使用的媒体/媒介,自媒体运营情况<br>6. 公司参展的决策过程与关键决策者<br>7. 公司参展预算安排意向 |

(二)培训销售话术

销售话术脚本范本是展览项目销售业务的培训教材,全体销售人员应熟练掌握。新项目销售话术的培训尤其重要,新员工是培训重点。

培训销售话术,不能简单地要求销售人员背诵,而应该引导理解话术内涵,着重是项目背景、特色、亮点等方面。对与客户对话交流部分的培训,既要掌握话术脚本中罗列的客商经常性提问的答复内容,也要及时补充销售实践中客商所提新问题的答案。培训应采取研讨方式,以集思广益、相互借鉴。在话术培训中还可采用戏剧方法,即由员工扮演客商与销售人员开展交流,以模拟电话销售情境,测试应对能力。

在电话销售过程中,项目经理及销售部门负责人应随时考察销售人员使用话术的情况,发现问题应及时指导解决。为提高新员工销售话术的水平,可安排老员工"一对一"进行辅导。

## 五、展位布置图的规划

展位布置图简称展位图,是展会主办方在展览场地上设置展位的平面示意图。此图用于客商选择参展展位,同时用于主办方在展会期间的布展管理工作。

规划展位图的方法如下。

一是,依据主办方与展馆经营方达成的租赁合同,按合同约定的租馆面积规划展位图。同时租赁使用展馆室内、室外的场地的主办方,应分别规划室内、室外展览场地的展位图。

二是,展位图的规划因展览场馆的建筑设计而异。主办方通常以展馆经营方提供的展览场地展位平面图(标准图,也称为"底图")为依据,设计本展会所需的展位图。展览场馆提供的"底图"应标明物流通道、紧急安全出口、卫生间、饮水供应点的位置,以及水电气供应接口和地面承重、净空高度性能等指标。

为防控疫情传播,商务部、公安部、卫生健康委于 2020 年 7 月印发《关于展览活动新冠肺炎疫情常态化防控工作的指导意见》,要求展览场所应划定明确的功能分区,如落客区、测温区、安检区、登录区、展览展示区等,做好观展线路的指引,有效控制人流和人员活动间距。因此,展览场馆提供的展览场地"底图"还须标明防疫功能区的划设。

三是,了解展馆所在地消防管理部门对于展览场地通道宽度的相关规定,据此确定展览场地上通道的设计(包括主通道和辅通道),同时确定展位布置的区域。一般而言,室内展览场地中,展位区域与通道的占地之比不能超过 50%(容积率)。展览场地中的通道宽度,一般不能少于 3 米。如杭州国际博览中心规定,其室内展览活动的主通道宽度应不小于 5 米,辅通道宽度应不小于 3 米。

四是,依据展览项目特点和展会规模,在展位图中分行业或按展品类别设置专业展馆或展区,并在其中划分特装展位区域(即为光地展位销售区域)和标准展位区域,或划分重点展区和非重点展区。例如,某机械装备展会主办方租赁使用室内展览场地 5 万平方米,共设置 5 个展馆。其中,机床馆 3 个,机器人馆、机床附件产品馆各 1 个。5 个展馆主通道两边的展位,划为重点展区,提供客商搭建特装展位。考虑到机床附件产品馆可能因参展客商不足而有空置的展位,在该馆中划出 500 平方米作为洽谈区,展会期间安排桌椅,提供茶饮服务,以供参展商与买家洽谈生意。

五是,展览区域一般以标准展位面积(3 米×3 米)进行规划。其中,特装展区一般按标准展位面积的倍数(偶数)进行规划。如 36 平方米、54 平方米、72 平方米、108 平方米等。每个特装展位的四周或三边(有一边靠墙)的外面是通道。因此,展会主办方对租用光地的参展客商,通常要求起租面积为 36 平方米(即 4 个标准展位的面积)。也有不按标准展位规划特装展位面积的展会,如汽车展,汽车制造公司可能租用 1000 平方米光地布置展区。

六是,展位图上规划的展位须编排展位号。标准展位编号的方法,一般是从展馆/展厅参观进口顺时针的方向,从第一个标准展位到该展馆/展厅最后一个标准展位,按阿拉伯数字顺序编号。由于大多数展馆/展厅可以布置上百个标准展位,故展位号须按 3 位数编排,如 001 直至 101。如展会所用展馆/展厅较多,则在展位号前加上英文字母或汉语拼音以示区别不同的展馆/展厅,如 A001、B001 等。对用于特别装修展位的光地,可不按标准展位编号,而专门编号,如 AT1、BT2,AT1 指 A 馆 1 号特装展位。

七是,展位图除标明展览区域/展位和通道外,还应标明室内净空高度和限制高度、地面承重指标、参展商报到处、观众登记处、展商/观众出入口、展品物流出入口及通道、临时仓储区、餐饮区、商务服务处、主办方办公室、卫生间、饮水供应点、开幕式地点、停车场等设施所在位置,以方便参展客商与观众。

八是,展位图在销售业务启动之前是规划图,用作销售人员邀请客商参展预订展位位置。此图应公布于主办方自媒体。在销售过程中,展位布置会有所变动。在展位销售工作结束之后或在展会开幕之前,展位布置方告确定,此图遂成为主办方、展馆经营方、参展商共同认可的正式展位图。

九是,规划展位图应考虑美观性,以利观众在展会现场产生美感。体现美观性,第一要注重展位图的整体性,避免设计失范、杂乱无章;第二要协调色调,主要是公共搭建(开幕典礼台、观众接待处、贸易洽谈区、背景板等)、标准展位楣板、地毯、主办方人员工作服的色调。

十是,设计制作展位平面图采用计算机软件作业。展览项目应安排专人负责设计制作。规划图在公布前,应在项目团队内部讨论,听取销售、营销和运营业务人员的意见。

十一是,规模大型且举办历史长久的展会,一般不要轻易变更展位图的总体规划。

 案例 7-3　　展会展位布置图

内含案例说明与评点

 上海国际童书展展位图

 说明与评点

(1)本案例提供了2017年上海国际童书展的2张展位图。其中,左边一张是上海世博展览馆提供给主办方使用的展馆底图(展馆1号馆,分为H1和H2两个展厅);右边一张是主办方在展馆底图上(展馆1号馆H1)制作的该项目展位图。主办方的展位图是完成展位销售工作后,用于参展商布展、观众参观的图纸,而不是启动展位销售时规划的展位布置图。

(2)本案例的两张图均基于上海世博展览馆的1号馆,但上海国际童书展的展位图与展馆提供的底图区别明显。上海国际童书展的展位图用不同颜色标明了主办方在展馆内设置的多个功能区。其中,粉色为版权洽谈区,蓝色为综合区,绿色为综合区,褐色为亲子嘉年华区,黄色为配套活动、咖啡茶饮、媒体中心、主办方办公室等特别功能区。在黄色区域中安排的祈祷室,用于客商中的伊斯兰教信仰者祈祷。在展位图上,除标明每个参展客户在展馆的展位位置外,还标明了展馆周边道路,展馆内各出入口,消防通道以及展馆内的制证中心、餐饮区、商务中心、展具租赁处、便利店等服务设施的位置。

(3)2017年上海国际童书展的展览面积为2.5万平方米。主办方的展位图显示,共有330家客商租赁展位参展。从展位图上,可以看到特装展位与标准展位的分布。在该展馆中,主通道宽度为6米,辅通道宽度为3米。

## 第三节 销售业务操作

展览项目的销售业务主要是销售展位。同时可以销售广告(赞助)、配套活动、网络服务等相关服务性产品。在销售方式上,可分为主办方自行销售和委托合作方销售两种。

### 一、客商的销售

展览项目销售的对象是参展客商。客商可以分为新客户和老客户。新客户,即没有参加过销售人员所在主办方展会的客户。老客户,即已经参加过销售人员所在主办方展会的客户。流失客户是老客户中的一种,指参加过销售人员所在主办方的展会,后因故而未继续参展的客商。

(一)新客户销售

掌握新客户的销售方法,对于开拓新项目以及了解销售业务的管理具有重要意义。

1. 业务步骤

对于新客户,销售展位的电话洽商过程一般由五个步骤组成,即找对人、说上话、谈成事、订合同和收到款。

第一,找对人,指销售人员在获得客商信息的前提下,联系该企业可以决策参展的具体人。在大中型企业,此人一般是市场部或品牌推广部负责人,或是企业分管营销或销售业务的负责人。在小微企业,此人往往是企业负责人。如果找不到参展决策人,销售洽商就无从谈起。

第二,说上话,指销售人员在找对人之后,可以和此人交流,即客商的参展决策者愿意听取销售人员说明意图。如果客商拒绝交流,销售洽商就无法进行。

销售人员在与客商交流的过程中,无论客商有无意愿参加展会,或表示当时不能明确表达意愿的,均应视为正常反应。对于表示不参展的客商,应尽可能了解原因。这些原因一般包括:企业从不参展;参展对于企业经营作用不大;企业在展会举办地暂无推广计划;没有参展预算;生产厂商与代理商意见不一致;与同主题的其他展会在时间上发生冲突;企业只参加某一(另外)展会;展位销价不合适;等等。销售人员应针对客户反馈的意见,及时分析情况,确定应对措施,以争取进一步与客商沟通。对于表示有意愿参展或同意考虑参展的客商,销售人员应立即发送参展邀请函、展位图等资料,并再次确认双方联系方式,以便为下一步洽商做好安排。

第三,谈成事,指销售人员与客商参展决策者深入商谈参展细节。参展细节的商谈围绕两个重点:一是展位销售价格,二是展位在展位图上的具体位置。如果双方未能商谈参展细节,销售洽商将无果而终。

第四，订合同，指销售人员在与客商参展决策者商定参展细节后，代表主办方与客商签订客商参展合同。如果双方未能签订参展合同，销售人员就无法取得销售业务的实质性进展。

第五，收到款，指销售人员根据双方签订的参展合同，如期收到客商参展费。如果客商未能付费（包括未能给付全款），销售人员就无法实现销售业务的目标。

以上五个步骤环环相扣、缺一不可。其中，找对人和说上话旨在创造销售机遇，谈成事、订合同和收到款旨在达成销售目标。

2. 业务规范

在与新客户洽商的过程中，销售人员须注意规范业务行为。

一是准备工作要规范。对于将要电话联系的客商，必须提前了解情况，尤其是该企业的发展历史、主要产品、经营规模、行业地位、内部组织结构、过往参展情况等基本状况，以及联系人姓名、性别、年龄、职务及职责范围甚至个性等基本情况，以利心中有数，制定销售应对预案。

二是运用销售话术要规范。电话交流时，销售人员思路要清晰，语言组织要有逻辑性，普通话要标准。开场白要简明，用语要礼貌，语速要尽量与客户接近。要针对客商或联系人的特点，灵活运用销售话术，努力营造对话氛围，善于在较短时间里引起客户兴趣，善于回答客户提出的问题，包括以学习的态度寻机向客户提问。切忌夸大宣传，误导客商。在客商失礼或冷淡对待的情况下，保持心态平和，不逞口舌之快，不得罪客商。

三是回应客商的意见要规范。在与客商洽商参展细节时，客商如提出超越项目统一规定的要求，如要求价格优惠，或要求额外的免费增值服务（如免费提供工作餐），销售人员应努力说服客商放弃要求，而不能为达成销售贸然答应，尤其不能以口头方式应承而实际上无法兑现，以致客商视为欺诈而投诉。考虑到知名客商尤其是知名品牌的制造商或代理商参展具有示范和带动效应，为吸引其参展，对其提出的超越项目统一规定的要求，销售人员应报告销售部门负责人乃至项目经理，由上级决定是否答应。

四是记录销售进程的信息要规范。每次电话之后，应记录与客商洽谈的情况，包括通话日期、时长、交流内容、后续约联安排等，以备下次电话之前查看。可建立电子文档，以表格形式记录销售进程信息。常言道：好记性不如烂笔头。养成工作笔记的习惯，对于提高销售业务水平大有裨益。

五是登门拜访要规范。登门拜访客商是电话销售的重要补充方式。拜访前要预约。获得同意后要准时赴约。拜访时要携带参展邀请函、展位图以及个人名片。赴约时穿着要正式。拜访中要说明来意，代表主办方邀请客商参展。拜访知名客商应由项目经理及销售部门负责人带队前往（2—3人为宜）。如客商允许，可在客商会议室采用PPT介绍展会。

六是签订参展合同要规范。在签订合同之前，销售人员须依照展位图，先在项目内部确认展位预订情况，再与客商确认其预订的展位位置，并在合同中注明，包括注明客商租赁的标准展位数量或光地面积。客商支付给主办方的参展费总金额及其付款方式，要在合同中写清楚。在主办方内部，凡与客商签订参展合同，事前须经项目经理或销售部门负责人、财务部门人员审查。签订参展合同者或是双方法定代表人,或是经法定代表人授权签订合同的代理人。代表展会主办方签署参展合同的,一般是展览项目经理。参展合同草案文本由销售人员采用电子邮件或快递发送。双方正式签订的合同,由双方作为法律文件各自保存。

(二)老客户销售

老客户是已经参展的客商,其中不少是长期参展的客商,销售人员与其相熟,洽商中无需"找对人"和"说上话"环节,故而与新客户的销售有所不同。虽然老客户销售仍然需要"谈成事"和"订合同",但销售目的转为促请长期参展,使其成为展会的忠诚客户。老客户的销售更多表现为维护客户关系。

销售人员维护客户关系的工作,可从三方面入手。

一是,征求意见,了解需求。

在展会结束后,要主动收集客户意见。主要了解客户对于参展效果和展会服务的意见,同时征求客户的建议。销售人员须以书面或口头方式向项目经理及销售部门负责人汇报客户的意见和建议,同时提出个人的分析和建议。在听取客户意见(包括日常与客户交流)的过程中,销售人员要注意捕捉客户的营销需求,从中寻求展会服务客商、扩大销售的机遇。

二是,沟通信息,传播价值。

在展会闭会期间,要经常、及时地向客户反馈下届展会组织工作进展的信息,将适合客户参加的配套活动推荐给客户。在客户表达兴趣后,应提供方案供客户参考。这种组合销售性质的方案旨在满足客户的个性化需求,由销售人员协调营销部门共同制定。方案提供后,应与客户有效沟通,力求方案赢得客户满意,并签订组合销售合同。

三是,联络感情,成为朋友。

在展会闭会期间,要以朋友方式与客户保持联络,包括登门拜访、节日问候、应邀参加客户活动(如婚庆、聚餐)等。在这些联络中,不宜显现过重的销售意味,而应像朋友一样交往。与客户建立朋友关系,有利于稳固商业合作。

(三)国外客户销售

国外客商参展的销售,与国内销售并无本质不同。但因国别、语言、交流方式等方面的差异,在销售方法上需要注意以下问题。

一是,客商对象应选择对中国市场有浓厚兴趣的,参展商品在中国市场适销对路。

二是,从中小企业、代理商入手拓展客商资源。其中,国外产品在国内的代理商因沟通方便,应作为销售的重要切入点。

三是,通过国外行业协会或贸易促进机构组团参展,并在展会中设立展区集中展示,可以产生事半功倍的效果。

四是,如国外客商参展在全部参展商中占比超过 10%,应安排专人负责销售。

五是,提供服务国外客商的外文网站、邀请函。

六是,国外客商习惯于通过电子邮件的方式交流信息。

## 二、组合产品的销售

组合销售,指成套出售相互关联的产品,也可称为配套销售。

展览项目的组合销售,指在销售展位的同时,销售展会的广告(赞助)、配套活动、网络服务等相关服务性产品。在展览业内,不少主办方将这种销售称为"打包销售"或"套餐销售"。

组合销售的产品分为两种情况:一种是这些产品系主办方统一设计提供,客商接受销售人员推介。例如,销售人员建议客商购买主办方自媒体广告;或建议客商在展会期间举办新产品技术交流会。客商接受建议,并将购买广告或办会活动的安排及其费用列入参展合同。另一种是展览项目为客商定制,包括满足客商提出的特殊要求。例如,客商提出在展会期间举办酒会,要求展会主办方代为安排场地并落实酒水服务,同时邀请100位买家代表出席。根据客商这一要求,主办方制定酒会活动方案,作为参展合同附件。客商将举办此项活动的安排及其费用列入参展合同。

展览项目组合销售的价格,除了展位费,其他产品的收费标准由主办方提出,经与客商协商后确定。其定价依据成本,但需要灵活掌握。

### 案例 7-4　展览项目组合销售费用

这里以东海水产公司参展费用为例,进行说明,见东海水产公司参展费分项明细如表7-5 所示。

表7-5　东海水产公司参展费分项明细　　　　　　　　　　　　　　单位:元

| 序号 | 项目 | 说明 | 收费名目 | 金额 |
| --- | --- | --- | --- | --- |
| 1 | 展位 | A馆入口T2,特装展位面积72平方米,8100元/平方米 | 展馆光地租金 | 583200.00 |
| 2 | 酒会 | 展会开幕当晚举办,提供场地、酒水服务、100位买家出席 | 服务费 | 100000.00 |
| 3 | 背景板 | 展馆主入口通道左侧,规格为2.8米×5米 | 广告费 | 20000.00 |
| 4 | 电商铺位 | 食材在线电商平台铺位2019年年费 | 服务费 | 10000.00 |
| 总计 | | | | 713200.00 |

**说明与评点**

（1）此为虚拟案例。东海公司是海产行业"头部"企业。该表系某食材与餐饮展会向东海公司提供的参展费明细。表中包括展位、酒会、背景板、电商铺位4种服务性产品，属于展览项目的组合销售。

（2）该展会光地销售定价为9000元/平方米，因东海公司接受组合销售方案，每平方米折扣10%，为8100元/平方米。

（3）背景板用作东海公司在展会现场的宣传，其平面设计由东海公司提供。

（4）酒会活动应另做详细方案，将具体说明场地、酒水服务、买家代表邀请、议程等细节安排。

（5）"食材在线"系该展会主办方自建的行业门户网站，东海公司在该网站上设立铺位，年费定价为15000万元，因其接受组合销售方案，优惠5000元。

（6）此表列入东海公司参展合同，参展费总计金额为合同中东海公司须向展会主办方支付的所有款项金额。接受展览项目组合销售的客商，一般是知名企业或大型企业，通常是老客户。组合销售是方案销售，即展览项目针对客户需求（包括辅导客户发掘需求）提供"套餐"式的方案。这种方案既是销售方案，也是营销方案。从前述案例可知，通过组合销售，主办方不但销售了展位，而且销售了配套服务产品，增强了展会对于客商的吸附力。同时，销售收入从64.8万元（无折扣展位费收入）增加至71.32万元。提供这种方案仅靠销售人员是不行的，需要项目经理、销售和营销部门集体参与，并组织实施。由此可见，组合销售是高技术含量的复杂业务。

## 三、线上产品的销售

考察国内外展览业的发展实践，线上产品的销售大体分为线上展会、门户网站铺位、线上活动和线上广告四种。

### （一）产品销售

**1. 线上展会**

与线下展会的销售相比，线上展会不销售展位，而是销售虚拟展会中的铺位（类似于电商平台如"淘宝"上的铺面）。例如，浙江米奥兰特国际商务会展股份公司创设的"网展贸Max"，具有提供资讯、展示、交易撮合、商洽等在线功能。据悉，其每个铺位的年费在2020年上调至3.5万元。

**2. 门户网站铺位**

从国内情况看，主办方依托线下展会打造线上门户网站早已有之，如广州光亚法兰克福展览公司依托广州国际照明展会打造的"阿拉丁照明网"（https://www.alighting.

cn/)、上海博华国际展览有限公司依托在上海举办的家具展会打造的"家具在线"(https://www.jiagle.com/jiaju/)。这种B2B性质的垂直门户网站,除传播行业资讯外,以广告方式吸引参展商付费开设铺位(参展商网页)。参展商通过铺位网页推介自己的产品。

3. 线上活动

可以收费的线上活动主要是会议。主办方通过组织"路演""会销"或培训等形式的在线会议,既可以收取广告赞助费,也可以收取与会者的注册费/培训费。

4. 线上广告

主办方的线上广告收入主要来自自媒体。主办方设立的网站、微信公众号、微博、视频号等自媒体,都可以承接客户广告,并可获得销售收入。主办方自建的微信群、QQ群等互联网社群以及电子邮件,也可为客商发送广告。

(二)销售方法

在展览项目销售业务中,无论是销售线上产品,还是销售线下产品,都需要面对客商,都需要逐一沟通,都需要签订合同,都需要提供后续服务,在这些方面,两者并无明显不同。但线上产品在销售管理上应注意以下问题。

一是,线上产品存在于互联网的虚拟空间,在销售时须向客户说明其呈现方式、参与路径和技术要求,以利客商理解、接受,并在交付产品中予以配合。如客商参加线上展会,需要了解展会网络平台的功能,上传图片、视频、直播的方法,以及客商需要自行配置的技术设备和专业人员等。

二是,线上产品的销价及其定价策略要体现互联网行业的特点,一般路径是:由免费到收费,再由优惠收费到正常收费,从单项收费到多项收费。据了解,目前国内展会主办方拥有的行业门户网站,参展商的铺位网页的年费多为1万元;2小时左右的线上"路演"活动,收费在5万元左右;线上广告定价灵活,呈现多档次、短时限、多形式的特点。

三是,线上产品的开发与销售,在以线下展会为基础的项目中,可将其视为组合销售的有机组成部分。一般而言,在线下展会销售的同时搭配线上产品,易于单独销售线上产品。老客户是线上产品的主要用户,这与组合销售主要针对老客户的特点是一致的。

四是,销售线上产品须与营销部门密切合作。没有营销协助,难以满足客户线上推广的需求。

五是,如创办行业门户网站,应设立销售专班,以适应专业化服务的需要。如上海博华国际展览有限公司2005年就创办了"家具在线"电商平台,后又陆续创办为线下展会所服务的多个门户网站。到2020年,公司有45人专司门户网站包括广告位销售在内的各种服务,年营业收入达3500万元。

六是,加强线上产品销售人员的培训。其中,培训销售人员熟练使用网络平台的操作技术不可或缺。销售人员要模拟客户在线使用平台的全流程操作,在全面了解平台功能的同时,具备向客户演示与讲解的能力,包括帮助客户消除操作盲点或纠正操作失误的能力,从而使销售沟通更加便利。这种培训被称为"穿越式培训"。

七是,主办方及项目经理要把握"展览业+互联网"的发展趋势,高度重视线上产品的销售工作,以利形成线上业务的商业模式。为此,主办方须加强线上产品销售业绩的考核,如规定线上产品销售收入在营业收入总额中的占比,并单列指标予以考核。

 **案例 7-5　　展会线上产品的销售**

> **米奥兰特公司线上战疫 营收超过亿元**
> 
> 浙江米奥兰特国际商务会展股份公司是深圳交易所创业板的上市公司(简称:米奥会展,股票代码:300795)。其以境外自办展为主要业务。公司2019年营业收入达4.26亿元,净利润0.63亿元。2020年疫情肆虐全球,境外展览无法举办,公司顿时陷入困境。
> 
> 面对疫情,公司管理层判断清醒,果断决定转战线上,复工抗疫。2020年推出的"网展贸Max",为中国参展商打造线上平台继续开展境外货品贸易。4月,承办中国贸促会主办的中国—拉美(墨西哥)国际贸易数字展览会。通过自有门户网站和线上展会,同时以提供技术和客户数据的服务优势,为其他主办方(主要是政府机构)承办线上展会。到2020年年底,公司累计主办/承办线上展览或会议268场,在线参加贸易交流的中国企业超过5000家。2020年,米奥会展营业收入达1.2亿元,下半年较上半年增长近四成。虽然全年亏损为0.5亿元,但一个经营境外线下展览的上市公司,能够在大灾之年取得线上营收超过亿元的业绩,可称为展览界的奇迹。
> 
> 2021年春节之后,米奥会展推出"数字特展"新品,旨在服务"少对多"形式的"会销"需求。据悉,"数字特展"平台的年费为3.9万元。

## 四、合作销售

展览项目的合作销售,指项目合作主办机构共同参与项目展会的销售业务。合作销售是联合主办方自行销售的方式之一。如中国(上海)国际乐器展览会由上海国际展览中心有限公司、法兰克福展览(香港)有限公司合作创办于2002年,两公司均参与展会销售,但有分工。上海国际展览中心有限公司主要负责中国国内客商,法兰克福展览(香港)有限公司主要负责海外客商。又如中国国际工业博览会,主办方之一的汉诺威米兰展览(上海)有限公司负责销售数控机床与金属加工展,其他专业馆由另一主办方——上海东浩兰生国际服务贸易(集团)有限公司负责销售。

展会联合主办方之间的合作销售,在操作上需要共同遵循以下原则。

一是,统一销售价格,避免主办方内部的价格竞争。

二是,区别销售范围,尽可能避免交叉销售,避免客户资源的内部竞争。

三是,分开设置展馆/展区,各负其责。

四是,及时沟通销售信息,及时协调处理可能发生的矛盾和问题。

五是,明确展会成本分摊方式,设定财务管理办法。

六是,订立合作销售协议,明确合作机构各自责任、义务以及违约处罚机制。

## 五、委托销售

展会的销售除主办方自行销售(即直销)外,还有委托销售。委托销售,指主办方委托其他机构代理展会的销售业务。委托销售的途径主要分为三种。

1. 委托承办机构负责展位销售业务

展会主办方委托承办机构全权代理销售。实行主承办体制的国内展会,尤其是政府及其部门主办的展会,往往将包括销售业务在内的展览项目经营工作委托承办机构负责。例如,武汉市政府主办的中国国际机电产品博览会,自第2届(2002年)以来一直委托商业展览公司承办,接受承办委托的展览公司全权负责展位销售业务。

展会在主承办体制下,根据主承办双方达成的协议,承办机构销售的展位数量须达到主办方规定的指标,销售价格须经主办方批准。主办方根据协议,有权要求承办方对某些参展客商免收或少收展位费,甚至有权为某些参展客商指定展位位置。

2. 委托合作机构分销展位

展会主办方委托多个机构分别代理销售展位,在国内外展览项目的销售管理中十分常见。例如,德国汉诺威展览公司委托国内有多个机构代理销售汉诺威工业展览会的展位。又如,广交会自创办以来,一直由商务部(主办方)分配展位销售指标,指令各省(自治区、直辖市)商务厅(委)及央级外贸公司代理销售。再如,糖酒会实行主办方自销与代理公司分销相结合的体制,以代理分销为主。

在管理方式上,展会主办方须与展位分销机构订立委托销售协议,约定代理机构的销售范围、客户对象、销售价格、销售数量以及相关服务措施。其中,代理机构经济收益来源于两种途径:一是,与主办方约定,按代理销售总收入的一定比例提取销售佣金(佣金比例一般不超过30%);二是,经主办方允许,在主办方规定的销售价格上加价销售。

3. 委托或商请组团参展

组团参展也是委托销售的一种形式。组团参展的机构主要是政府机构、民间社团(协会、学会)、产业园区管理委员会及展览公司。组团参展或经展会主办方邀请,或由相关机构联系主办方获得同意。通过国外民间社团组织外国客商参展,往往是拓展外商资源的重要途径。如泰国美容协会组织本国美容产品生产商或代理商参加成都美容展会。此类组团一般是中国同行业协会居间邀请,中国与外国协会通过此项活动均有利益分享。

展会主办方须与组团机构达成组团参展的合作协议,内容包括组团参展对象、展位数量、销售价格、展位位置、组团方待遇以及相关服务措施。主办方一般会以优惠价格给予组团机构销售。

委托销售虽然是展览项目销售方式之一,但采用者或地位强势,如政府展项目或国有企业主办的项目,或展会品牌价值显著,如欧美国家老牌展会。中小型的商业性主办方除了接受组团参展,一般不会将销售业务外包(包括分销)。因为,这不但会增加项目管理的难度,以致服务品质变异,而且有可能培养同主题展会项目的竞争对手。

### 六、参展费的收取

参展费,指依照参展合同约定,客商应支付给展会主办方的费用总金额。其既包括客商的展位费,也包括主办方向客商提供的其他服务性产品的收费。

客商向主办方支付参展费,分为一次付清或分次付清两种。主办方都希望客商一次付清,并尽早付清,而客商往往要求分次付清。为鼓励客商一次性付清参展费,不少主办方对一次性付清参展费的客商予以总价款一定比例(如3%)的折扣优惠。

对于主办方而言,客商参展费分次付款的最后时限,只能是在展会布展的时间之前。主办方要求客商在布展报到时必须付清参展费的全部余款,否则不允许客商进馆布展。此系绝大多数主办方坚持的原则,并将此视为"铁律"。客商在报到时才付清参展费的情况,多见于小微型展会。而品牌展会主办方往往会在参展合同中约定客商付清参展费的最后时限(一般约定在展会开幕前的6个月),逾期将不保留客商预订展位的位置。虽然如此,客商欠费参展的情况仍有发生。这种情况一般与客商强势(主办方不便得罪)或主办方管理松弛有关。

在参展合同中,与客商多次付清参展费的约定,有将客商首次付款称为定金或订金的。但两者概念并不相同。定金,指当事人双方为保证履行合同,约定购买商品的一方先行向卖出商品的一方支付一定数额的货币作为担保。其金额由当事人双方约定,但不得超过合同标的总金额的20%。如收取定金的一方违反合同,支付定金的一方可以要求对方双倍偿还。如收取定金的一方并未违反合同,但支付定金的一方未能按合同向另一方支付全部金额,致使合同无法履行,收取定金的一方可以不退还定金。而订金的使用并无法律规定,当事人可视为履行合同的预付款。参展合同使用"定金"一词,主办方与参展商须在合同中约定主办方违约的条款,以便发生纠纷后处置"定金";而参展合同使用"订金"一词,虽仍有可能发生违约情况(如展会因故取消,或客商因故无法参展),但双方处理"订金"较之"定金"会简单一些。因此,建议参展合同不要使用"定金""订金"概念,而使用"预付款"(或首付款)一词。

展览项目依照参展合同按时收取客商的参展费,是主办方稳定经营、保证现金流量的重要管理工作。项目销售人员须配合财务人员认真完成此项工作。对于严重失信的客商,应从参展商名单中剔除,不再接受其参展申请。展览项目收取客商参展费后,须及时开具发票送交客商。在中国,由政府部门或民间社团主办的展会,主办方也可开具符合财税规定的收据。收取参展费时,尽量减少收取现金。如收取现金,要及时送交主办方财务做账,防止收取者"坐支"("坐支"指"坐收坐支",为财务用语。"坐收",指收取的款项不入账或不按规定入账;"坐支",指在"坐收"款项中的开支。两者都是违反企业财务管理制度的行为)。

## 第四节　销售服务

展会作为服务性产品，其产品交付是在展会现场，即客商参加了展会，且主办方兑现了参展合同的约定。至此，以履行参展合同为依据的展览项目销售服务才算完成。因此，将主办方与客商订立参展合同后提供的服务称为"售后服务"是不正确的。因为此时主办方尚未向客商交付客商购买的商品。

以下介绍主办方与客商签订参展合同后直至展会举办期间提供的销售服务。

### 一、展前的服务

在主办方与客商签订参展合同之后，至展会开幕之前，由展览项目销售部门及销售人员承担的客户服务工作主要如下。

一是，在依照参展合同收取参展费的过程中提供服务，包括了解客商支付款项的内部流程进展情况、核对双方往来的银行账户、落实发票开具及客商收到发票的情况（发票邮寄或登门送达，还可以采用电子发票）。

二是，获取客户简介资料，以便展览项目编辑会刊或公布于自媒体。用于编辑会刊的客户简介，要包括客户名称（企业或机构名称）、发展状况、展品、联系方式等简要情况，篇幅一般在100字左右。

三是，为展会自媒体宣传客户提供协调服务，分为两种情况：一种是，按参展合同约定，展览项目为客户提供新闻报道或广告宣传；另一种是，销售人员为维护客户关系，也为项目自媒体内容生产，动员客户提供新闻稿或报道素材。

四是，对于接受组合销售的客户，对参展合同中约定的、由主办方提供给客户展位以外的服务产品，按照双方认可的具体方案，落实双方对接责任人，督促相关组织工作到位。比如客户在展会期间举办酒会，展览项目销售人员须掌握本方具体责任人的工作情况，以便应对客户的问询。

五是，发送《参展手册》（也称为《参展指南》《参展须知》），以便客户预先知晓参展流程及需要提前办理的事项。例如，外地运输展品的货车进入当地展馆的放行时间。若展品须在禁行时间内运抵展馆，客商须持有当地交管部门核发的通行证。而核发通行证，客户必须提前向主办方申请。对于客户提出的有关参展的问题，如展品物流、仓储、特装展位搭建安全审查、参展人员住宿等，销售人员需要及时、准确地回复（也可根据项目团队内部的业务分工，由项目运营人员或专门的客服人员回复），以免信息沟通不畅而导致客户参展遭遇困难。对以特装展位或大型设备参展的客商，销售人员要将其作为服务重点，主动沟通，反复提醒，以利客商在展前准备工作中避免可能出现的疏漏。

六是，展览开幕前提醒客户，以免遗忘，特别是租用标准展位的客户。同时，了解知名客户参展人员情况。如有管理高层人士到会，应报告展览项目经理，在开展后拜访，以示礼节。此外，对于预定应邀参加展会开幕式的客商管理高层人士，要提前对接相关接待事宜，避免失礼。

以上展前销售服务的事项，由销售人员及其客服人员负责。接受组合销售的客户、组团参展机构，展览项目销售部门负责人以至项目经理应配合销售人员参与相关服务工作。在展前销售服务中，财务人员和营销人员应配合销售人员参与相关服务工作。主办方委托的销售代理机构的销售人员，须按主办方的统一要求，为客户提供展前销售服务。

## 二、展会现场的服务

展会主办方依照参展合同向客户交付产品，是在展会现场。展览项目销售人员在展会现场为客户提供的服务，是主办方产品交付服务的重要组成部分。

在展会现场，为客户提供的服务分为接待报到、关照布展、展期拜访和协助撤展四个方面。提供这些服务以销售人员为主，主办方其他人员（包括营销、运营、客服等方面人员）给予支持和协助。

(1) 接待报到，指参与客户参展报到的接待工作，包括提供指引（发送相关资料），回答问询。对于重点客户或大客户的报到，应尽可能在第一时间接待，以示特别尊重。

(2) 关照布展，指了解客户布展的进度，协助解决可能出现的问题，如临时更换标准展位楣板、租用展具、特装施工加班、大型展品运输、展品包装物存储等。

(3) 展期拜访，指展览期间到展位看望客户，了解参观情况，寻找机会与客户洽商下届参展事宜。对于重点客户或大客户，要预约主办方负责人、项目经理到展位致意，以增强销售人员自身对客商的影响力。此外，对于接受组合销售的客户，要参加相关活动的现场服务工作，主动配合本方具体责任人的组织工作。

(4) 协助撤展，指应客户要求，为其撤展提供必要的帮助。

# 第五节　优化销售管理

销售管理应是展览项目管理中常见而原始的管理。之所以称为"原始"，是因为绝大多数展会主办方由销售起家，作为业务管理的销售管理，产生于营销、运营管理之前。然而，就国内展览项目的管理现状来看，销售管理落后的问题仍然普遍存在。

优化展览项目销售管理水平，可以从四个方面采取措施。

第一，明确管理目标，促进销售收入增长。

要改变销售管理没有指标或虽有指标但执行乏力的状况。没有指标，销售管理就没有目标。虽有指标但执行乏力,则反映销售管理者的能力不足。销售收入指标是展览项目重要的经营指标,通过财务预算确定。在预算时,要求销售收入较上届增长,是主办方的基本原则。展览项目经理及销售部门负责人应积极参与预算目标的讨论,要在新指标的形成过程中提出达成指标的措施建议。在指标确定后,要分解指标,包括展位和非展位的销售收入、每个销售人员应承担的销售任务。要制订工作计划,按周调度,分别从签约、展位预定、活动定制、回款、新客户开发等多个维度监控销售工作的进展状况,并与经营指标和上届同期进度比较。在此过程中,针对存在的问题及时提出对策措施,并督导落实,以确保实现经营目标。

第二,稳定参展客商群体,护持销售收入来源的基本盘。

要改变客户流失率过高的状况。销售业务稳定的项目,老客户中的忠诚客户(连续参展三届以上)在客户总数中的回头率(复购率)不应低于60%(达到75%以上为佳)。凡忠诚客户比例低于30%的项目,销售工作困难。客户流失严重乃因展会价值不高,服务品质不良。因此,提高客户回头率首先要解决项目价值提升与品质改善问题。收集客户意见,回馈客户需求,进而稳固并扩大客户群体,是销售管理参与项目价值与品质管理工作的切入点。同时,要采取措施降低客户流失率,要加大对老客户、大客户、知名客户维护工作的力度。

第三,推行组合销售,提高销售业务创新的能力。

要改变单一销售展位的状况,努力通过"展位+"的组合销售增加销售收入。组合销售是销售业务创新的"抓手"。销售管理应站在客户角度,通过引导或满足客商的需求,提出组合销售方案,并要求营销部门予以配合。与此同时,要重视线上产品的销售,努力推动"展会+互联网"的发展。

第四,改善销售人员素质,增强销售业务的活力。

要改变销售人员观念旧、怨气重、抗压性差、岗位倦怠及业务能力衰减的不良状况。要通过培训更新知识,帮助他们了解展会主题所关联行业及其市场的发展与变化,了解先进展会拓展销售业务以及服务创新的做法。要通过分享展会销售业务工作规律,纠正"客商对展会不感兴趣""销售不能涨价""电话销售没有作用"等消极认识。要通过制度引导、机制激励和对标学习,在销售团队内部形成争先上进、互助共进的氛围。要避免盲目扩大销售队伍导致效率低下、空耗成本的情况。同时,要保持销售队伍合理的流动性,克服人员老化、岗位倦怠的弊端。

 思考题

1. 收集参展客商信息的途径很多,为什么说派员到同主题或关联主题的展会现场收集信息是其中的最优途径?

2. 为什么说掌握销售新客户的技能并加以实践,对于老客户销售以及管理展位销售业务具有基础性意义?

3. 在展位销售洽商中,如何"找对人"? 你可以提出至少三种方法吗?

4. 在展位销售洽商中,和客商参展决策者"说上话",销售人员什么时候联系对方比较合适?

5. 收取客商参展费,为什么要尽量减少收取现金?

6. 展会线上产品不能产生销售收入的原因何在? 如何改变?

7. 展会作为服务性产品,其向客商交付产品的环节发生在展会现场。从销售业务角度,怎样认识这种产品交付的特点?

Chapter

# 8

## 第八章 运营管理

## 思维导图

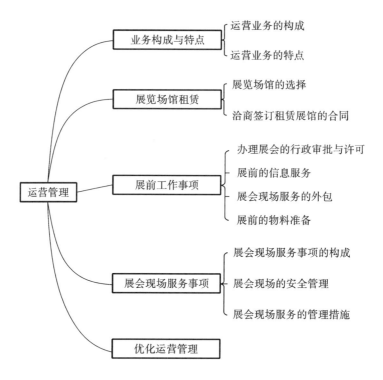

## 本章教学要点

了解展览项目运营业务的构成和特点,掌握展馆租赁、展前服务和展会现场服务工作的知识点,加深对运营管理重要性和专业性的认识。

# 开篇故事

## 展览运营的"苦乐人生"

一场盛大展会的背后有无数的默默耕耘者,上至展会策划人员,下至清洁打扫人员,缺一不可。在北京昆仑亿发科技股份有限公司中,就有这样一批人,他们是奔走于展前、展中、展后的运营人员。公司有几十名运营人员,他们大部分的工作时间在展会现场,承担技术调整、设备搬运、制证、入场管理等工作,并时刻准备解决突发问题。

**冒雨摆放护栏**

2018年3月,天下着大雨,我带着8名男组长摆了两天的护栏。护栏有3米长,很重。为了赶进度,我和兄弟们靠着蛮力摆放了近800个护栏。因展会临时变动,现场又不需要护栏了。看着护栏被叉车运走,我坐在展馆台阶上哭了。

**独守展棚两晚**

那是我来公司的第二年,我们去郊区偏僻的空地上布置展会。此地两千米之内都没有人家,更没有夜间巡视的保安。为了防止用于展会的设备被盗,我连续两个晚上独自一人睡在场馆。

当时,场地只有一个顶棚,地面都是碎石。我找来七把椅子拼在一起,躺在上面过夜。那时是夏天,又热又闷,蚊子整宿在我耳边叫唤。场馆里没有其他人,作为一个男生,我第一次感觉到害怕。

**在现场不眠不休**

有一年,我在外面跑了整整 5 个月:从 2 月到 7 月。其中,有一个展会忙得连续 7 天没怎么睡觉。那个展会规模很大,参观者特别多。每天早上 6 点开工,晚上还要加班把观众证件做出来。经常忙到半夜,回酒店冲个凉,再回展会现场继续工作。

**每天要走 3 万步**

做运营的人总是不停走动。一场十几万平方米面积的展会,网络计步器上记录我每天要走 3 万多步。我平日喜欢宅着。没做这份工作时,每天走路的步数可以数得清。现在到展会现场把我多年的运动量都补回来了。

**搬闸机**

作为一个男生,平日里搬个东西,做点重活不在话下。有一次,在现场搬运 113 公斤重的闸机,因要找到适合的摆放位置,一个下午先后搬了七八次。那时我才知道,啥叫体力有限,真的很累。但闸机是展会的入口,必须挑一个最合适的位置,不能有一点偏差。

**没有批评与投诉**

没进公司前,我做过运营工作。每次展会结束免不了批评或投诉,我习以为常。加入公司后,我第一次去展会现场工作,发现主办方对我们的需求都全力配合。展会结束后,我们没有受到批评,也没有接到投诉。那时我才知道,公司的实力和品质多么宝贵。

**睡在展馆改程序**

我们做程序是牵一发而动全身,哪怕一点小调整,整个程序都可能面临大的改动。有一次,我带领小组到展会现场提供技术支持。主办方对我们的技术提出很多新要求,并且在改好之后,主办方又有新的要求提出来。我们组的小伙子只好睡在现场,白天黑夜都在改程序。主办方想要什么效果,我们就怎么做。展会结束后,展会主办方表扬我们,点名说下一场展会还要我们去做。

**说明与评点**

以上内容来源于北京昆仑亿发科技股份有限公司(简称昆仑股份)官方网站 2019 年 7 月 31 日的报道。报道通过该公司运营部 7 位员工讲述"一件难忘的事",反映了展会现场观众登记工作的辛苦与成就感。本书对报道的文字进行了修改,并添加了小标题。

该公司是国内较早从事展会现场观众登记服务的科技公司之一。其接受展会主办方的委托,在展会现场承担观众登记服务工作。这项工作是本章介绍的展会现场服务外包业务之一。

运营,也可称为营运,意为营业运行。展览项目的运营管理,特指租赁展览场馆和以展会现场服务为对象的业务管理工作。

在展览项目管理中,运营管理与营销管理、销售管理并列,作用重要,不可或缺。

## 第一节　业务构成与特点

以展会现场服务为中心的运营业务,是主办方在向客商交付产品环节中提供的基础性业务工作。

### 一、运营业务的构成

展览项目运营业务的范围,一般包括租赁展馆、展前服务和展会现场服务三个方面(见表8-1)。

表8-1　展览项目运营业务的构成

| 业务分类 | 业务内容 | 业务接洽对象 |
| --- | --- | --- |
| 租赁展馆 | 洽商租赁展览场地 | 展馆经营方 |
| 展前服务 | 办理行政许可、确定服务供应商、为参展商服务、与展览场馆沟通 | 政府部门、相关供应商、参展商、展馆经营方、项目组成员 |
| 展会现场服务 | 提供现场系列服务 | 相关供应商、参展商、展馆经营方、项目组成员 |

租赁展馆,是主办方举办展会的先决条件之一,也是展览项目筹备期间的重要工作。

展前服务,是主办方在展会开幕前所开展的业务工作。办理行政许可,为客户提供服务与信息,优化配置展会现场所需资源,监管供应商的服务质量,是其主要工作内容。

展会现场服务,是主办方在确保展会安全、合规的前提下,在展会现场为参展商及观众提供的系列服务。

### 二、运营业务的特点

展览项目运营业务的特点十分鲜明,体现如下。

一是,以展会现场为中心。无论是租赁展馆,还是展前的信息传递和相关资源配置,直至展会现场实施的相关业务工作,都作用于展会现场服务。

二是，以参展客商、观众及合作方为服务对象。在确保安全的前提下，便利客商参展、观众参观，是运营业务的出发点和归宿点。

三是，以兑现参展合同、交付展会为目的。在展会现场配合项目团队的销售、营销人员，完成客商接待、配套活动落地的服务工作，按合同承诺向客户交付展会这一服务性产品。

四是，以事务性工作为特色。集中于展会现场的服务工作，基本属于事务性质，且具有头绪繁杂、社交密集、易生矛盾的特点。

## 第二节　展览场馆租赁

租赁展览场馆，指主办方就展会租赁展馆的使用时间、面积以及展馆提供的相应服务事项，与展馆经营方达成租赁协议的业务工作。

主办方举办展会都要租赁展馆。即便是主办方的自有展馆，如德国法兰克福展览集团拥有法兰克福展览中心，其自办的展览项目使用该中心，同样需要履行租赁手续。在集团公司内部，展览项目的经营方须与展馆经营方订立租赁协议。

### 一、展览场馆的选择

展会主办方在决定租赁展览场馆之前，需要选择展览场馆。选择展馆须根据展览项目的实际需要。由于国内许多城市现已是"一城多馆"的格局，主办方选择展馆的余地增大。这与2010年之前展馆居于卖方市场的情形大不相同。对于新项目而言，选择展览举办地及其场馆是市场调研、项目立项工作的一部分。新项目选择举办地的原则，可参看本书第二章立项管理。

主办方选择展馆，在确定举办地（城市）的前提下，一般需要综合考虑以下因素。

（一）地理位置、周边设施及交通条件

展览面积偏小（2万平方米以下）、观众为市民（B2C性质的消费类展览）的项目，基本选择位于城区、公共交通便利的老旧展馆。而展览面积在5万平方米以上，甚至超过10万平方米的大型或特大型展会，只能选择室内可供展览面积大型或特大型但位于郊区的展馆。在选择大型展馆时要注意的是，有的因投用年限较短，周边设施及公共交通未能配套，这将对参展客商就近住宿、消费以及观众前来参观产生诸多不便。在城市公共交通条件中，地铁等轨道交通对于大型展会的观众集散十分重要。而临近高速公路、有大型停车场的展馆，对于长途运输的重型、大型展品（如机床、拖拉机）会带来便利。

配套会议较多或会议档次较高的展会，对于会议设施以及与会者住宿酒店的要求，也是主办方选择展馆时必须考虑的条件。

(二)展馆建筑设施功能及物流条件

金属加工设备、汽车等重型展品对室内展馆地面有承重性要求,一般不便上楼(指多层建筑结构的展馆)展示。有些工业设备(如机床)需要在展会现场开动,对于展馆用电、用水、用气,以及室内空间高度有特殊要求。大型、重型展品运进展馆、送达展位,一般是货运汽车直达馆内,再用吊车(叉车)吊(运)至展位。如果展馆物流通道狭窄,馆内建筑立柱较多或空间高度受限,则无法布置大型、重型展品。国内现实情况是,2000年之前修建的展馆,建筑设施功能多不适合布置大型、重型展品。此外,大型建筑机械(如履带式起重机、打桩机、挖掘机等)或采矿机械(如钻机、破碎机等)参展,一般只能在展馆的露天广场展示。

(三)租金与服务费价格

因展馆租金在展览项目成本中占比较高(大型项目占比为15%—20%,小型项目占比为25%—30%),故主办方对于租金价格十分敏感。目前,国内"上广北"特大型展馆(室内可供展览面积在10万平方米以上)的租金水平,一般在20元/(平方米·天)以上。其他大型城市展馆的租金水平,一般在以10元/(平方米·天)左右。

租金价格优惠对于展会主办方颇具吸引力。2019年,南方某一线城市特大型会展中心投用。为开拓市场,经营方以10元/(平方米·天)的优惠租金价格招租展会。之后,每年按一定幅度调升。此举对于特大型展会主办方重新选择展馆产生了积极作用。此外,展馆经营方在服务收费方面的优惠,包括延长布展期间免费加班时间、展馆广告位、展馆空调、会议室、停车场、仓库免费/减费使用等,也是吸引主办方的策略。

(四)展览档期

展览档期即为主办方租赁展馆用于举办展会的时间,包括布展、开展和撤展的时间。国内展览档期最短为3天,最长为15天。其中,较为多见的是5天。主办方在5天的档期中,一般布展安排2天(实际可连续使用57个小时),展出安排3天(一般累计为23个小时),撤展安排约10个小时(一般在第5天的15时撤展,展品、物品与人员至当晚12时前撤离展馆)。

在国内,每年的3—5月和9—11月为展览旺季。原因是春秋两季气候宜人,适合人们出行;春秋两季通常是企业订货时节,参展恰合其时;春秋两季无需在展馆内使用空调,主办方可以减少支出。因此,展会主办方都希望在展览旺季办展。

在具体档期的选择上,不同展会及其主办方的考虑各不相同。消费类展览(B2C)一般希望在"双休日"开展,而专业类展览(B2B)则希望避开"双休日"。如果为同主题展会,二线城市的主办方希望与"上广北"的大型展览和邻省的展会错开时间。而在"上广北"档期密集的展馆举办的大型展会,定下档期后将很难变更。某些大型展会为在"上广北"市场立足,不得不选择在淡季办展。

### (五)馆方服务品质

主办方对于展馆经营方服务品质的要求通常反映在三方面:一是,主办方现场的布展、撤展的物流、搭建、仓储、展具租用,以及疫情防控、安保、保洁、供电的等服务事项,与馆方对接要顺畅。在对接中,馆方应体现专业的服务水准。二是,馆方要主动与主办方协调配合,尽可能地满足参展客商的需求。在配合中,馆方应显示良好的服务精神。三是,馆方应尊重主办方自行选择标准展位搭建、地毯铺设、展品物流、展期餐饮服务供应商的权利,不以自身地位强制性搭配销售(绑定销售)这些服务。

在考虑以上因素时,展会新项目、老项目或巡回项目的主办方在选择展馆上也各有特点。

商业机构举办的新项目,通常从小馆起步,控制成本,以图稳定发展。若是政府展览,因强调首届上规模,则一般选择在大馆举办,而且会提出明确的档期要求。

老项目在做大规模后,主办方一般不会轻易调整展馆或变更档期。除非是原用展馆已不适应项目发展需求,或因租金价格优惠迁址新馆。

巡回展项目选择展馆,主办方一方面要考虑是否合用(如展览规模与展馆容量、建筑功能的适配性),另一方面会考虑巡展举办地政府是否有资金补贴(地方政府为吸引巡展提供的专项资金扶持)。

此外,对于第一年投入使用的新馆,除周边设施及公共交通配套缺乏之外,主办方还担心经营方新手上路,内部磨合不到位,相关服务跟不上,一般不愿成为前三个"打新"的展会。

### 📝 案例 8-1　"一城多馆"的选择比较

武汉市展览场馆的基本情况如表 8-2 所示。

表 8-2　武汉市展览场馆的基本情况　　　　　　单位:万平方米

| 场馆名称 | 位置 | 适用特点 | 室内展览面积 | 投用年份 |
| --- | --- | --- | --- | --- |
| 武汉国际会展中心 | 江汉区(中心城区) | 适合小型展览,尤其是消费类展览 | 2.00 | 2001 年 |
| 武汉国际博览中心 | 汉阳区(近郊区) | 适合大型展览/会议 | 12.00 | 2011 年 |
| 武汉文化博览中心 | 东西湖区(近郊区) | 适合小型展览,尤其是活动型展览 | 2.50 | 2013 年 |
| 武汉光谷科技会展中心 | 高新区(远郊区) | 适合会议型展览 | 2.12 | 2017 年 |

续表

| 场馆名称 | 位置 | 适用特点 | 室内展览面积 | 投用年份 |
|---|---|---|---|---|
| 武汉天河国际会展中心 | 黄陂区（远郊区） | 适合大型展览/会议 | 40.00 | 2023年后 |

### 说明与评点

（1）武汉市位于中国中部，为湖北省省会，是常住人口超过千万的特大型城市。与"上广北"相比，属于展览业"二线城市"。到2022年，该市将拥有5座展馆，是国内展馆较多的城市。该市第5座展馆——位于黄陂区的天河国际会展中心，已于2020年动工，室内展览面积规划为40万平方米。

（2）已经投入使用的4座展馆中，仅武汉国际会展中心位于中心城区商圈，其他展馆位于郊区，但均有地铁线路抵达。武汉国际博览中心、武汉光谷科技会展中心的周边商业设施配套滞后。

（3）已经投入使用的4座展馆2019年租金价格均在8.5元/（平方米·天）以下。其中，武汉文化博览中心、武汉光谷科技会展中心的租金价格低于武汉国际会展中心、武汉国际博览中心。

（4）武汉国际会展中心2019年的场馆利用率超过50%，其他展馆均在25%以下。

## 二、洽商签订租赁展馆的合同

展会主办方与展馆经营方订立展馆租赁合同之前，双方需要洽商合同细节，包括展览档期、租金及服务费价格及支付方式、展馆提供服务事项等。在洽商和签订合同过程中，主办方需要注意以下问题。

一是，主办方租赁展馆的起止时间，须明确是从合同约定时间的第一天0时至最后一天24时。布展工作繁重的展会（如大型、重型设备较多的机械展），可以在第一天0时进馆布展。撤展同样需要利用合同约定的时间。

二是，许多展馆的租金及服务费价格具有弹性，主办方应耐心谈判，争取更多利益。谈判前，应对租赁同一展馆的其他主办方实际租金价格进行调查，以获得谈判筹码。谈判中，须就预付款、余款支付方式达成一致。在谈判策略上，应先谈场地租金价格，再谈布展期间免费加班时间、展馆广告位、展馆空调、会议室、停车场、仓库等服务费或租金的价格。

三是,对于由展馆提供的标准展位搭建、餐饮供应或展品物流服务,主办方应明确提出服务标准,包括标准展位展架及隔板、展具的清洁完好、楣板字样的制作、餐饮(盒饭)的价格与质量、物流运输的价格与服务质量等。

四是,对于展馆负责保安、保洁服务的人员,主办方同样要明确提出服务标准,如摄像头监控、夜间安全值守、布展/撤展期间物流通道值守、展区及卫生间清洁等。

五是,在合同中应明确双方对接工作的负责人(联系人),以强调展馆经营方有专人负责落实合同的约定。

六是,鉴于租赁合同多为展馆经营方提供的格式条款合同,其对主办方权益的保障相对薄弱,主办方应根据展馆经营方在洽商中的具体承诺,逐一补充于合同之中(必要时可采用合同附件方式予以补充)。对于合同中违约条款的订立,主办方一定要坚持对等,以维护自身的权益。

## 第三节　展前工作事项

主办方在展前的运营工作集中于四方面:为举办展会申请行政许可,为客户提供信息服务,为使用展馆做准备工作,为展会现场服务配置相关资源。

### 一、办理展会的行政审批与许可

(一)冠名"中国"等字样展会的审批

凡冠名"中国"的涉外经济技术展会,须报请商务部审批。

内含案例说明与评点

中华人民共和国商务部　海关总署 公告(2019年第15号)

根据规定,各地对于展会申请安全许可的具体要求如申报材料有所不同。在国内大型城市举办展会,可以分别在市区两级公安机关申办公共安全许可。如武汉市规定,展览面积在 3 万平方米以下的展会,在展览场馆所在区公安局办理;超过 3 万平方米的,在市公安局办理。在展会的安全许可中,消防安全许可须另行申请。武汉市规定在展览场馆所在区消防大队办理。

2020 年疫情发生后,常态化疫情防控成为保障展会活动公共安全的首要事项。根据国家相关部门规定,主办方(承办方)线下办展须事先申请疫情防控的行政许可。经批准后,再办理大型群众性活动公共安全许可。如武汉市规定,自 2020 年 7 月起,展会主办方(承办方)申请恢复线下办展,须向展览场馆所在区政府防疫指挥部提交申请,同时报送展会期间疫情防控工作方案。获得批准后,方可向公安机关办理公共安全许可。

(二)机动车通行许可

展会期间机动车的通行许可,指运输展品的货车进入展会举办地城区禁行区域或道路,须事先办理通行许可手续。运输展品的机动车通行证,由主办方向举办地交通管理局申办。通行证的数量根据主办方申办需求发放,但控制偏严。

## 二、展前的信息服务

客户在展前的需求,集中反映为客户前往展会现场之前需要了解的信息。展前客户的信息咨询与主办方服务方式如表 8-3 所示。

表 8-3 展前客户的信息咨询与主办方服务方式

| 客户类别 | 需要了解的信息 | 主办方信息服务方式 |
| --- | --- | --- |
| 参展客商 | 展馆设施及服务收费标准、交通路线及通行证、展品仓储、特装展位搭建报备、住宿 | 自媒体公布信息、提供《参展手册》、逐一沟通 |
| 特邀嘉宾 | 活动日程、交通/食宿接待 | 逐一沟通、对接 |
| 参会代表 | 活动日程、食宿安排 | 自媒体公布信息、提供《参会手册》、答复电话询问 |
| 参观观众 | 交通路线及摆渡巴士、住宿、展会现场停车、展馆展区布置及参展商、展品情况 | 自媒体公布信息、提供《参观手册》、答复电话问询 |
| 媒体机构 | 展会日程、接待安排 | 分别情况对接沟通 |

主办方在展前为客户提供信息服务的方式,分为普泛告知和逐一沟通两种。

普泛告知,指主办方通过媒体/媒介(主要是自媒体)广泛发布相关信息,并向所有客户发送《参展手册》《参观手册》或《参会手册》(《手册》也可称为《须知》《指南》或《指引》)的电子文件或纸质文件。

逐一沟通,指主办方通过电话、微信、QQ、手机短信或电子邮件,与客户"一对一"沟通,包括主动告知或答复客户询问。

在展前的客户需求中,参展客商的信息咨询集中于三方面问题:一是,采用货车长途运输的大型或重型展品,如何顺利进入展会举办地(城市),是否需要道路运输通行证(城市交通主管机构为展会制发的货运汽车通行证件);二是,提前运抵举办地的展品,如何卸货并由仓储保管;三是,采用特装展位形式参展的客商所雇请的搭建服务商,按安全管理要求,如何提前报送相关资料(俗称"报馆"资料)。

特邀参加展会或会议的嘉宾,以及应邀参加展会期间配套会议活动的代表,其信息咨询的重点往往是相关活动的日程安排以及落地接待事宜。特邀嘉宾的交通行程及抵达后的住宿安排,是主办方信息沟通、服务对接工作的重点。

参观展会观众的咨询大多与抵达展馆的交通方式有关。专业展的观众会询问提前注册或现场登记问题。观众自驾车在展馆的停车问题,是咨询热点。

媒体机构参加展会,分为应邀和自行前来两种。其关心展会的日程安排,尤其是新闻发布会、权威人士出席、重要配套活动等方面的信息。对于应邀赴会的媒体机构,主办方需按接待安排提供信息服务。

## 三、展会现场服务的外包

提前配置展会现场服务资源,是运营业务在展前的主要工作之一。

(一)外包服务事项

一方面,主办方在展会现场提供的服务,并非自身可以全部包揽,如标准展位搭建、展品物流、餐饮供应、场地清洁等。另一方面,以市场化方式外包服务,不但可以提高专业化服务品质,而且可以提高主办方运营管理的工作效率。因此,自2000年以来,国内包展会现场服务事项的主办方逐渐增多,从"北上广"逐步向全国展览城市扩展,承揽相关服务的专业机构数量逐渐增加、体系趋于完善。

在展会现场的服务中,可以外包的服务事项主要如下。

1.场地布置服务

场地布置服务一般包括展位图划线、标准展位搭建、公共设施搭建、特装展位搭建管理、地毯铺设等事项(见表8-4)。

表 8-4 展会场地布置业务事项与工作内容

| 业务事项 | 工作内容 |
| --- | --- |
| 展位图划线 | 在展览场地上划线,将展位图平面标明于展会现场,以便参展商按位置布展 |
| 标准展位搭建 | 按展位图确定的位置,在展会现场搭建标准展位,包括提供展具、制作楣板 |
| 公共设施搭建 | 按展位图确定的位置,在展会现场搭建开幕典礼台、观众登记处、洽谈区等设施 |
| 特装展位搭建管理 | 按消防、建筑施工、环保等方面的安全规定,审查图纸,监控施工,提供服务 |
| 地毯铺设 | 按展位图划设的通道、标准展位,在展会现场铺设地毯 |
| 其他 | 根据场地布置需要,放置背景板、广告等 |

2.展品物流服务

展品物流服务指展品在展会期间进入和离开展馆的短途运输,分为机械搬运和人力搬运两种形式。

3.观众登记与门禁服务

观众登记与门禁服务指观众进入展馆参观之前的身份核实、信息收集、证件发放和入口验证。售卖门票的展会,则有卖票和入口验票环节。

4.餐饮供应服务

餐饮供应服务指展会期间的午餐(一般是盒饭)以及展会现场特设咖啡区的饮品、点心供应。

5.开幕典礼服务

开幕典礼服务指为展会开幕式提供的场地搭建、音响、礼仪与表演服务。

6.配套会议及活动服务

配套会议及活动服务指展会期间为配套会议及活动提供的会场布置、嘉宾及参与者接待等方面的服务。

7.宣传品印制服务

宣传品印制服务指展会会刊、会报、入场券、《参展手册》《参观手册》的印制服务。

8.无线网络服务

无线网络服务指在展会现场提供大容量的无线网络(Wi-Fi)服务。

9.其他服务

展览现场其他外包服务事项如表 8-5 所示。

表 8-5 展览现场其他外包服务事项

| 服务事项 | 服务内容 | 服务收费来源 |
| --- | --- | --- |
| 安保服务 | 人员入场安全检查 | 主办方 |
| 影像拍摄 | 展会现场图片、视频 | 主办方/参展商 |
| 临聘人员 | 翻译、礼仪、展览期间协勤 | 主办方/参展商/合作方 |
| 摆渡大巴 | 接送参展商/观众 | 主办方 |
| 住宿及旅游 | 酒店预订、旅游咨询 | 参展商/观众 |

在其他外包服务中,摆渡大巴用于接驳参展商/观众到展览现场。其又分为两种情况:一种是长途接送,如长沙建材展会主办方外请大巴到全省部分县市建材市场接送专业观众;另一种是短途接送,如在上海新国际博览中心举办大型展会,主办方一般会外请大巴在龙阳路地铁站口与展馆之间往来接送参展商/观众(故称为"穿梭巴士")。新投用展馆如地铁设施未能配套,大型展会主办方一般会外请大巴在市内接送参展商/观众。

(二)外包服务机构

主办方外包展会现场的服务,分为主场服务外包和主办服务外包两种。其中,主场服务一般指场地布置、展馆物流两项;其他服务则为主办服务。如此划分,一方面是行业惯例,约定成俗;另一方面是相较于主场服务,主办服务供应商无需大量使用器材(如标准展位展架及展具)、设备(如吊运重型展品的设备、机具)、物资(如地毯)及加工(如展台制作、广告喷绘),而主要是依靠人力及轻便设备(如电脑、打印机)。主场服务外包供应商的收入主要来源于参展商(部分来源于主办方),也是一个原因。

(三)管理要则

一是,要理清主办方与服务供应商的关系。主办方与服务供应商是委托方和受托方的关系,即供应商须向主办方负责,按委托合同的约定履行承诺。同时,供应商在展会现场的服务中具有"中间商"性质。其代表主办方实施服务工作,其服务质量关乎展会品质。在供应商中,负责展场搭建、展馆物流的主场服务供应商具有"一家托三方"的服务特点,即同时服务主办方、参展商和展览场馆。

二是,要选择有资质、有经验、有口碑的服务供应商。衡量经验和口碑主要看双方的合作是否顺畅,供应商的服务是否专业,其服务的品质是否优良。主场服务、观众登记的服务商与主办方一般是长期合作关系。

三是,要考虑外包服务的"性价比"。偏高的服务收费往往会引发参展商的不满,从而损及主办方声誉。主办方应选择"性价比"合理的服务供应商,还要监管供应商对客户的收费标准,尤其是展场搭建、展馆物流、餐饮供应的收费标准。

四是,要在严格合同管理的同时,加强展会现场调度。主办方须与供应商签订外包服务合同,要详细约定双方责任、义务和违约处罚条款。在展会期间,主办方运营部门要与服务供应商建立协调工作机制,在监管落实合同的过程中,及时沟通,化解矛盾,迅速应对突发状况,以保障现场服务的有条不紊和质量到位。展场搭建、展馆物流的服务供应商应在展会现场的显著位置设置办公室,接待客户咨询。服务供应商在现场的工作人员应穿着工作服,以便客户辨认。

五是,如标准展位搭建、展品物流、餐饮供应由展馆经营方提供服务,主办方应与馆方按服务事项分别订立合同(不宜列入租馆合同),通过明确双方责任、义务和违约处罚条款,以防止因缺乏约定而导致服务品质不佳以及无法追责的情况发生。

### 案例 8-2　　展会主场服务的合同

展会主场服务协议

甲方：_____展览有限公司

乙方：_____会展服务有限公司

依照《中华人民共和国合同法》及其他有关法律、法规，遵循平等、自愿、公平和诚实信用的原则，甲方同意委托乙方承担_____展览会的主场服务，并达成合作协议如下：

一、展会项目基本情况

(一)项目名称为_____；

(二)举办地点为_____；

(三)举办时间为____年__月____日；

(四)展览面积(甲方租赁展馆面积)为____万平方米。

二、本协议所指由乙方提供的展会主场服务事项如下：

(一)参与编写展会《参展商服务手册》，将主场服务事项写入其中，提交甲方审核无误后，用于发放参展客商及搭建商知晓；

(二)接受参展客商及搭建商进入展馆的资格申报手续即"报馆"手续；

(三)审查参展客商及其委托搭建商的展台搭建设计图纸及相关资格文件；

(四)在布展之前，按甲方提供的展位布置平面图在展览场地上划线；

(五)在布展期间，监督并管理参展客商及其委托搭建商搭建工程施工情况，监督施工安全和展台搭建设施安全；

(六)收集参展商在参展期间(包括布展期间)的电力、机力、物品租赁、网络连接、展品与参展器材物流运输等方面的需求，协调相关方面提供服务；

(七)协调地毯铺设、参展商布展或撤展加班、标准展位楣板字样修改事项；

(八)根据本协议向参展客商及搭建商收取相关费用；

(九)协助甲方处理展会现场的突发事件。

三、甲方职责

(一)负责与展馆签订展会租赁场地的协议；

(二)负责确定乙方承接的展会主场服务事项，并同意乙方参与《展会服务手册》的编辑工作，将主场服务事项写入其中；

(三)负责授权乙方作为展会主场服务商，并出具证明文件；同时，通知展览场馆经营方、参展商，以及其他相关服务供应商；

(四)向乙方提供参展商名单、展位预订情况及联系方式；

(五)在布展之前，向乙方提供展位布置平面图；

(六)对乙方承接的展会主场服务事项进行协调,提供必要的支持;
(七)负责监督乙方的服务质量和工作效率;
(八)根据本协议,向乙方支付乙方应该收取的服务费。
四、乙方职责
(一)根据甲方明确的展会主场服务事项,负责按本协议附件规定的业务标准提供服务;
(二)参与《展会服务手册》的编辑工作;
(三)负责就展会主场服务事项的进展情况及时与甲方沟通,处理重大问题或矛盾之前征求甲方意见;
(四)接受甲方对于本方服务质量和工作效率的监督与指导;
(五)在展会期间(包括布展、撤展),派员入驻甲方在展会现场设立的服务中心(或参展商接待处),提供主场服务方面的咨询服务;
(六)根据本协议,收取甲方支付的服务费;
(七)根据本协议,向参展商或享受展会主场服务的机构收取服务费;
(八)本协议履行完毕后,负责向甲方提供主场服务工作总结报告。
五、服务价格及结算方式
(一)甲方同意乙方向搭建商收取以下费用:
1.特装展位施工管理费
由甲方指定的展会搭建商的收费标准为____元/平方米,非甲方指定的展会搭建商搭建的收费标准为____元/平方米。
2.参展客商及搭建商进入展馆资格延迟申报手续的加急处理费
凡未按规定时间完成"报馆"手续的参展客商及搭建商,逾期者在其应交特装展位施工管理费总额基础上加收30%的加急费;在布展当日"报馆"者,在其应交特装展位施工管理费总额基础上加收50%的加急费(此规定须在甲方《展商服务手册》中特别注明)。
(二)除向参展客商及其搭建商所收取的特装展位施工管理费之外的其他服务收费,按展馆公布的收费标准收取,或按甲方与展馆或相关服务供应商达成的收费标准收取。
(三)甲方同意支付乙方主场服务费为人民币_____元。
(四)结算方式
1.乙方自行收取的特装展位施工管理费,由乙方向交付费用的企业开具发票。
2.乙方收取甲方的主场服务费,由乙方向甲方开具发票。
六、违约责任
(一)甲方违约
1.本协议履行期间,甲方未经乙方同意,另行委托第三方提供本协议约定的主场服务事项中的任何一项服务的,属于违约行为。甲方应向乙方支付该第三方所获取的全部服务费收入作为赔偿。

2.甲方未向乙方提供展位布置平面图、参展商信息或提供的信息有误,致使乙方服务不能按时进行或造成延误,由此导致的负面影响和损失由甲方承担。

(二)乙方违约

1.乙方因服务质量或工作效率未到达本协议附件所规定的业务标准,对甲方主场服务工作带来不良影响,包括对于其他服务供应商工作带来不良影响,经甲方提出整改要求后仍未达到业务标准的,甲方有权要求乙方给予经济赔偿,并不再与乙方保持合作关系。

2.甲方向乙方提供的参展商信息系甲方商业秘密,乙方不得用于本协议约定的主场服务之外的其他商业活动,也不得将此信息泄露第三方。如有违反,甲方一经查实,有权要求乙方赔偿因此而产生的经济损失。

七、其他

(一)甲方项目负责人_____,乙方项目负责人_____。

(二)甲方在展会现场临时要求增加服务项目,凡涉及收取费用的,以双方在本协议中指定的项目负责人签字确认为准。

(三)本协议附件《主场服务业务标准》,系本协议组成内容,与本协议具有同等效力。

(四)在协议履行过程中,双方若有矛盾,应通过友好协商解决。如双方矛盾无法协商解决,双方均可提出法律诉讼。诉讼地点为展会举办地。

(五)双方承诺,不公开发表不利于双方合作的言论;不得向第三方透露本协议内容。

(六)因不可抗力导致本协议部分或全部不能履行,双方应共同应对,以求降低风险,减少经济损失。如因不可抗力导致解除本协议,双方均不承担违约责任。

(七)本协议未尽事宜,双方可另行协商,必要时可订立补充协议。

(八)本协议一式两份,双方各执一份,双方授权代表签名并加盖公章有效。

甲方:_____展览有限公司(盖章)

授权代表:(签名)

签署日期:____年__月__日

乙方:_____会展服务有限公司(盖章)

授权代表:(签名)

签署日期:____年__月__日

**说明与评点**

(1)这是展会主办方与主场服务提供方设立的协议(合同)。甲方是展会主办方,乙方是展会主场服务提供方。甲方是委托方,乙方是接受委托方。

(2)该协议约定了乙方提供的展会主场服务事项,明确了乙方收入来源及其获取途径。

### 四、展前的物料准备

在展会举办之前,展会主办方(展览项目)需要备齐展会现场所需的物料。

（一）列明物料清单

在展前列明清单,是展览项目运营管理中的一项事务性工作。展会现场所需物料虽非大型或重型物料,但种类较多且烦琐,如有遗漏,则会造成现场工作的不便。主办方在展会现场所需物料清单如表8-6所示。

表8-6　主办方在展会现场所需物料清单

| 序号 | 物品名称 | 说明 |
| --- | --- | --- |
| 1 | 展期证卡 | 参展商、观众、嘉宾、媒体、工作人员等证卡,撤展出门证 |
| 2 | 宣传品 | 会刊、会报、参观手册、会议(活动)手册、入场券、纪念品 |
| 3 | 办公用品 | 电脑、计算器、打印机、订书机、别针、橡皮筋、记录笔、打印纸、收纳盒 |
| 4 | 工具性器材 | 运货手推车、皮尺、粉笔、胶带、步话机、插线板、照相机、自行车/平衡车 |
| 5 | 工作服 | 主办方工作人员布展、撤展期间穿着 |
| 6 | 开幕式物品 | 嘉宾胸花、剪彩绸带、剪刀 |
| 7 | 卫生用品 | 口罩、测温仪、手部消毒液、医药箱(用药品) |
| 8 | 饮用水 | 饮水机、瓶装饮用水 |
| 9 | 资料袋 | 提供参展商 |
| 10 | 其他 | |

物料清单应设计为表格形式,须列明物料名称、数量、来源、汇集时间、责任人等标签,以避免遗漏。清单中的物品,一般要求在展会开幕前一周到位。

展期证卡,指展览期间出入展馆或会议/活动场所人员所佩戴的胸牌证件,包括展位搭建证、参展证、参观证、嘉宾证、媒体证、工作人员证等。制证工作包括胸牌设计、确定数量、批量制作。国内已有地方政府要求展会人员采用扫码入场,以减少纸质证件使用。

根据展会现场外包服务的合同约定,许多物料可由服务提供商准备,如开幕式所需物品。

### 案例 8-3　展览现场新冠疫情防护用品清单

会展防控新型冠状病毒消毒防护用品清单如表 8-7 所示。

表 8-7　会展防控新型冠状病毒消毒防护用品清单

| 种类 | 物品名称 |
|---|---|
| 体温监测 | 热成像人体测温仪器或红外线体温监测仪 |
|  | 测量体温的红外线额温枪 |
|  | 耳温枪 |
|  | 水银体温计 |
| 消毒药品 | 含氯或含溴消毒片（一般物体表面擦拭或喷雾消毒） |
|  | 漂白粉（含氯消毒粉）（厕所呕吐物或排泄物消毒） |
|  | 酒精棉球（棉片）（小件电子物品和体温计消毒） |
|  | 1%过氧化氢消毒液或二氧化氯消毒液（空气消毒） |
|  | 1%过氧化氢湿巾（物体表面消毒） |
|  | 免洗手消毒液 |
|  | 呕吐物应急处置包 |
|  | 洗手液 |
| 消毒器械 | 场馆大型空间消毒装置（喷雾电扇）或车载消毒喷雾装置 |
|  | 锂电池超低容量喷雾器（中心空间空气消毒） |
|  | 锂电池常量喷雾器（大面积物表消毒） |
|  | 手动常量喷雾器（一般小面积物表消毒） |
|  | 循环风空气消毒机（纳米光子或电凝并等）（密闭空间消毒） |
|  | 全空气集中空调通风系统回风安装中高效过施装或消毒装置（纳米光子或电凝并装置等） |
| 防护用品 | 一次性使用医用口罩或外科口罩 |
|  | 颗粒物防护口罩或医用防护口罩 |
|  | 一次性橡胶/丁腈手套 |
|  | 一次性隔离衣 |
|  | 医用防护服 |
|  | 防护鞋套 |
|  | 护目镜或防护面屏 |

**说明与评点**

此清单来源于《上海市会展行业新冠疫情防控指南(修订版)》。

2020年5月后国内恢复举办线下展览,根据各地政府出台的展会现场防控新冠疫情的规定,卫生防护用品成为展馆经营方和主办方的必备用品。

(二)编制文本资料

在展前需要编制的文本资料,主要是会刊、会报、《参展手册》《参观手册》《会议/活动手册》。

会刊辑录参展客商简介,包括客商名称、展品、展位号、联系方式等信息。

会报刊登有关展会的新闻报道。

《参展手册》《参观手册》《会议/活动手册》分别汇集客户所须知晓的参展、参观、参会或参加配套活动的信息,包括相关日程、举办地点、交通路线、入场流程、注意事项等。

其中,《参展手册》须将参展商报送审查特装展位搭建图纸、发放运输展品货车的交通通行证、展馆物流接货等信息一一载明,同时须汇集展会期间展品物流、展具、绿植租赁、动力电使用、广告发布等服务收费的标准,以及服务供应商的联系方式。

## 第四节 展会现场服务事项

展会现场,是主办方(展览项目)依据参展合同,向客户交付产品(展会)的最后场合。因此,作用于产品交付的展会现场服务十分重要。

 **一、展会现场服务事项的构成**

主办方(展览项目)在展会现场提供的服务事项,主要由场地布置、客户接待、物流引导、活动组织、信息沟通、餐饮供应、安全管控等服务内容构成(见表8-8)。

表8-8 展会现场服务事项的构成

| 服务事项 | 业务内容说明 |
| --- | --- |
| 场地布置 | 展馆展位图划线、标准展位搭建、公共设施搭建、会议及活动场地布置 |
| 客户接待 | 参展商、观众、嘉宾、媒体、特装展位搭建商接待 |
| 物流引导 | 运输车辆馆外排队、大型、重型展品、展台搭建材料进馆、展品包装物保管 |

续表

| 服务事项 | 业务内容说明 |
|---|---|
| 活动组织 | 开幕典礼、会议及颁奖、竞赛、演艺、晚宴等配套活动 |
| 信息沟通 | 答复问询、接待投诉、广播信息 |
| 餐饮供应 | 向参展商、观众提供餐食饮品 |
| 安全管控 | 消防、防疫、展示工程施工、防窃、群体性事件等方面管理及应急处置 |

表 8-8 中所列展会现场的服务事项,经组合在展会期间集中实施,构成了主办方(展览项目)向客户交付产品的综合服务。虽然产品交付的对象是参展商,但这些服务同时提供给展会的受众,包括到达展会现场的观众以及特邀嘉宾、配套活动参与者和媒体记者。

## 二、展会现场的安全管理

展会属于大型群众性活动,主办方(包括承办方)安全管理责任重大。展会现场的安全管理是展览项目运营管理中的重要工作。

(一)安全管理事项

除国务院《大型群众性活动安全管理条例》(国务院令第 505 号)规定的公共安全管理事项外,展会现场的安全管理通常涉及公共卫生、展位搭建及撤展施工、展品物流运输以及群体性治安事件(见表 8-9)。

表 8-9 展会现场安全管理重点事项

| 事项分类 | 安全管理内容 |
|---|---|
| 流行病疫情 | 人群聚集产生的疫病感染 |
| 特装展位施工 | 现场制作、使用易燃或非环保材料、建筑结构不合理、施工人员缺乏劳动保护、撤展野蛮施工等 |
| 展品物流 | 吊运物品的作业不规范 |
| 危险品 | 携带危险品进入展会现场 |
| 展位用电 | 参展商在展位上超负荷用电 |
| 餐饮卫生 | 展会现场供应的餐食饮品不干净 |
| 知识产权 | 参展客商或观众对于展品侵犯知识产权的投诉 |
| 物品失窃 | 参展客商或观众贵重物品(包括展品)被盗 |
| 群体性冲突 | 因某些矛盾所酿成的群体性治安事件 |
| 其他 | 可能产生的安全隐患 |

表 8-9 中所列事项可能造成的安全隐患，具体说明如下：

1. 流行病疫情

展会现场人群聚集可能产生疾病传染风险，如新冠疫情。

2. 特装展位施工

主要涉及火灾、空气污染和人身安全三方面。在展会现场制作展台，以及在展台制作中使用易燃建筑材料，是引发展会现场火灾的隐患。使用非环保建筑材料（如甲醛含量超标材料）搭建展台，是造成展会现场空气污染的主要原因。特装展位建筑结构设计不合理或施工不规范（包括撤展过程中的野蛮施工）引发的展台垮塌，以及现场作业的施工人员忽视安全防护，是产生人身伤害事故的主要原因。

在绿色搭建的趋势下，展台搭建除不能使用甲醛含量超标的建筑材料外，要求使用可以回收并可以循环使用的建筑材料（限制使用木质材料）。

3. 展品物流

因吊运大型、重型展品作业不规范而在展会现场导致展品（设备）受损或人身伤害的事故，在国内偶有发生。

4. 危险品

参展客商、观众或其他人员携带易燃易爆物品、违规刀具进入展馆内部。

5. 餐饮卫生

因展会现场供应的餐食饮品不干净而导致的群体性食物中毒事件。

6. 知识产权

因投诉展品侵犯知识产权而产生的纠纷。此类纠纷大多发生在参展商之间。也有制造商或代理商作为观众，在展会现场专门对参展商展品"打假"而产生的纠纷。

7. 物品失窃

参展客商或观众因贵重物品（包括展品）被盗，引发的投诉或报警。

8. 群体性冲突

在展会现场发生的群体性冲突，常见有三：参展商之间因噪声、搭建展台遮挡、占用通道而产生冲突；观众进馆因不配合门禁管理而产生冲突；参展商因不满参展效果集体投诉而产生冲突。这些群体性冲突如处置不及时或处置不当，均可能酿成治安事件。

（二）安全管理要点

展会主办方必须认识到，在固定时空（展馆）的环境下，大规模的人群聚集难以避免公共安全隐患。同时，因人群聚集而产生的不同诉求，易于产生各种矛盾。因此，必须强化公共安全管理的守法意识与责任意识，警钟长鸣，预防在先，绝不可掉以轻心。

对于可能发生的公共安全风险，主办方及展览项目要制定应急处理预案。如发生公共安全事件，主办方主要负责人及展览项目经理须在第一时间赶赴事件现场，坐镇处置，并依照事件性质及相关法规及时上报政府有关部门，请求政府行政力量介入，以防止事态扩大或矛盾激化。

对于流行病疫情的防控管理，要遵循政府相关规定，展前上报防控工作方案，展中严格执行防控措施。如在展会现场发现感染者或疑似感染者，要按紧急处置并在第一时间上报有关政府部门。疫情常态化防控期间，展会现场的常规防控措施包括展馆定期消杀、保持通风、入馆人群佩戴口罩/测量体温、控制观众流量、快速处置发热者等。防疫工作需要主办方与展馆经营方密切配合，各司其职。

对于展示工程施工的安全管理，要从审查参展商特装展位及其搭建工程服务商上报的展台施工图纸入手，提前把关，防患未然。布展期间，要指派专业人士现场监管施工过程，发现问题，及时交涉，要求施工方当即整改。外包主场服务的展会，应明确主场服务提供商对于特装展位搭建施工安全管理的责任。对于特装展位搭建使用非环保建筑材料的问题，因国内尚未出台强制性标准加以禁止（仅广交会、进博会等少数展会强制实施），故而管理不严的展会较多。

对于物流的安全管理，一要选择资质良好、经验丰富的物流机构，并在委托服务合同中明确安全管理责任及事故处置方法，以降低事故发生概率；二要监管物流现场的规范作业；三要督导物流服务商及时处置现场发生的事故。

对于餐饮卫生的管理，要按照《食品卫生法》规定，明确提供餐饮服务商的责任。如因餐食饮品不干净而引发群体性的食物中毒事件，须按法规及时处置。

对于知识产权纠纷的管理，须依照国家知识产权局《展会知识产权保护指引》（2022年颁发）相关规定处置。大中型展会应邀请展会举办地政府知识产权主管部门在展会期间派员驻会，以便及时处理投诉事件。

对于防盗的管控，应通过《参展手册》、现场广播提醒参展客商与观众注意财物安全，同时采取增强展馆内安保人员巡查、发挥馆内视频监控系统功能以及失窃及时报警求助等措施。

对于群体性事件的管理，应采取相应措施预防在先，尽可能避免产生矛盾。如发生群体性冲突，则须迅速应对，妥善调解，努力防止事态扩大或矛盾激化而酿成治安事件。一旦冲突酿成群体性治安事件，应立即联系公安机关派员到场处置。

## 三、展会现场服务的管理措施

展会的现场服务是在固定的时空环境下，集中体现展会品质的服务。因此，展会现场服务是展览项目运营管理的重中之重。在管理上应采取以下措施。

一要树立以人为本观念。展会现场的服务事项旨在便利人们参展、参观及参加活动，是近距离甚至零距离面向客户提供的服务，即人对人的服务。主办方（展览项目）须将方便客户、满足需求作为服务的出发点和归宿点。

二要建立综合管理体系。展会现场服务事项繁杂而琐碎，且需要展馆经营方和外包服务提供商通力配合。应通过制订工作计划、明确各方责任和有效的工作调度、及时的工作沟通，形成统一管理、协调服务的体系，以避免打乱仗、相互扯皮、责任悬空的局面。

三要完善服务标准与流程。展会现场的服务事项多具长期性（每届展会都要实施）和专业性（许多事项的操作规范在业内已约定俗成），故应分项制定服务标准和业务流程，以利员工和外包服务提供商遵循。缺乏服务标准和业务流程，将致服务失范，影响服务品质。要优化服务细节。对于服务中发生的问题,包括客户吐槽尤其是投诉的问题,要查找原因,采取措施加以改进。

四要管控服务收费价格。对于展馆经营方或外包服务提供商提出的服务价格,要遵循"性价比"原则加以管控,以免定价过高或质价不符遭致大多数客户的强烈不满。物流运费、展具租费、餐饮售价是易于引起客户投诉的服务事项。

五要配足工作人员。展会现场的服务事项繁多,各种关系交错,加之同时举办各种配套活动,人手不足容易顾此失彼,导致工作忙乱,服务品质受损。应根据现场服务需要,批量招聘临时工作人员(如高校实习生),在有经验的员工带领下从事服务工作。临时工作人员参与观众登记、导引物流、配套活动现场接待、现场问卷调研等工作,需要提前培训。

## 第五节 优化运营管理

在管理落后的展览项目中,运营管理与销售管理、营销管理相比,受重视程度往往偏低。

优化展览项目运营管理水平,可以采取以下措施。

首先,要从产品交付的意义上认识运营管理的重要性。

卖家向买家交付产品,是所有交易不可或缺的环节。主办方(展览项目)向参展商交付产品的场合是展会现场。以展会现场为中心的运营业务所展现的服务,是这一过程中集中性、综合性、体验性的服务,直接关系到买家接收和使用产品的满意程度。因此,主办方(展览项目)应将运营管理与销售管理和营销管理置于同等重要的位置,抓实做好,管理到位。那种将客商按参展合同交款即视为完成交易而忽视产品交付的意识,是完全要不得的。

其次,要将运营业务纳入项目管理体系。

运营业务的相关事项、工作目标及工作进度,须列入展览项目的工作计划。相关事项的服务标准和业务流程,须按专业化要求制定操作规范。要安排专人负责管理运营业务,明确业务考核方法,避免项目经理"一把抓"或临时"抓差"。

最后,要通过业务外包提升专业化服务水平。

展会现场的服务外包已是展览项目运营管理的大趋势。此举有利于服务专业化,有助于主办方(展览项目)集中精力统筹产品交付的服务工作,以及展开下一届展会的推广工作。尚未外包服务的主办方(展览项目),应借鉴经验,估算外包成本,考察服务提供商,有计划地实施这方面工作。

### 思考题

1. 在主办方租赁展馆用于办展的 5 天时间里,分为布展、开展和撤展 3 个时段。为什么说 2 天布展可以利用 57 个小时、3 天开展的时间一般为 23 个小时、撤展时间约 10 个小时?

2. 为什么展会主办方不喜欢展馆提供的标准展位搭建、展品物流、展期餐饮的"打包"服务?为什么说展馆经营方在租赁展览场地的同时向主办方搭售以上服务,不符合市场法则?

3. 在展会现场所需物料中,为什么有粉笔、自行车/平衡车?

4. 查阅国务院《大型群众性活动安全管理条例》(国务院令第 505 号),了解展会公共安全管理的责任。

5. 2020 年疫情后,展会现场常态化防疫成为公共安全管理的首要事项。国家有关部门及各地政府就此颁布的具体防疫措施,集中在哪些方面?

6. 主办方如何处置展会现场发生的知识产权纠纷?

Chapter

# 9

## 第九章　项目经理

**思维导图**

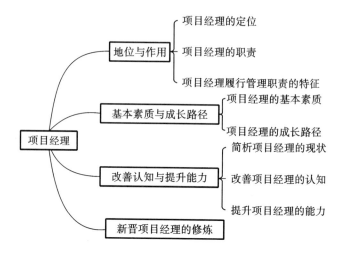

**本章教学要点**

认识项目经理在展览项目管理中的地位与作用,了解展览项目经理应具备的基本素质,学会从项目经理角度思考展览项目管理。

# 开篇故事

## 创造项目——励展日本公司青年员工的理想

在过去数十年里,日本的GDP并没有太多增长。但励展日本公司却能每年保持两位数的高速增长,而且增长主要由新项目提供。考察该公司的发展动能,可从全体员工中强烈地感受到一种自下而上的创业家精神。在新员工加入公司的第一天起,就被灌输奋斗创业的理念,即每个人不仅仅是展览项目的"执行者",也是展览项目的"主人"和"创造者"。

在青年员工中,最为兴奋的工作莫过于"创造"新项目。由自己亲手"创造"展览新项目,并成为这个项目的经理,是励展日本公司青年人的理想。

两位年轻人分享了他们"创造"的动力,以下是2017年的采访实录。

K. Tsuchiya(项目总监):

从加入励展的第一天开始,我就希望有一天能创办自己的展会。我在第三年创立了电池展,我的梦想成真了!有了创立新展的经验,我又开发了高性能材料展。目前我是这个项目的总监。

H. Saito(项目总监):

我是2006年加入励展的。从进公司起就被培养成为展会的开创者,而不单单是做展会销售。我在2011年创立了现代农业展,2015年被提升为项目总监。现代农业展不断成长的过程,就是我们帮助参展商不断做大生意的过程。这个过程让我感到,我对日本农业的健康发展负有责任。

凡实行项目管理制的工作,项目经理是项目的主要管理者(在科研机构称为项目主任或项目组长)。

展会主办方普遍采取项目制的方法管理展览项目。一般而言,每个展览项目都要配备项目经理。即便是主办方负责人直接管理展览项目,其仍然担负着项目经理的职责。因此,项目经理是展览项目的主要管理者。

## 第一节　地位与作用

在展览项目管理中,项目经理的地位举足轻重,其作用显著而关键。从某种意义上讲,展览项目的管理水平取决于项目经理的管理能力。

### 一、项目经理的定位

展览项目经理的地位,可以通过定位分析加以认识。这种定位分析,就是分析展览项目经理是什么人？具体如下。

首先,是主办方的中层干部、经营管理骨干。

在展会主办方内部,尤其是拥有多个展览项目的主办方,项目经理一般是主办机构的中层干部,也是该机构的经营管理骨干,属于管理层员工。

其次,是项目管理的统筹者、实施者。

在展会主办方内部,项目经理作为展览项目经营指标的承担者与完成者,负责统一管理项目的销售、营销和运营业务工作,是展览项目从计划到实施的具体操盘人。同时,在主办方外部,项目经理是展览项目公共关系的拓展者和连接者。

再次,是项目团队的灵魂人物。

在展览项目团队中,项目经理既是全体成员精气神的凝聚者、业务技能的辅导者,又是克服工作困难的引领者和处理内部矛盾的协调者。

复次,是展览业的复合型人才。

在学识上,项目经理需要通识性知识与专业性知识相结合。在管理上,项目经理需要管全面与管细节、管人与管事相结合。在职场上,优秀的项目经理是展览业的短缺人才。

最后,是会展业的职业经理人。

项目经理可以成为职业经理人。职业经理人系职业化的经营管理人士。其接受企业聘任,以专业的知识和经验从事经营管理工作。一般而言,凡担任展览项目经理的人,就可看成跨入了会展业职业经理人的门槛。其中素质良好、阅历丰富、业绩优异的资深人士,是会展业的高端人才。其工作强度大,但薪酬丰厚。

## 二、项目经理的职责

展览项目经理的作用体现于管理职责。所谓职责,就是展览项目经理的管理范围及其权限,以及由此产生的管理责任。概而言之,展览项目经理的管理职责(见表9-1)就是"管事""管人"和"管钱"。

表 9-1　展览项目经理的管理职责

| 管理事项 | 管理范围与权限 |
| --- | --- |
| 项目计划 | 提出草案、参与协商、承接任务、组织实施 |
| 项目财务 | 参与预算、控制成本、审查开支、在授权范围内调整预算与开支 |
| 项目团队 | 提出招聘计划、参与新人面试、带领团队实现经营目标、培训员工、提出奖惩员工的建议、组织团建活动 |
| 项目公关 | 拓展资源、连接并维护重要资源拥有机构、危机公关处理 |
| 项目销售 | 提出或审定计划、日常调度(销售与收款进度)、落实委托销售、参与重点客户销售 |
| 项目营销 | 提出或审定计划、日常调度、重点配套活动调度 |
| 项目运营 | 提出或审定计划、日常调度、租馆谈判、选择主场服务提供商、展会现场督导 |

项目经理的管理职责贯穿本书前八章的叙述之中,此表为简略归纳。不同的展会主办方所赋予项目经理的管理职责会有所不同。

表9-1中的项目公关,指举办展览项目所需外部资源的公共关系维护工作。项目经理需对这些资源的拓展、连接、利用等工作进行统筹管理。项目的危机公关,也是项目经理的职责所在。

## 三、项目经理履行管理职责的特征

在展览项目经理履行管理职责的过程中,"三全"管理的特征十分显著。"三全"管理即全过程管理、全方位管理和全员管理。

(一)全过程管理

展览项目从立项、招揽客户到现场交付的全部过程,以及在此过程中的计划制订、资源配置和操作督导等方面的管理工作,项目经理必须全程把控,及时到位,不可疏失。否则会因"掉链子"而产生问题,严重时可能导致项目进退失据,影响实现经营目标。虽然所有的管理工作都是为实现管理目标而进行的过程管理,但展览项目的行进线路清晰,管理事项明确,且按届往复。因此,展览项目的全过程管理凸显专业性,即不同于其他项目管理的特性。同时,在每一届常态化、制度化、流程化的管理工作中,展览项目经理需要每届有所改进或保持创新的活力。

（二）全方位管理

展览项目的全方位管理包括两个层次，一是计划、财务、人力资源等方面的专项管理，二是营销、销售和运营三方面的业务管理。在全方位管理中，专项管理支撑业务管理，服务于项目经营。项目经理要善于全方位督导项目进展，做到统筹协调、有条不紊，既要避免"打乱仗"而顾此失彼，也要避免"单打一"（如只抓销售）而忽略全局。

（三）全员管理

由正式员工和临时员工组成的展览项目团队的人数一般不会很多。但麻雀虽小，五脏俱全。项目经理对于团队全员的管理基本是零距离和扁平化的。其与员工的思想交流，对员工的业务培训与工作督导，对员工的奖励与惩处，以及与员工共克时艰和共创成功的情感历程，都是全员管理的内在内容。

"三全"管理基于展览项目经理的定位和职责。项目经理必须清楚，全过程管理属于纵向管理，全方位管理属于横向管理，两者交叉形成项目管理体系。全员管理为全过程管理和全方位管理提供人力资源保障，是驱使这一管理架构产生活力的关键因素。在项目经理的管理中，"三全"管理相辅相成、不可偏废。

## 第二节　基本素质与成长路径

展览项目经理的基本素质需要与其地位和作用相互匹配。项目经理基本素质的养成需要长期磨炼。成长为展览项目经理不但需要专业知识和技能，而且需要累积管理经验。

### 一、项目经理的基本素质

一个职业经理人的基本素质，除品行、文化、身体健康等因素外，职业能力不可或缺。这种职业能力一般由三种要素构成，即专业知识、专业技能和专业管理经验。

从职业需求分析展览项目经理的基本素质，可做如下归纳：

在品行上，遵行社会道德、商业道德规范，奉公守法，举止文雅；

在文化上，一般需要大学（大专）及其以上文化程度，有自我学习的能力，对方法论有悟性者进步更快；

在身体上，保持生理、心理健康，能够承受从事管理工作产生的压力；

在职业能力上，达到从事展览项目管理的专业要求。

必须说明，展览项目经理的职业能力，需要通过专业知识、专业技能和专业管理经验三方面的修炼才能达成。这种修炼包括应知和应会两个层次（见表9-2）。

表 9-2　展览项目经理专业知识与专业技能的应知应会

| 应知专业知识 | 应会专业技能 |
| --- | --- |
| 会展业发展的现状与特点 | 举办展会的基本流程 |
| 中国会展业市场的现状 | 展览项目主题及配套活动的创意方法 |
| 中国展会主题及其资源构成与分布 | 编制项目计划、财务预算 |
| 中国展会的主办方状况 | 整合资源、拓展公共关系 |
| 中国展览场馆、会议场所的现状 | 组建和管理项目团队 |
| 中国会展业的行政法规与政策、规划 | 管理项目营销、销售、运营业务 |
| 国际会展业先进或前沿的信息 | 项目的市场调研、数据分析以及经营诊断 |
| 所管展会所涉行业的发展情况 | 向主办方提出工作建议 |
| 竞品展会的发展情况 | |

表 9-2 中所列的专业知识与专业技能，应为展览项目经理通行的应知应会，属于基础性的知识与技能。

专业知识是孕育专业技能的认知基础，专业技能是展示专业知识的业务方法。专业技能通常被认为是人的动手能力。专业知识与专业技能相互关联，互为作用。换言之，光有专业知识而疏于实操的项目经理，易沦为纸上谈兵，难堪任用；而虽会实操但缺乏知识打底的项目经理，则悟性较差，障碍进步。

## 二、项目经理的成长路径

展览项目经理的从业知识、从业技能和从业经验，主要通过从业实践而获得，而非通过书本或课堂讲授可以获得。从业实践是一个循序渐进的过程，不可能一蹴而就。

一个入行的新人，如想成长为项目经理，一般需要攀上四级台阶（见表 9-3），时间一般在五年以上。

表 9-3　新人成长为展览项目经理的四级台阶

| 台阶分级 | 成长目标 | 说明 | 时间 |
| --- | --- | --- | --- |
| 第一级 | 成为项目业务骨干 | 销售或营销业务的骨干 | 2 年以上 |
| 第二级 | 成为业务主管 | 销售或营销业务部门主管（经理） | 2 年以上 |
| 第三级 | 成为细分项目经理 | 展览项目中细分项目（板块）经理 | 3 年以上 |
| 第四级 | 成为项目经理 | 整个展览项目的经理 | 5 年以上 |

所谓新人，一般指入行展览业的大学毕业生。所谓业务骨干，指能够在销售或营销岗位独当一面的员工。所谓细分项目，指展览项目按展览范围某一类别设立的分项目，也称为"板块"或专题展。如机械装备展会中的机器人项目，建材展会中的建筑陶瓷、洁具、建筑五金等项目，文化产业展会中的图书、影像制品、舞台表演剧目等项目。

这四级台阶，不同的人在不同主办方、不同项目、不同岗位（职位）的成长时间（速度）不尽相同。比如在新项目中，新人发挥的空间大于老项目，成为业务骨干的速度就会快一些。又如执行力强的销售部门经理，其晋升为项目经理的概率高于营销主管。再如就职于知名主办方的人，晋升为项目经理的时间较长。一般而言，学习能力和执行能力强并善于管理的人，成为项目经理的速度会快很多。此外，从业者即便具备了做项目经理的基本素质，也登上了第三级台阶，但能否晋升为项目经理，还需要有机遇。这种机遇来自职位空缺，如新项目创办或老项目人事调整。上级领导的赏识也十分重要。还有一种情况是，应聘到另一个会展公司而获得项目经理的职位。因此，从入行新人到成为项目经理，是个人努力与机遇垂青相结合的漫长过程。

其他行业具有管理经验的人士受聘担任展览项目经理，至少需要一年的时间解决专业知识与专业技能方面存在的短板问题。同时需要将以往的管理经验与展览项目的管理需求有机结合，以适应新职位的管理工作。在展览业中，其他行业具有管理经验的人士受聘担任展览项目经理，由于未能及时补齐专业知识与专业技能的短板，致使管理成效不彰的情况并不鲜见，许多人不得不在一段时间后黯然离职。有鉴于此，一些知名展览公司明确提出项目经理须由内部培养的人才战略。不少展览公司针对外招聘项目经理，明确应聘者须有管理展览项目的经验。

## 第三节　改善认知与提升能力

孔子说："学而不思则罔，思而不学则殆。"又说："博学之，审问之，慎思之，明辨之，笃行之。"

在现代展览业诞生并走过160多年的今天，在经济全球化深入各个领域的今天，在科学技术日新月异的今天，经济贸易展览作为服务贸易的重要形式，对于国际贸易、技术交流、活跃消费所发挥的作用日益广泛并更加积极。在国内外市场不断变化的环境中，展览项目经理需要通过勤奋学习和不断实践，保持与时俱进的精神状态，从而适应展览业持续发展的需要。

### 一、简析项目经理的现状

在国内，展览项目经理队伍的人数应在8000人以上。这不是一个小数目。从分布看，在中小型展览主办机构工作的项目经理占90%以上。从任职时间看，大多数项目经理任职在五年以上。从教育背景看，知名或大型展览项目的经理在大学学习国际贸易、外语、经济管理专业的较多。从市场需求看，在新项目创办、老项目人事调整以及市场竞争、科技进步多重因素作用下，优秀的项目经理作为展览业的高端人才仍有较大缺口。其中，老项目因项目经理年纪偏大、身体欠佳、知识老化或业绩下降等原因的人事调整,需要任用或选聘新的项目经理。

改革开放以来,尤其是新世纪以来,中国展览业接轨国际惯例,在项目管理上虽然取得明显进步,但对比国际先进水平仍存在较大差距。从项目经理角度,目前普遍存在的问题有三点。

一是,服务理念模糊。因对展览业属于服务业、展会属于服务性产品的属性缺乏深刻认知,以致损害客户利益,忽视服务品质,故而难以整改参观效果不佳、现场管理混乱、项目团队成员行为失范等长期存在的问题。

二是,管理方法陈旧。主要表现为,在管理路径上依赖个人过往经验而轻视专业化、流程化的制度管理;在业务管理中注重销售而轻视营销,或者是不善于管理营销;在团队成员管理上注重收入刺激(销售佣金)而忽视价值引导。由于方法落后,以致管理工作难以进步,业绩徘徊,项目团队的凝聚力逐渐衰减。

三是,创新意识薄弱。创新是展会的活力之源,其涉及项目主题、内容生产、服务、管理诸多方面。视野狭窄、思维僵化的项目经理,不但难以提出创新思路并提供管理支撑,甚至会反对或抵制创新。由于不能通过创新保持与时俱进的状态,以致展览项目缺乏生气,市场影响力逐步下降。

## 二、改善项目经理的认知

根据展览项目的管理特点,针对项目经理普遍存在的问题,项目经理需要从以下方面改善认知。

(一)借助产品经理思维,强化服务客户理念

产品经理思维是互联网企业热议的概念。其要义是以服务用户为中心,从用户的角度思考产品的设计、功能的配置和服务的提供,最大限度地让用户满意。展览项目的客户主要是付钱购买展会服务的参展客商,他们是展会主办方的衣食父母。其需求主要体现在两个方面:一方面是在展会现场见到希望见到的观众,尤其是买家;另一方面是在订立参展合同后享受到周详、便捷的服务。强调展览项目经理采用产品经理的思维,旨在要求项目经理紧密围绕参展客商这两个方面的需求,坚持不懈地改善服务品质,不断提高客户满意度。其中,邀请观众是体现服务品质的重中之重,而展会现场(产品交付)是集中兑现主办方服务承诺的最终场合。

(二)坚持与时俱进,强化创新意识

现代展览业的发展以及各方面的进步,不断深刻地改变着行业面貌。进入经济全球化和互联网时代,展览业进步的步伐明显加快,创新层出不穷。处于项目操盘一线的展览项目经理,不应故步自封、抱残守缺,沉迷于过往经验形成的路径依赖之中,而应迎合时代,顺应需求,见贤思齐,积极主动地在项目主题、内容生产、"+互联网"、团队建设诸多领域尝试业务、技术、服务和管理的创新,切实增强项目活力,同时为自身赋能。

### (三)凝聚团队力量,强化以人为本观念

展览项目的经营具有轻资本、重人才的特点。在经营展览项目过程中,人的作用、团队的作用至关重要,是决定性因素。项目经理须秉持以人为本的观念,善于通过"管人"统领"管事"与"管钱",有效凝聚团队精神,有法提升团队素质,有力带领团队拼搏,有心升华团队情感,从而打造高水平项目团队,保障项目经营目标的实现。

## 三、提升项目经理的能力

### (一)提升学习能力

项目经理应具有强烈的好奇心和求知欲,养成自觉学习、长期学习、广泛学习的习惯。根据管理工作的需要,项目经理可以从以下四方面提升学习能力。

一是结合项目管理工作的实际,努力改善认知方法。认知方法即哲学上所说的方法论。所谓方法论,即一个人认识客观规律并顺应客观规律行事的思路。比如展览项目从创立到发展都有客观规律,而这种客观规律一般由普遍规律和特殊规律共同组成。普遍规律指所有展览项目都具有的规律,而特殊规律指不同展览项目所具有的自身规律。展览项目的客观规律是隐性存在的,而非显性体现于项目进展的过程中。因此,项目经理要做好展览项目的管理工作,就需要科学地认识所管项目的客观规律,并顺应客观规律提出管理工作思路。

**案例 9-1　省域性专业展会客观规律的认知**

**医疗器械展会为什么没有人参观**

某展览集团公司的分公司在中部地区某省会城市举办医疗器械展会已达五年,但参展客商一直不满意参观效果,以致展览面积在1万平方米以下徘徊,客商"回头率"低于30%。

该集团公司新任总经理到此展现场调研,发现三个问题:一是,观众邀请集中于省会城市三甲医院;二是,邀约工作依靠省医疗器械协会下发文件;三是,展会现场观众登记工作马虎,门禁筛查松懈。展会结束后,总经理召集会议要求整改,并单独与分公司经理(兼项目经理)谈话,指出其管理工作中存在的问题,要求其根据会议要求执行整改措施。总经理明确告诉分公司经理,省域性的医疗器械展的专业观众主要是中小医院的负责人,设备采购主管和检验科、外科、妇产科、康复科医师,尤其是民营医院负责人,而不是三甲医院的负责人及医师。他强调,观众邀约工作必须依靠项目团队自行落实,要建立观众数据库。展会现场的观众登记及门禁工作要有规范流程,要按集团统一规定严格管理。

经过整改,次年该展会专业观众现场登记人数达3500余人,中小医院尤其是民营医院参观者占90%以上,全省70%的县(县级市)均有专业观众前来参观。经现场问卷调查,参展客商满意度达85%以上,表示继续参展的客商达68%。

**说明与评点**

这是编者亲历的案例。此案例发生于2010年。

此案例说明,该项目经营不佳的原因,主要是项目经理(分公司经理)对于省域性医疗器械展的发展规律缺乏科学的认知,在观众邀约上陷入误区。省域性医疗器械展的展品以中低端的医疗器械为主,适合于中小型医院、诊所采购设施设备的需求。三甲医院所需设施设备偏于高档,其参观展会一般选择国际性或全国性的医疗器械展。此外,因公立医院有严格的管理制度,很难在展会现场达成采购交易,而民营医院可以自行决策采购,故须将民营医院负责人作为观众邀约的重点对象。

此案例还说明,认识客观规律后,顺应客观规律的工作措施必须跟上,才能产生利用客观规律的积极效果。

这一案例反映了项目经理改善认知方法即解决方法论的问题,对于提升管理水平的重要意义。

二是跟进展览业发展趋势,努力更新从业知识。展会主题创新、技术创新、服务创新和管理创新,一直是展览业发展的驱动力量。随着互联网技术的飞速进步,当前展览业创新的广度、深度前所未有。2020年疫情虽然重创了线下展会活动,但线上的展会活动空前活跃,线上线下融合发展已成为业内共识。因此,项目经理必须与时俱进,通过信息交流、参加研讨或培训、参访国内外高质量展会等多种途径,增长见识,丰富认知,以求知识保鲜,见贤思齐,避免知识老化而落后。

三是把握项目主题所涉行业的发展信息,努力成为"双料"专家。每一个展览项目都有其具体服务的对象。这个对象一般体现为展会名称中的主题,如机械装备展览会中的机械装备、医疗器械展览会中的医疗器械、进口商品博览会中的进口商品等。项目经理在作为展览专家的同时,应该深入了解展会所服务行业的信息。如对于医疗器械展会,一般需要了解医疗器械技术发展情况、国内外知名医疗器械企业发展情况、中国医疗器械行业总体情况(包括企业数量、分布、所有制结构、企业规模结构、主要产品产量等)、国家有关发展医疗器械产业的规划、政策、法规、管理体制等方面的情况。只有在全面了解行业信息的基础上,项目经理才能分析洞察行业需求,在项目管理中展现服务行业及其客商的专业性。成为"双料"专家是高素质项目经理的必经之路,达此目标需要认真学习。

四是借助写作促进阅读,夯实知识基础。展览项目经理与管理工作相关的写作,包括项目及配套活动组织工作方案、合同、工作报告、调研报告、培训课件提纲、对外重要函件等,还要了解展会新闻的写作方法。一般认为,想不清楚才会写不清楚和讲不清楚。写作是书面表达,可以反映思维水平,也有助于口头表达。项目经理加强自身写作能力,不但有利于管理工作(包括审阅项目团队成员撰写的文稿),同时会增加阅读兴趣和提高阅读水平,从而助益扩充知识和扩展视野,进而提升认知能力。

(二)提升执行能力

展览项目经理的执行力,集中反映为实现项目经营目标的能力。针对管理工作上存在的弱项,可以从以下三方面补强。

一是补强综合管理能力的不足。项目经理须改变管理上的失衡状态,既要按"三全"(全过程、全方位、全员)管理的要求履行职责,也要解决业务管理上的短板,如普遍存在的营销业务管理水平偏低的问题。统筹全面和提升短板相结合,方可有效改善综合管理能力,增强把握大局、应对风险的底气。

二是补强协调能力的不足。项目经理须从内外两方面优化协调关系的能力:对外的协调主要是拓展公共关系;对内的协调又分为两个层次,上层是主办方领导及财务、人力资源管理部门负责人,下层是项目团队成员。围绕实现经营目标,协调就是开展整合资源、理顺关系、平衡利益和化解矛盾的管理工作。协调的途径是通过有效的沟通,创造关系的连接。

三是补强抓重点、抓细节能力的不足。展览项目管理头绪繁多、事项复杂,但项目经理的管理工作不能事无巨细、面面俱到,也不能不分轻重缓急,"胡子头发一把抓"。抓重点,就是解决项目经营中的主要矛盾或突出问题,通过"以点带面",产生牵一发而动全身的效果。抓细节,就是强调工作方案落实及工作措施到位,并如期显现工作成效,而非光说不做,或是做而无果。项目经理在管理上抓细节,主要是针对重点工作、业务创新工作或"老大难"工作。

(三)提升创新能力

展览项目的创新涉及项目创办、既有展会主题扩展、营销推广、"+互联网"诸多方面。项目经理应积极参与新业务的创意,同时要为业务创新提供强有力的管理支撑。缺乏管理支撑的业务创新不可能获得成功。而支撑业务创新的管理同样需要创新才能相得益彰。如在展览项目中开发收费的配套活动(会议或赛事活动),就需要设立专班,明确财务预算,制定业务流程。此外,管理创新还包括老业务的流程再造工作。

(四)提升带领团队能力

俗话说,"兵熊一个,将熊一窝"。优秀的展览项目经理应是将才,能够率领项目团队冲锋陷阵,实现战斗目标。项目经理管理项目团队的要义是带领,并集中表现在价值、业务和情感三方面对于团队成员的正确导引。善于在团队中发挥带领作用的项目经理,须确立以人为本理念,向团队成员灌输正能量的价值观,在帮助员工业务进步的同时关心和爱护他们。项目经理要以身作则、不畏困难、遇事有招,以及拥有体现个人魅力的向心力、凝聚力和亲和力。

## 第四节　新晋项目经理的修炼

新晋项目经理指主办方从内部人员中选拔的、任职时间不足三年的项目经理(时间长短,因人而异)。

从主办方内部,尤其是从项目团队内部优秀员工中选拔项目经理,是许多主办方人才培养的常见做法。从企业组织内部选拔项目经理,因为知根知底,可以避免外聘人员因考察不实可能造成的风险。由于新晋者来自主办方内部,其熟悉主办方的管理文化,在管理中与上下级的磨合成本低于外聘项目经理。此外,从主办方内部提拔项目经理,有利于激励员工上进。

根据经验,被选拔为项目经理的人,最好是在项目团队中做过销售或营销业务的主管(销售或营销组/部经理)。因其在项目团队中既从事具体的业务工作,一般是业务好手,又承担某一方面的管理工作,具有一定的管理经验,所以获得晋升后成长较快。

从业务骨干或单项业务主管晋升为项目经理,需要在以下方面加强能力修炼,以适应职务及其职责的变化。

一要强化指标意识,明白自己是实现项目经营管理目标的第一责任人,并在财务预算、经营计划编制以及与此相关的上下级沟通中做到心中有数,以明确目标导向。

二要强化综合意识,明白自己需要对项目的营销、销售、运营业务进行全面管理,推动三者协调发展,确保实现经营目标。要避免熟悉什么管什么、喜欢什么管什么、上级交代什么管什么、下级请示什么管什么的管理状况。

三要强化团队意识,明白自己需要带领团队成员一起拼搏,而不是单打独斗。

四要强化时间意识,明白自己管理项目的工作节奏:一是需要按计划次第推进各项业务工作;二是需要抓住工作中的主要矛盾(包括重点、难点工作)提纲带目、搞活全盘;三是需要把控节点促使项目进展取得阶段性成果。在管理中成为"带节奏"的人。

### 案例 9-2　新晋项目经理的修炼

**不会开会的项目经理**

小刘在展览公司做销售已有五年时间,在老项目中是销售骨干,配合项目经理管理销售工作,颇得赞赏。因公司决定做新项目,经老项目经理推荐,他被公司提拔为项目经理。

新项目团队共8个人,另外7个人中,4个销售人员,3个营销人员(其中,实习生1人)。在管理过程中,召开周会这种日常管理工作,却令小刘头痛。在老项目时,看老经理主持开会,行云流水,波澜不惊。但轮到自己主持,总感觉讲不清楚而心虚。布置工作时,经常被下级以各种理由"顶回来",有时还导致争执,弄得大家不开心。小刘知道,团队中的老赵是销售骨干,且他入职公司比自己早,一直想当项目经理。在周会中,老赵常常是带头发难的人。小刘明白,如果向公司领导反映,不但得罪了老赵,而且会被领导认为没有管理能力。

小刘就此请教老项目经理。老经理让小刘再次参加自己主持的项目周会。小刘发现,老经理主持会议确实有一套。在布置工作后,项目成员提出问题或意见,老经理都能够从容应答。对于一时无法定论的,他会表态在会后单独讨论。之后,老经理把自己主持周会的方法和心得告诉了小刘。小刘边听边记,不时与他讨论。对于老赵的问题,老经理建议小刘要在会前主动与老赵沟通,争取老赵的支持。

学习老经理的方法后,小刘又经常与老赵联络感情,他主持周会的能力明显提高。他很有感触地对老经理说,项目经理不好当,连开会都有学问啊!

 **说明与评点**

这是编者亲历的案例。从中可以体会出以下几点。

(1)开会的目的就是沟通,并通过沟通形成与会者的共识。因此,在项目管理中,开会是管理方法的一种,且不可或缺。从某种意义上讲,不会开会就不会管理。

(2)学习项目管理,包括学习主持周会,除项目经理通过日常观察积累经验外,前辈手把手辅导,传授心得,也是非常有效的学习途径。学习展览项目管理,是需要师傅引路的。

(3)项目经理主持项目团队会议,须在会前确定议题。比如周例会一般是分析上周项目进展情况,布置本周工作(包括针对上周工作中存在的问题提出改进措施);同时就与会者提出的问题或意见进行讨论,但不能议而不决。为保证会议顺利,项目经理在会前应与团队中的骨干员工进行沟通,征求意见。此举是为了避免开会时意见分歧而不能达成共识,致会议无果。

**思考题**

1. 如何理解职业经理人？职业经理人与企业老板（企业所有者）有何不同？企业老板在本企业做经营管理工作，算不算职业经理人？举例你所知晓的会展业职业经理人。

2. 制作示意图，用以说明展览项目的"三全"管理即全过程管理、全方位管理和全员管理三者之间的逻辑关系。

3. 怎样理解展览项目经营所具有的轻资本、重人才特点？

4. 什么是方法论？展览项目经理为什么需要改善方法论？

5. 一般认为，从营销岗位提拔的项目经理，其执行能力不如销售岗位的人，为什么？

# 参 考 书 目

[1] 彼得·德鲁克.管理的实践[M].齐若兰,译.北京:机械工业出版社,2006.
[2] 拉姆·查兰,斯蒂芬·德罗特,詹姆斯·诺埃尔.领导梯队:全面打造领导力驱动型公司[M].徐中,林嵩,雷静,译.北京:机械工业出版社,2011.
[3] 丹尼尔·平克.全新销售:说服他人,从改变自己开始[M].闾佳,译.杭州:浙江人民出版社,2013.
[4] 王伟立.华为的项目管理[M].深圳:海天出版社,2016.
[5] 陈葆华,任广新.现代实用市场营销[M].北京:机械工业出版社,2016.
[6] 赫尔曼·西蒙.定价制胜[M].蒙卉薇,孙雨熙,译.北京:机械工业出版社,2017.
[7] 彼得·圣吉.第五项修炼:学习型组织的艺术与实践[M].张成林,译.北京:中信出版集团,2018.
[8] 张凡.会展策划[M].修订版.武汉:华中科技大学出版社,2019.
[9] 陈镭.OKR目标与关键成果法[M].北京:机械工业出版社,2017.
[10] 丁荣贵,孙涛.项目组织与团队[M].3版.北京:机械工业出版社,2019.
[11] 利普·科特勒,加里·阿姆斯特朗.市场营销:原理与实践(第17版)[M].楼尊,译.北京:中国人民大学出版社,2020.

# 后　　记

本书是华中科技大学出版社《会展实务丛书》(以下简称《丛书》)中的一册。《丛书》由张凡、王春雷联合主编,希望通过业界和学界的合作,打造实用性强、贴近中国会展业实际的"教科书+工具书"。

《展览项目管理》书稿从立意,到撰写,再至出版历经漫长的四年。本书立意起于2017年,合作编著工作始于2018年下半年。由于本职工作繁忙,加之反复研讨此书的篇章结构,到2019年仅完成"概述"一章初稿的撰写,且只有5000余字。2020年初,客居广州的张凡与张岚商量,由张凡撰写初稿,张岚提出修改意见,合作推进编著工作。至7月,初稿(共九章)基本完成。其间,两人多次电话、网络交流。之后,张岚对初稿逐章提出修改意见,并补充案例。从2020年11月到2021年2月,张凡根据张岚的意见对初稿进行全面修改,并逐章与张岚交流修改的细节。随后,张岚再次对修改稿提出意见。经双方讨论,最终达成一致,书稿于2021年3月下旬定稿。

《展览项目管理》中的部分案例,因文字篇幅较长或图表太大,不宜在纸质书本中展示,存入书中特设的网络端。使用者可扫码查阅。

《展览项目管理》的编著得到潘建军、王亦磊、潘涛等业界权威人士指点,得到李莉、黄小索、裴培、刘勇、张剑、胡蝶、郭海荣等人协助,在此一并表示感谢。

张凡　张岚

2023年4月于武昌

# 使用支持说明

会展实务丛书系华中科技大学出版社"十四五"重点规划丛书。

为了提升使用效果,提高丛书的使用效率,满足高校教师和会展行业学习和培训的需求,本套丛书免费配备有与纸质图书配套的二维码案例资源、电子课件(PPT)和拓展资源(案例库和知识库等)。

为保证本丛书相关配套资源为图书使用者所得,我们将向使用本图书的高校授课老师和会展从业者免费赠送相关资料,烦请通过电话、邮件或者加入会展专家俱乐部QQ群等方式与我们联系,获取"配套资源申请表"文档并认真填写后发送给我们,我们的联系方式如下。

地址:湖北省武汉市东湖新技术开发区华工科技园华工园六路

邮编:430223

电话:027-81321911

E-mail:lyzjjlb@163.com

会展专家俱乐部 QQ 号群号:641244272

会展专家俱乐部 QQ 群二维码: